本书获西北农林科技大学2015年第一批博士科研启动费项目"地权改革背景下的乡土社会转型研究"（2452015332）、陕西省社科基金项目"陕西省新型农村社区建设与社会治理协同创新研究"（2016G006）、西北农林科技大学基本科研业务费人文社科项目"新型农业经营主体发展与农村精细化治理机制研究"（2017RWYB16）资助

西北农林科技大学
农业与农村社会发展研究丛书

土地的
社会生命

农地制度变迁的文化动力

陈靖 / 著

THE SOCIAL LIFE
OF LAND
Cultural Motivation of
Land Institutional
Change

社会科学文献出版社
SOCIAL SCIENCES ACADEMIC PRESS(CHINA)

目 录CONTENTS

第一章　导论

一　问题的提出

本书试图研究，物的形态与性质发生变化，能否逼迫总体性社会的形态、结构与功能发生变迁；以土地为例，土地的存在状态之变，是否会推动乡土社会的整体性变迁，若是，会发生何种类型的变迁。

本书对土地与乡土社会的研究，在很大程度上源于现实问题的紧迫性。2012 年 7 ~ 8 月，在皖北黄村的调研中笔者看到，原本以农耕村落形态存在的黄村，在当前发展主义的话语之下发生农民离开土地的现象。农民离开土地，不仅是指黄村因为临近城市而出现了房地产开发，导致土地用途转为非农，也指因农业产业结构转型而出现土地大规模"被流转"，导致农民无"农"可务，还包括农民的聚落形态被住宅小区所替代，农民、农村与土地的关联被重新塑造。农民离开土地的现象在当下被纳入"城镇化"的政策话语，但从黄村的社区生活现状看，这种现象既不伴随着人口向城镇的集中，也未出现农民生计向城镇形态的转变，而仅仅表现为土地"非农化"，这显然不是城镇化的题中之义。相反，短时期内土地形态的变化，引发的整体性震动已经在村庄中无处不在地呈现，而这些现象都是与土地这一根本要素紧密相关的。虽说乡村社会每时每刻都在发生变化，但土地"非农化"带来的农村社会与文化的变迁是前所未有的。在笔者调查的村庄中，土地"非农化"的方式非常简单，使得乡土中国走向城镇化的过程出现了大量难以消化的社会问题。甚至可以说，这个时代的政治、经济、法律和文化诸因素都在这里汇聚①，出于

---

① 朱晓阳：《小村故事：地志与家园（2003 ~ 2009）》，北京：北京大学出版社，2011，第 22 页。

对土地的兴趣，笔者将其作为研究的出发点之一。

在既有的学术资源中，费孝通的乡土中国理论与小城镇理论为我们提供了理解"城镇化"的基本框架，乡土中国是理解传统农村社会类型的经典范畴，但经过几十年的发展，在城镇化进程中，中国的社会类型已逐渐脱离"乡土中国"的范畴，土地这一关键性的"物"需要重新定义。费孝通虽然非常关注中国的土地问题，但土地这一物质性要素并不处于其理论的核心。将土地置于社会文化分析的中心位置，从人类学的进路进行研究意味着研究者需要继承物的人类学研究以及以社会变迁为内容的社会人类学的遗产，以此强化对土地与社会转型的学术理解力。这种强调"物质性"的人类学研究意在使研究者的旨趣回归到"面向事实"和以具有实践紧迫性的问题为起点的研究中①。以物（土地）为核心，从分析框架上讲是通过对土地的核心作用的探究，获得对当前农民所处的社会与文化的整体性理解，从叙述策略上讲是为了保持研究的内在连贯性，从研究目的上讲，是为了从学理上得出一种理解土地问题的总体性思考方式，进而实现一种可服务于现实社会问题的学术关切与道德诉求。

二　乡土中国的"乡"与"土"

（一）土地、乡土性与城镇化

乡土中国是"耕种的农民"的社区②。在早期中国乡村研究中，奉行功能主义的社区研究在某种程度上践行了与涂尔干学派"整体性"相似的社会学取向。关于中国乡村社会的研究早在1918年葛学溥（Daniel Harrison Kulp）对广东凤凰村的调查就已开始。特别是由西方传教士、外交官及学者等完成的中国村庄研究，将村庄作为理解中国的基本单位。西方人类学关于乡村社会的研究兴盛于第二次世界大战之后，在初民社会或曰"原始部落"几近消失之后，"乡村世界"成了"原初社会"的想象和替代，乡村社会的

---

① 朱晓阳：《小村故事：地志与家园（2003～2009）》，北京：北京大学出版社，2011，第3页。
② 罗伯特·芮德菲尔德：《农民社会与文化——人类学对文明的一种诠释》，王莹译，北京：中国社会科学出版社，2013，第41页。

意义在于作为与城市或工业社会对立的"他者"。而在与都市社区、部落社区的相对意义上提出具有中国特殊学术价值的乡村社区的学术传统，是自吴文藻引介的芝加哥学派社区研究传统进入中国而开始的，这种学术传统在理论倾向上将中国农村社区研究塑造成社会学与人类学"你中有我，我中有你"的学科融合特色。由吴文藻主持的燕京大学社会学系在华北及其他地方多点开展田野调查①，其学术传统借鉴功能学派的社会人类学和人文区位学理论，将村庄视为乡村社区的基本单位。如果说"村庄"在早期西方学者的传记和学术调查中是一种自然而然的观察边界的话，20 世纪 30 年代以后的社区研究就更具有了理论自觉，特别是燕京学派吸纳了西方人类学的功能主义，将中国"村庄"视作自足运转的"社区"。社区"乃是一地人民实际生活的具体表词，有实质的基础，是可以观察得到的"②，社区包括三种要素，一曰人口，二曰环境，三曰文化。与都市社区和部落社区相对，乡村社会是指以农业和家庭手工业为主要生业的人民集体。吴文藻对乡村社区的定义，与芝加哥学派都市社区的研究旨趣密不可分，芝加哥大学来华学者派克认为美国是工商社会而非农业社会，因而，要明白美国社会的特性与本质，必从研究都市社区开始。吴文藻提到"（派克）以为都市是西方社会学的实验室，乡村是东方社会学的实验室，现代西方的社会问题是都市社会问题，而东方的社会问题是乡村社会问题"③。派克的都市/乡村对比框架显示，对中国乡村社会的描述可以用到"交通不便、安土重迁、分工简陋、自给自足、宗法社会、初级关系、传统主义、超自然主义观、静止保守"等词语，而乡村社区不同于都市社区的关键内容就在于"土"，即由于以农业为生业、安土重迁，土地的地域性构成了社区的边界和范围。乡土之"土"凸显了乡村社会与游猎采集社会截然不同的经济社会形态，耕作是乡民的生存方式，土地是他们的生计来源，那些"耕种的农民"，"基于传统和自己内心情感的纽带而使自己长期附着于一块土地上"，因此芮德

① 朱浒、赵丽：《燕大社会调查与中国早期社会学本土化实践》，《北京社会科学》2006 年第 4 期；齐钊：《社区·区域·历史：理解中国的三种进路——对燕京大学社会学系学术传统与研究特色的再分析》，《开放时代》2013 年第 6 期。
② 吴文藻：《论社会学中国化》，北京：商务印书馆，2010，第 440 页。
③ 吴文藻：《论社会学中国化》，北京：商务印书馆，2010，第 195 页。

菲尔德也称"这些土地和他是一体的,因长期又固定的纽带将二者焊接成为一体"①。土地之于乡民、乡村乃至中国的这种"一体"的意涵,也可以从费孝通的书名中窥见一斑,*Earthbound China* 凸显了中国社会与土地之间一种紧密的、束缚的、根基性的关联。

1. 费孝通的土地命题

农民与土地的关联(bound)是否在被打破?费孝通在《江村经济》以及《云南三村》等书中,以不同条件的具体社区之间的比较来识别农村社会的不同类型,这种通过对比来建构类型的方法,一是为了印证对江村土地问题的预测,二是为了应对江村研究所受批评的辩护而生发的有意识的方法论尝试②。《江村经济》被看作功能主义社区研究的代表作,但费孝通在全书中用最显著的篇幅讨论了土地问题,土地的利用和农户家庭中再生产的过程是贯穿全书的两大主题③,可见土地已成为其关注的重要命题。江村研究细致地展现了江南村庄的农民生活的基本方面,用马林诺夫斯基的话来说,"深入地理解并以第一手材料描述了中国乡村社区的全部生活"④。在江村,农户聚集在一个紧凑的居住区域内,与其他相似的社区隔开相当一段距离,在这个生活单位中,地理要素、家族与亲属、财产继承、邻里关系、生产与消费、职业分化、土地占有、乡村工业等方方面面的内容构成了社区的功能要素,共同维系社区的整合和运转。当然,这些构成村落社区的相关要素是"有系统地配合起来的",如果从社区构成的物质性基础来看,土地的基础性地位不容忽视。首先,以村庄为社区的范围,土地的物质性边界划分了每个村庄之间的物理界限。其次,土地决定了社区的认同和归属,在一个中国村庄中,谁是自己人,谁是外人,这种内外之分关涉着社区成员边界和内部群体认同的问题,换言之,关涉人类学关于"我者"与"他者"的区分问题。江村社区中的他者——外来户——全部是没有土地、从事特殊职业的群体,是否具有本村土地成为区分自己人和外来

---

① 罗伯特·芮德菲尔德:《农民社会与文化——人类学对文明的一种诠释》,王莹译,北京:中国社会科学出版社,2013,第40页。
② 费孝通、张之毅:《云南三村》,北京:社会科学文献出版社,2006,第5~7页。
③ 费孝通:《江村经济——中国农民的生活》,戴可景译,北京:商务印书馆,2002,第16页。
④ 费孝通:《江村经济——中国农民的生活》,戴可景译,北京:商务印书馆,2002,第17页。

人的关键①。再次，土地的使用方式决定了社区生计，江村高水平的农业造就了工农结合的生计模式，农业社区成员是共同的基本职业，只不过有些农户并非只依赖土地，他们还养蚕、养羊和经商②。最后，土地的生产受人们经验性知识的指导，科学、巫术都是在应对土地灾害的过程中积累的文化现象。因而在费孝通先生看来，土地不单是物质存在，而且是文化事实，"农业占用的土地不只是自然实体，文化把土地变成了农田"③。土地作为农业社区（或称乡民社会）构成的物质性基础，在更深层面，土地的占有构成了社区的基本社会事实。土地的占有在法律形态上表现为土地所有权，但这种权利关系如何得到定义和理解？在马林诺夫斯基看来，即使是作为法律事实的权利，也应该在具体的文化中去理解其意义，"首先知道人类怎样使用他的土地，怎样使得民间传说、信仰和秘密的价值围绕着土地问题起伏变化；怎样为土地而斗争，并保卫它，懂得这一切后，才能领悟那规定人与土地关系的法律权利和习惯权利体系"④。土地的占有和使用是由文化背景决定的，土地所关涉的社会关系更是由具体的文化来赋予意义的，物质性的土地必须放在特定的文化视野下才能得到整体解释。例如在江村，土地的占有和使用以农民家庭为单位，但从权属维度看，土地具有田底权和田面权"两权分离"的特征，租佃关系决定分配关系，这构成了社区中经济分层与控制权力的根源，土地在社区关系中得到定义。费孝通先生更是发现了土地与人们的情感关联，包括对灾害的恐惧，对土地的期待、忧虑、安慰以及爱护的情感，情感因素使得人们和土地之间的关系复杂起来，占有土地的动机与丰收的希望、安全感有直接的关系；土地在家庭财产继承中有特殊的价值，人们从父亲那里继承土地，起源于亲属关系，又在对祖先的祭祀中加深这种感情，也表现在对某块土地的个人依赖上，一直在某一块土地上劳动，也会对土地产生个人感情。费孝通甚至说，"如果说人们的土地就是他们人格整体的一部分，并不是什么夸张"⑤。更不夸张地说，

---

① 费孝通：《江村经济——中国农民的生活》，戴可景译，北京：商务印书馆，2002。
② 费孝通：《江村经济——中国农民的生活》，戴可景译，北京：商务印书馆，2002，第39页。
③ 费孝通：《江村经济——中国农民的生活》，戴可景译，北京：商务印书馆，2002，第140页。
④ Bronislaw Malinowski, *Coral Gardens and their Magic*：*A Study of the Methods of Tilling the Soil and of Agricultural Rites in the Trobriand Islands*, Bronislaw Press, 2008, p.320.
⑤ 费孝通：《江村经济——中国农民的生活》，戴可景译，北京：商务印书馆，2002，第161页。

费孝通认为"……那一套所维系者的人地关联，支持着这历久未衰的中国文化"①，"那一套"是指人和地在乡土社会中的感情联系，一种桑梓情谊，落叶归根的有机循环所培养出来的精神。

在社区研究的静态描述中，社会系统内的各组成部分都是与土地有机关联的，从共时性的角度理解一种由耕种者构成的乡村社区，土地在这类社区中具有核心地位；而如果从历时性角度对土地进行理解，土地形态之变必将牵动社区制度的变迁。费孝通对土地的关注是出于现实社会问题的紧迫性，世界市场对乡村工业的挤压造成农村萧条、农村手工业衰落、农民收入不断下降、农民无法支付不断增加的利息、地租和捐税，加之日本入侵，使得农民的境况越来越糟。在费孝通看来，通过土地改革、减收地租、平均地权等措施来解决中国的土地问题是必要的也是紧迫的，但也是不够的，根本措施在于恢复农村企业②。这一判断直接影响到费孝通在 20世纪八九十年代有关农民脱贫致富的一些思考，如小城镇理论。在讨论中国的城镇化模式问题时，费孝通重点探讨了工业下乡、工农相辅的问题，从农村社区迈向小城镇发展道路，必然不能缺少土地这一物质性要素的关系形态，无论是"苏南模式""温州模式""民权模式"还是"侨乡模式"，都不能忽略土地所有制改革的先导性影响。改革开放后，农民开始有权承包土地以获得经营权，在获得了对自己和家属的劳动力支配权之后，他们主动寻找多种多样的生产行业③。如在费孝通多次访问的苏南地区，由于长久以来地少人多，从农业与手工业的结合到社队企业，有工农相辅的历史传统，地少人多的严峻压力构成了农村工业化、小城镇化的内在动因。在对苏南模式的解读中，温铁军等发现了"苏南模式"中与土地相关联的另一条解释路径，即以村社边界为产权边界的土地公有制，使得土地自我资本化的收益向社区企业资产转移，这就保证了在地方产业资本原始积累时期利用村社理性机制来内部化处理外部性风险问题④。无论是人地关系的内在驱动，还是土地自我资本化的内在机制，都确认了土地要素在小城镇发

---

① 费孝通：《乡土重建》，长沙：岳麓书社，2012，第 57 页。
② 费孝通：《江村经济——中国农民的生活》，戴可景译，北京：商务印书馆，2002，第 238 页。
③ 费孝通：《中国城镇化道路》，呼和浩特：内蒙古人民出版社，2010，第 293 页。
④ 温铁军：《解读苏南》，苏州：苏州大学出版社，2011，第 29~36 页。

展的关键性作用。

费孝通从乡土中国到小城镇道路的研究脉络中，土地命题是不可忽视的内容。对土地命题的探索，不单基于"志在富民"的政策期待，更基于从学术角度理解基层中国社会类型的学术尝试。当中国农村从一种"乡土性"状态走向小城镇状态，土地命题就会带来新的问题域。小城镇状态是"比农村社区高一层的社会实体的存在，这种社会实体是以一批不从事农业生产劳动的人口为主组成的社区……它们都既具有与农村社区相异的特点，又都与周围的农村保持着不可缺少的联系"①。实际上城乡关系是研究乡民社会不可忽视的维度，即使是早期的社区研究范式，也没有将村落视为封闭一体的社会单元，它既不孤立也不自足，乡村与城镇向来保持着各种关系。但是在乡土社会向"小城镇"状态迈进的过程中，对土地命题的讨论也要由乡土形态转换为"高一层"的社会类型，塑造乡土性的物质基础——土地在这一过程中不可避免地会发生意义转换。

2. 土地的多重意义

物质性的土地在世界各地是普遍存在的，但土地的使用方式、占有关系等却需在具体的社会文化中得到定义，这种定义也使土地不再仅仅具有物质性意义。费孝通在土地命题的研究中发现土地具有的不同意义，本书专注于土地这一自然物的总体性地位，分析视野也不能仅仅落在土地的物质性意义上。从功能主义的理念看，构成社区的方方面面都与土地相关联，用费先生的话来说，"利用土地而发生的一套社会关系……这套社会关系是从利用农田中发生出来的"②。费孝通用乡土性来描述传统中国这一农业社会类型的性质，土地关涉莫斯意义上的总体性的社会制度，包括社会制度、经济、文化、伦理与法律等，换言之，它们都与土地这个根本因素联系在一起，可以说，某一社会的社会、经济、政治、文化与法律诸多制度都汇聚在土地这一物质性因素之上。

第一，土地的社会意义表现在乡村中的社会群体与土地的关系上。具体来说，乡土中国的基本社会单元，即家庭－家族与村落是与土地密不可

---

① 费孝通：《中国城镇化道路》，呼和浩特：内蒙古人民出版社，2010，第8页。
② 费孝通、张之毅：《云南三村》，北京：社会科学文献出版社，2006，第14页。

分的。葛学溥认为中国乡村是"家族主义"（familism）的[1]，在宗族性较强的东南地区农村，村庄中存在着族田、祭田、墓田、轮田与学田等具有家族主义特征的土地使用类型[2]，"族田"由宗族内不同成员轮流耕作，祭田是全族供宗族祭祀之用的公田。林耀华研究的福建黄村就存在为共同祭祀而全族共有的土地，祭田等族产是具有集合责任性（collective responsibility）的，公共所有，不可买卖[3]。这一点在庄孔韶对黄村的回访研究中也得到证实[4]，土地依据辈分和房份继承，祭田则是由后辈共耕以支付祠堂与祭祖之用。公田的存在，使得乡土中国的家计呈现公有经济的特征。有研究证明，这种公共所有的土地大概占到全部土地的40%[5]，部分地区甚至达到90%[6]。当土地存在形态呈现公共性特征时，这种共同体所有制的形态与中国人的家形态相印证，使得"家"也表现为不同于核心家庭形态的"延展的、多面的、巨型的家"[7]，经由宗的谱系纵向展开，可以看到中国人的家、户、房、宗族的扩展路径。土地具有非人格化的属性，土地-家族制度是构成"宗族风土"的前提性和基础性的要素[8]，大家族也成为传统中国社会的基本特征。当然，与土地制度关联密切的是家计制度（householding），而家计制度关系着中国家族制度。在农业社会中，土地所具有的生产功能是塑造社会形态的关键，农民的家庭无论小家庭还是大家庭都是作为同居共财的生计单位，是一种经济共同体[9]，土地的占有、使用与继承方式与家庭的扩展性密不可分。

土地的财产功能与生产功能对于塑造血缘共同体起到关键性作用，这

---

[1] 葛学溥：《华南的乡村生活——广东凤凰村的家族主义社会学研究》，周大鸣译，北京：知识产权出版社，2012。

[2] 莫里斯·弗里德曼：《中国东南的宗族组织》，刘晓春译，上海：上海人民出版社，2000，第17页；林耀华：《金翼：中国家族制度的社会学研究》，庄孔韶等译，北京：生活·读书·新知三联书店，2008，第117页。

[3] 林耀华：《义序的宗族研究》，北京：生活·读书·新知三联书店，2000，第48~50页。

[4] 庄孔韶：《银翅：中国的地方社会与文化变迁》，北京：生活·读书·新知三联书店，2000，第24~26页。

[5] 陈翰笙：《解放前的地主与农民》，北京：中国社会科学出版社，1984，第35页。

[6] O. Lang, *Chinese Family and Society*, New Haven, 1946, p. 17.

[7] 金耀基：《从传统到现代》，北京：中国人民大学出版社，1999，第26页。

[8] 阮云星：《传统政治文化之风土：宗族的地域与心性》，载阮云星、韩敏编《政治人类学：亚洲田野与书写》，杭州：浙江大学出版社，2011，第51~92页。

[9] O. Lang, *Chinese Family and Society*, New Haven, 1946, p. 17；滋贺秀三：《中国家族法原理》，张建国译，北京：法律出版社，2003，第63页。

一点从弗里德曼的理想形态——地域化宗族中得到了清晰的论证。在多姓杂居的地区，土地所具有的空间性是塑造地缘共同体的根源，土地扩展的范围构成了一定共同体内人们生产生活的社会空间。在既有研究中，村落被视为这一社会空间的实体。一些关于华北村落的民族志展示了其不同于华南地域化宗族的聚落特征，燕京学派倾向于采用"社区"概念描述这种地域性的社会空间，日本学者更倾向于采用"共同体"概念来指涉地域性质的村落社会。虽然两种概念有不同的知识论背景①，但如果从土地这一物质性要素的基础作用出发，可以看到地缘始终是社会空间的基础性构成要素。基于土地空间维度上的扩展而形成的地缘关系是构筑乡土中国社会结构的纽带之一，血缘关系只是构成共同体的次要纽带，主要纽带是由一定规模的住户之间的认同感和归属感所指代的地缘关系。血缘关系可以通过生物性纽带清晰地识别共同体的边界，相对而言地缘关系就不那么容易被识别，费孝通不认为地缘能够独立成为团结力的来源，地缘只是"血缘的空间投影"②，这种血缘与地缘合一的社区原始状态，在弗里德曼所说的"地域性的宗族"类型中得到印证，但无法解释多姓杂居的地域社会。因此，关于共同体的团结力来源就有三种解说方式：一是费孝通所说的由土地临近而磨合出的"熟人"关系，近邻之间这种从熟悉到亲密的共同体感构成了地缘认同，朱晓阳探讨了地缘与土地的关系，他认为地缘首先应该是指一种人在与土地打交道的过程中获得的包含"价值"和"意义"或概念性内容的感知③；二是认为通婚构成了地缘关系建构的途径，福武直分析华中农村所具有的分散特征，他发现村落之间通婚的现象非常普遍，村落的地缘关系更加开放④；三是发掘地缘空间内的基于社会功能的整合，包括安全防卫，如青苗会、看青会、民团与红枪会等防卫性组织⑤及生产互助，

① 杜靖：《作为概念的村庄与村庄的概念——汉人村庄研究评述》，《民族研究》2011 年第 2 期。
② 费孝通：《乡土中国 生育制度》，北京：北京大学出版社，2007，第 71 页。
③ 朱晓阳：《小村故事：地志与家园（2003～2009）》，北京：北京大学出版社，2011，第 77 页。
④ 转引自李国庆《中国村落共同体的论战——以"戒能 - 平野论战"为核心》，《社会学研究》2005 年第 6 期。
⑤ 黄迪：《清河村镇社区——一个初步研究报告》，载燕京大学社会学系主编《社会学界·第十期》，1938，第 406 页；李景汉：《定县社会概况调查》，上海：上海人民出版社，2005，第 114～115 页；裴宜理：《华北的叛乱者与革命者（1845—1945）》，池子华等译，北京：商务印书馆，2007，第 92～95、160～161 页。

如搭套、换工，灌溉组织①，以及婚丧嫁娶等方面的合作性需求。合作性需求构成了理解地缘团结力的根源，当然这种根源仍要以土地的空间性为边界，在一定地域内形成具有团结力的内在紧密团体；在这些合作需求之中，有很多现象也与土地的生产性密切相关，此处的土地生产性表现在因地邻关系而产生的互助合作需求，如共同灌溉促成的地缘关系，这种关系是超亲属关系、超宗族乃至超村际的②。庄英章指出，台湾开拓初期是以地缘为基础的，而不是以血缘关系为基础，水利灌溉需要、共同保卫的需要促成了地缘单位内的非亲族间联合③。

宗族、村落、社区、地缘等概念是描述和理解乡土中国社会形态的常用概念。由这些概念引申出来的诸多社会学问题，其学术的关注点都在于人以及人与人之间的关系。笔者要指出的是，这些社会学问题同样不能摆脱人与物的关系，换言之，在乡土社会就是人与土地的关系。土地对乡土中国具有构成性意义，将物质因素拉回到社会分析的中心，本质上是要整体性地理解乡土中国的社会总体性，因此应完整地包含物质性与社会性的层面。

第二，在关于土地问题的研究中，经济人类学一般认为乡土社会或初民社会中的农民不是以经济利益最大化为目标，以农业为主的乡土社会被认为是以自给自足的家计模式为主的社会。虽然自给自足的单位有可能是家庭，也有可能是村落，还有可能是庄园等，但其原则是统一的，即为了满足群体成员的需要而生产和贮藏④，在那里，财富的来源是以家计为目的的农地。自足性经济是卡尔·波兰尼描述的一种前资本主义状态的经济类型，波兰尼指明了其不同于资本主义市场的三种经济行为准则：互惠、再

① 张思：《近代华北村落共同体的变迁》，北京：商务印书馆，2005，第78页；杜赞奇：《文化、权力与国家：1900～1942年的华北农村》，王福明译，南京：江苏人民出版社，2006，第17～23页；张亚辉：《灌溉制度与礼治精神——晋水灌溉制度的历史人类学考察》，《社会学研究》2010年第4期。

② Pasternak, Burton, *Kinship & Community in Two Chinese Villages*, Stanford University Press, 1972, p. 137.

③ 庄英章：《林圯埔：一个台湾市镇的社会经济发展史》，上海：上海人民出版社，2000，第192页。

④ 卡尔·波兰尼：《大转型：我们时代的政治与经济起源》，刘阳等译，杭州：浙江人民出版社，2007，第46页。

分配和家计，它们分别嵌入三种经济模式：对称性、辐辏性和自足性的经济。由于人类的经济浸没（submerged）在他们的社会关系之中①，所以土地是一种嵌入在自足性的社会利益中的要素，而不是市场经济体系中脱嵌的具有商品性质的要素。市场经济体制中土地是商品性的，需要通过将土地这个自然物虚构为商品，斩断土地与其社会基础的嵌入关系。波兰尼的家计模式成为经济人类学研究农业社会的经典范式，查亚诺夫（Chayanov）同样把家计模式视为与市场割裂的经济形态，这种家计模式的目标是为自身需要而生产，是整个乡民社会的经济基础，斯拉夫式的小农家庭农场中，全年的劳作乃是在整个家庭为满足其全体家计平衡的需要的驱使下进行的②。

在人类学研究中，自给自足被用于描述农业社会所具有的经济特征，同时也被用以描述传统中国的社会经济形态。经由波兰尼发展而来的"自给自足的家计模式"被用以描述前资本主义的农业社会生产类型，中国乡村社会也被认为具有自给自足的特征。农民以满足家庭成员的需要为目的而进行生产，土地作为家计生产的基础性要素——农地，发挥着塑造乡村经济形态的功能。用费孝通等人的话来讲"一地方土地制度的形态其实是整个经济处境一方面的表现"③，不同使用状况的土地会塑造不同的经济类型。如太湖畔的江村水利条件好，因此较早突破自给自足的糊口状态，蚕丝业是乡民的主业，因商品经济发展较早，商业与地方手工业受到冲击，经济冲击的后果直接转嫁到土地上，表现为在城地主拥有大量土地，村内佃农充斥的社会形态。而与之对比的禄村，由于土地稀缺、技术低下，土地维持的是较低水平的生计，农村劳动力大量富余，雇工经营的形式很普遍，村内呈现普遍的雇佣关系。土地所有制造就了村社内的经济关系形态，而在有关小农经济的论述中，土地不似商品那样会在合乎市场理性的情况下被让渡，土地自然不可能仅仅是生产资料，在公有社会中土地是维持穷人勉强生存的福利保障④。土地在乡村具有福利性质，如传统社会中存在的

---

① 卡尔·波兰尼：《大转型：我们时代的政治与经济起源》，刘阳等译，杭州：浙江人民出版社，2007，第39~41页。

② A. 查亚诺夫：《农民经济组织》，萧正洪译，北京：中央编译出版社，1996，第29页。

③ 费孝通、张之毅：《云南三村》，北京：社会科学文献出版社，2006，第9页。

④ 詹姆斯·斯科特：《农民的道义经济学：东南亚的反叛与生存》，陈立显等译，南京：译林出版社，2013，第55页。

义田，其功能在于"以养济群族之人。日有食，岁有衣，嫁娶婚葬，皆有赡"。宗族讲求和睦、怜老惜贫，因而保有并经营福利性的公田是宗族的义务。在马克思主义学说的脉络中，围绕土地的经济关系具有"剥削"的性质，而在以马列主义为国家根本学说的中国，对土地的解释不可避免地具有阶级意味，贯穿中国近代历史的土地学说也是在剥削理论的指导下理解土地占有关系、租佃形态以及土地经营问题①。土地在农业社会中所具有的生产性、福利性与剥削性等多重属性共存于其物质性之上，只不过不同的关系结构能凸显其某一方面的意义。

第三，土地是乡民的生计来源，也是其居住与活动的具体物质空间，人的耕作、建筑等政治与经济的活动必然会影响土地形态以及人地关系。土地并不是一种与人相对立的抽象自然对象，人类活动与土地形态辩证一体。在文化生态论者看来，文化与其生态环境相互影响、相互作用，也互为因果，换言之，在认识土地的生态环境意义时，要以更为辩证和互动的方式看待自然与文化的关系。首先，对农业社会来说，生态环境决定了适合的生产形态，土地的使用方式也得以定义。由于自然条件的作用，巴厘岛的灌溉方式、顺序决定了土地的耕作模式②。另外，人们的耕作方式也会影响土地的形态，朱晓阳在小村发现，因集约农业的发展，化学手段的密集使用使耕地变成了"病地"，或者用农民的话来讲，"地已经种病了""种倒了"③。人类活动与生物因素以及非生物因素（如气候、水、土地、阳光等）之间，存在着相互依赖和相互制约的关系，土地成了农业社会最基础的环境要素。环境人类学从政治、经济、历史、社会文化等多重视角研究人类行为与周围环境的关系，小村的"病地"正是与土地的家庭承包制以及农业集约化、市场化的经营方式相关。当前生态环境问题成为公众关注的焦点之后，土地的环境意义随之凸显，需要整体地理解作为生态环境要素的土地及其与人的关系问题，如何"整体地"理解，意味着要完整理解包含土地、人与

---

① 张闻天等：《米脂县杨家沟调查》，北京：人民出版社，1980，第88～110页。
② Lansing, J. S. Kremer J. N., "Emergent Properties of Balinese Water Temple Networks: Coadaptation on a Rugged Fitness Landscape," *American Anthropologist*, 1993.
③ 朱晓阳：《小村故事：地志与家园（2003～2009）》，北京：北京大学出版社，2011，第80～85页。

人与人、人与土地的相互连带关系，而非将土地与人对立起来。

　　第四，乡民文化在诸多层面上是以土地为表征的，土地无论是作为家庭财富和祖先遗产的物质性表达，还是作为社区界限和地域边界的空间性表达，土地的文化意义都是乡土社会文化得以发生的前提与根本。土地关涉着群体认同，也关涉着乡民的价值观念。从土地使用类型上看，宅基地与院子、家宅关涉着自我意识与自我叙事①，宅基地之上的"自家屋"是一种自我的社会构成因素。前文所说的宗族的公共土地，实际上也成了宗族共同体的象征，用"祖先"作为地权的象征田主，形成一种象征地权或称伦理地权②，这种地权形式进而影响人们在处理土地时的行为。

　　中国传统社会中"风水"观念在方位与空间层面为土地增添了超自然的色彩，更不用说与风水紧密相关的宅基地的神圣价值。作为祖坟之用的土地在乡民宇宙观中也具有超自然的地位。乡民在确定墓地位置时不会不重视占据"好风水"③，墓地在地志格局中的位置具有神圣性，被看作祖先的人格化代表，决定着子孙的幸与不幸④。土地的文化意义也表现在乡民对土地的崇拜上。中国不仅在"大传统"上存在国家性的土地崇拜，"小传统"中也存在村社中的土地神祀奉现象，土地神是土地物化形态上的自然崇拜，乡民有丰产与平安等祈求，也形成了以土地庙为核心的祭祀圈⑤，以及围绕土地神的祭祀范围而构成的信仰圈⑥。"祭祀圈""信仰圈"所表达的土地的神圣性，也表明汉人生活中存在利用信仰来整合地缘共同体的方式。在汉人社会，土地神一般是村社的"方神"，是村社共同体的文化象征，也承载

①　Liu. X. , *In One's Own Shadow*：*An Ethnographic Account of the Condition of Post-reform Rural China*，University of California Press，2000，p. 35.
②　张小军：《象征地权与文化经济——福建阳村的历史地权个案研究》，《中国社会科学》2004年第3期。
③　许烺光：《祖荫下：中国乡村的亲属、人格与社会流动》，台北：南天书局有限公司，2001，第38~39页；华琛、华若璧：《乡土香港：新界的政治、性别及礼仪》，张婉丽等译，香港：香港中文大学出版社，2011，第293页。
④　Ahern，Emily Martin，*The Cult of the Dead in a Chinese Village*，Stanford，California：Stanford University Press，1973，p. 175.
⑤　许嘉明：《祭祀圈之于居台汉人社会的独特性》，载张炎宪编《中华文化复兴月刊》，台北："中央研究院"三民主义研究所，1978，第62页。
⑥　林美容：《由祭祀圈到信仰圈——台湾民间社会的地域构成与发展》，《第三届海洋发展史研讨会论文集》，台北："中央研究院"三民主义研究所，1988，第95~125页。

着村社安宁、丰产等共同体的信仰寄托。祭祀土地神也通过村社的仪式活动表现出来，如西北地区的社火、云南禄村的洞经会①，公共信仰与集体仪式塑造着村社的集体意识。对土地神的信仰，也成为海外华人建构族群认同的文化方式，人们公认的土地公形象发展为华人聚落的地方保护神②。作为文化事实的土地是在一种具有总体性的文化视野下得到定义的。

第五，土地对乡土中国具有社会构成性意义。从土地的政治性维度看，土地使得中国乡土社会与国家建立深厚的关联，这种社会类型与人类学关注的"无国家社会"类型截然不同。中国土地制度从历史上就是被国家权力塑造的，"普天之下，莫非王土"，国家是土地的所有者，以"再分配"（redistribution）制度来建立土地权属关系③，国家与农民的关系具体贯穿在徭役与赋税之中。土地的政治意义也体现为它作为建构农民与国家关系的中介，珠三角地区的乡民可以通过沙田开发而在文化上不断生产出与边缘群体相对的自我的正统性身份④。在某一地域的入住权是需要得到国家许可的，这种许可表现为土地是其祖先接受皇帝钦赐的⑤，而通过儒家礼仪祭拜祖先，也是同王朝权力建立关联的一种方式。王斯福对土地崇拜的分析也试图指出，土地神作为地方神灵，是帝国官僚体系中地方行政的隐喻⑥，国家祭祀土地神的活动与祭祀谷神、四方神的活动合并，是国家政治文化中与"社稷"相关的重要仪式，而国家也会有意识地将某种地方神收编为国家"钦准"的神灵⑦。中国农民的土地向来是与国家政治无法分割的，而农民使用耕地、再分配以及祭拜土地的方式处处贯穿着政治的因素。

第六，土地是中国小农家庭的重要财产，传统时期无论是国家法还是

---

① 张宏明：《土地象征：禄村再研究》，北京：社会科学文献出版社，2005，第131页。
② 陈志明：《东南亚华人的土地神与圣迹崇拜》，《广西民族学院学报》（哲学社会科学版）2001年第1期。
③ 张宏明：《土地象征：禄村再研究》，北京：社会科学文献出版社，2005，第69页。
④ 萧凤霞、刘志伟：《宗族、市场、盗寇与蜑民——明以后珠江三角洲的族群与社会》，《中国社会经济史研究》2004年第3期。
⑤ 科大卫：《皇帝和祖宗：华南的国家与宗族》，卜永坚译，南京：江苏人民出版社，2009，第5页。
⑥ 王斯福：《帝国的隐喻：中国民间宗教》，赵旭东译，南京：江苏人民出版社，2009，第112页。
⑦ 华琛、华如璧：《乡土香港：新界的政治、性别及礼仪》，张婉丽等译，香港：香港中文大学出版社，2011，第223~256页。

民间法都对土地的占有、继承与交易有系统的规定。中国的家庭具有同居共财的特点①，家庭之中虽然有不同的财富来源，但谁也不能独占财富，收益要被计算进共同财富，因而在家产分割中存在诸子均分的原则②，也有研究证明了长子继承的特权③。土地作为财产的化身是最安全的财富蓄积方式，围绕着土地的家产分割最能显著地体现家产的法的归属。滋贺秀三对家产的分割有详细的论述④，家庭内土地的法律色彩以家产占有方式体现出来，乡村社会也存在围绕土地的民间纠纷。费孝通等发现，涉及土地的交易纠纷或租佃纠纷也会通过诉讼的方式来裁决⑤。而在不同阶级之间，存在由租佃关系而造成的财产转移地主和城镇工商业者通过交易、典押等方式，会使地权向城市地主集中⑥。

传统宗族与家庭制度下的土地共有形式体现了财产观念上的文化特殊性，土地使用的权利伴随着土地使用方式而呈现不同的法律规定⑦。当土地作为被分配给某一群体共有的耕地时，使用的权利是不排他的，而若是作为宅基地、墓地之用的土地，使用的权利则具有私有性和排他性，这种民间习惯法曾被作为乡土社会控制的一种方式。陈奕麟研究了香港新界的一块土地在不同法律传统下的权利冲突⑧，可以看到，同一块土地在殖民政府法律与中国民间习惯法之下所具有的社会功能完全不同。土地作为乡民生活中至关重要的物，物的权属需要在具体时空下的文化中得到解释，因此，不会存在国家宏观法令或外来抽象实体法的单一法律，土地的法律性质需要放在具体的人与人的关系中去解释。

农业社区虽然不能被视作封闭独立的有机体，但有机体内部任何一个

---

① 滋贺秀三：《中国家族法原理》，张建国等译，北京：法律出版社，2003，第56页。
② 滋贺秀三：《中国家族法原理》，张建国等译，北京：法律出版社，2003，第62页。
③ 胡庆均：《汉村与苗乡——从20世纪前期滇东汉村与川南苗乡看传统中国》，天津：天津古籍出版社，2006，第171页。
④ 滋贺秀三：《中国家族法原理》，张建国等译，北京：法律出版社，2003，第56~72页。
⑤ 费孝通、张之毅：《云南三村》，北京：社会科学文献出版社，2006，第98~99页。
⑥ 张闻天等：《米脂县杨家沟调查》，北京：人民出版社，1980，第33~46页；费孝通、张之毅：《云南三村》，北京：社会科学文献出版社，2006，第515~520页。
⑦ 赵旭东：《法律与文化：法律人类学研究与中国经验》，北京：北京大学出版社，2011，第47页。
⑧ 陈奕麟：《香港新界在二十世纪的土地革命》，载《"中央研究院"民族学研究所集刊》，1986年第61期。

具体的组成部分都必须在与其他众多组成部分的密切关联中去理解。土地也必须被置在有机体的整体中得到定义和理解，因而其意义也就不止于物质性一个维度。土地在传统中国的乡土社会中具有总体性的意义，在试图同时把握土地与某种具有总体性的社会类型时，会遭遇一种已被证明的有缺陷的知识传统。涂尔干传统塑造的社会人类学将社会性维度作为认识人类的核心，因而在对待个体、个体行动、物质形态、文化表达诸方面时不可避免地具有决定论色彩，且要求对这些内容的研究要拥有一个整体性的眼光。这种"社会中心论"的色彩使莫斯沉浸在对物的意义的社会解释中①，并且这种物的意义必须通过总体性社会才能得到言说，总体性社会具有共时性，即总体性社会呈现一种变动不居的社会形态。静态社会类型在说明有国家、有历史的农业社会时，往往因理论范畴的固有缺陷而忽视历时性的视角，也容易忽视整体社会与外界因素的有机联系，但这并不能证明静态的总体性社会没有学术价值。在理解变迁、演化等历时性问题时，研究路径首先必须要有一种理想类型的总体性社会作为概念起点，正如理解有关土地的社会变迁时，需要以"乡土性"为理想类型。

（二）土地与乡土性

费孝通的土地命题设定了一条由农村社区走向小城镇的发展道路，其学术启发在于，存在一种"社会实体的存在"向高一层的"社会实体的存在"的演进，前一种社会实体的存在具体是指以吴文藻开创的中国社区研究指向的农村社区的存在。费孝通在苏南江村和云南禄村、易村及玉村都进行过实地研究，特别是在云南禄村的研究，专门以土地制度为核心，整体地解释了禄村人民利用农田而发生的种种现象②。该研究在方法上虽延续了以村落为单位的实地观察，但费孝通强调，对于禄村的研究，在理论意义上是《江村经济》的续篇。之所以强调理论意义，是因为关于禄村农田的研究建立了一种潜在的"类型比较"的理路，即不同于吴文藻所推崇的"社会调查"的社区研究，而是首先构建一种总体性的视角，即"以社会的共

---

① 王铭铭：《物的社会生命？——莫斯〈论礼物〉的解释力与局限性》，《社会学研究》2006年第 4 期。

② 费孝通、张之毅：《云南三村》，北京：社会科学文献出版社，2006，第 8 页。

相来了解个别社会事实的意义"①。因此"土地问题绝不能视作一个独立的问题，一地方土地制度的形态其实是整个经济处境一方面的表现"②。其次，同一问题放置在江村与禄村两种不同型式的农村社区中对比考察，所谓不同"型式"，是指江村代表着临近都市、深受现代工商业影响的村庄，禄村则是完全以农业为主要生产类型的内地农村，需要对比说明的是，面临无法避免的工业化路子，不同类型农村社区与现代工商业遭遇时的可能后果。

对比来看，禄村保持的前资本主义形态，受到现代工商业冲击很少，禄村经济结构的核心在于农地，村落以家户自营的小土地所有者为主体，农田的多少决定了劳动力的利用、农民的职业分化以及农户生活水平的高低，没有农田、缺少农田的农民会以佣工形式出卖劳力，地主不愿出租土地，因为雇工自营的收益更高，形成了不同于江村以租佃为主的土地经营形态。因此在前资本主义形态的禄村，土地的问题是如何安置劳动力的问题、劳工外流的问题。劳动力供给的减少将会影响社区经济的原有形式，劳动力的出路才是引导农村社区变迁的动力③。正因为禄村存在以农地经营为重心的前现代经济形式，费孝通基于禄村的研究开展了一种建构土地与总体性社会关系的理论尝试。

从经济形态上看，以农作为主的经营不仅决定了农户的家庭形态、劳动力的配置情况；也决定了村庄的社会结构，包括小土地所有者、团体地主以及外来雇工；还决定了社区内的社会关系，由情感关系维系的换工，地主与佃户之间的关系摩擦；更重要的是，决定了社区文化，包括基于农时的时间架构，一种以消遣为目的的经济逻辑，劳动的是为了脱离劳动，农民的生活中存在着减少劳动、减少消费、产生闲暇，终日消磨时光的态度④。在对整体性社会事实的描述中，土地具有居于总体性社会中心的地位，而与土地相关联的不仅涉及经济的、文化的、伦理的方方面面互融在一起的社会制度，而且在禄村这种型式的乡村社区中，土地能够启动"社会及其制度的总体"。

这种潜在的理论意味，更具体地表现在费孝通有关乡土中国的一系列论

①　费孝通、张之毅：《云南三村》，北京：社会科学文献出版社，2006，第185页。
②　费孝通、张之毅：《云南三村》，北京：社会科学文献出版社，2006，第9页。
③　费孝通、张之毅：《云南三村》，北京：社会科学文献出版社，2006，第185~186页。
④　费孝通、张之毅：《云南三村》，北京：社会科学文献出版社，2006，第107~113页。

述中。基于对禄村这样保留着前资本主义形态的农田的研究，费孝通先生认识到，乡土中国的概念不是如江村、禄村那样一种具体社会的描写，而是基于具体现象提炼出来的认识现象的概念，一种观念的类型（ideal type）。乡土中国这一概念的基础要素就是"土"，中国基层社会的乡土性首先是因为"乡下人离不了泥土，因为在乡下住，种地是最普通的谋生办法"①。乡土性是作为描述基层中国社会类型的概念，因为乡民以土地谋生，土地的不可移动性决定了乡村社区的不流动，"长在地里的庄稼动弹不得，伺候庄稼的老农也因之像半身插进土里"②，农民附在土地上，代代相传，构成了乡土社会的特性之一。因土地的空间性，乡村社会是以住在一处的集团为单位，农民聚村而居，地缘单位——村落——构成了中国乡土社区，因而乡土社会的生活是地方性的。而地方性使得人与人的关系呈现熟人的、没有陌生人的特征，因为乡村生活缺乏流动性，村落中保持着孤立的社会圈子，因而"熟悉"是经由长时间、多方面、经常性的接触而产生的亲密感觉③，"熟悉"的习性决定了人与人之间天生的信用。在这里，规矩是"习"出来的礼俗。土地决定了乡土社会的生活方式，从社会结构上看，家庭具有两性和抚育上的需要，也有性别分工的需要，是最小的社会单元；农户住宅与农场的临近、不同农户间的水利合作与安全保卫、诸子均分土地造成的世代累积，这些原因造成了农民聚村而居的居住形态，这就是村落。从关系类型上讲，不可流动性使得乡村生成了一种生于斯、死于斯的地方社会，乡村社会呈现一种"从小就看惯的"熟人关系。从社会格局来看，呈现"以己为中心，一圈圈推出去"的"差序格局"④。而这种乡土社会的类型，具有礼俗社会的特征，维持社会秩序的力量是礼，乡土社会是"礼治"的社会。从心智结构上看，农民扎根于土地，在悠长的时间中习得规范，"从俗"即是从心，从熟悉里来的认识都是个别的，而不是抽象的普遍原则，乡土社会中生长的人不太追求笼罩万有的真理⑤。而从文化上看，缺乏变动的文化

---

① 费孝通：《乡土中国　生育制度》，北京：北京大学出版社，2007，第6页。
② 费孝通：《乡土中国　生育制度》，北京：北京大学出版社，2007，第7页。
③ 费孝通：《乡土中国　生育制度》，北京：北京大学出版社，2007，第10页。
④ 费孝通：《乡土中国　生育制度》，北京：北京大学出版社，2007，第24~30页。
⑤ 费孝通：《乡土中国　生育制度》，北京：北京大学出版社，2007，第11页。

中，存在男女有别、长幼有序的感情定向，存在实用精神、现世色彩①。从政治形态上看，是一种长老统治、无须法律、依靠礼治的"无为政治"。在《乡土中国》一书中，费孝通对基层中国全盘性的描述和概括，说明了乡土社会的特性。

乡土中国这一观念类型（ideal type），按照费先生的方法论说明，是对社区分析的第二步骤，即建立在对"一定时空坐标中描画的一地方人民所赖以生活的社会结构"之上，再比较不同社区的社会结构，得出一种特定的社会格式②。乡土中国这一社会形态，因为是全盘社会结构的形式，在其内部各制度相互配合、相互关涉，借用莫斯的概念，乡土中国这种社会形态具有了"总体性社会事实"的意味，费孝通的研究之所以是"总体"的，是因为他描述了各种社会体系的全部，研究了完整的社会生活。而乡土中国的"总体性"特征，正是通过"土地"与人的融通来实现社会的组织和运作的。如果扩展费孝通的讨论，可以看到物与人的融通实际上也包含着物与精神的混融（mélange）。乡土性所包含的物质、文化、权力、情感与伦理等都凝结在土地之上，土地束缚（earthbound）正是这种凝结的具体状态。正如费孝通描述的这一意象："农民的半身插入了土里"，这份"土气"作为乡民精神的表征，具体表现为安土重迁、熟习礼俗、自我主义、私人维系的道德、从俗从心的精神气质，在乡土塑造的社会中，"社会与个人通了家"。这种状态在莫斯的表述中即为"混融"，也可以用费孝通的一句具有丰富意涵的话来讲，在乡下，"土"是他们的命根③，我们的民族的确是和泥土分不开的。

物在总体性社会的构成中具有核心作用，而物的意义也在社会中得以阐释，人通过赋予物以灵性来构成相互关系。在费孝通刻画的传统乡土社会中，土地就具有灵性，乡土社会中在数量上占据最高位的神就是"土地"，土地神掌管乡间的一切现实，对于游方在外的人来说，泥土可以治疗思乡之情和水土不服。与人性相关联的是，生根在村，在村有土地才能成为"村里的人"，而且在乡土社会中，土地并不能充分自由买卖，而是受氏

---

① 费孝通：《乡土中国 生育制度》，北京：北京大学出版社，2007，第47页。
② 费孝通：《乡土中国 生育制度》，北京：北京大学出版社，2007，第92页。
③ 费孝通：《乡土中国 生育制度》，北京：北京大学出版社，2007，第7页。

族的约束①，这一点在重视"总体性"的莫斯的《礼物》一书中也有论及，即"中国人也认为，在物和其原来的所有者之间，存在着一条无法割断的纽带"②，他举的例子恰恰是关于土地的。莫斯认为，具有决定性的土地买卖是非常晚近的事，在历史上土地的法律原则规定，承认典卖，并认为亲戚有权赎回已被出卖的但本来不应该从家业中流失的那些财务和地产，这被称为"收回本族"③。土地的灵性与人性的混融状态，正是传统乡土社会之乡土性的核心呈现。

（三）土地与小城镇

土地与乡土中国作为物与总体性社会这一理论范畴的经验呈现，能够让我们理解土地在乡土社会的构成中具有基础性作用。土地的意义也需要在乡土社会中得到理解。土地的物质性首先表现为不可移动性，与游牧社会逐水草而居的流动状态不同，农耕作为乡土中国最主要的生计模式，靠农业谋生的乡民当然要通过定居、聚居的方式来完成农作所需的合作，由此塑造了具有熟人社会性质的乡土社会关系。土地的社会性表现为土地的家庭所有，累世而居、财产诸子均分的家族制度构成了具有血缘投影特征的地缘关系，地域上的靠近是血缘亲疏远近的一种反映。在血缘与地缘合一的社区状态中，人际关系存在由远及近、层层推及的"差序格局"特征，因而乡民处在一种熟人关系之中，长久的亲密感构成行为的规矩，即一种可以习得的礼俗，服礼即服从一种教化的秩序，因而乡村社会不需要国家政治权力的规训，而是依靠无形的礼的传统维持一种长老统治、无为而治、无讼的社会秩序。在对这种社会类型的刻画上，费孝通的《乡土中国》无疑是最具有理论活力的，笔者意在将作为费先生讨论起点的"土地"进行再研究，厘清土地与一种总体性社会类型的关联，赋予土地以社会生命。

与乡土中国相对照的，是在迈向现代生活的聚落形式——城镇——的

---

① 费孝通：《乡土中国　生育制度》，北京：北京大学出版社，2007，第72页。
② 马塞尔·莫斯：《礼物：古式社会中交换的形式与理由》，汲喆译，上海：上海人民出版社，2002，第160页。
③ 马塞尔·莫斯：《礼物：古式社会中交换的形式与理由》，汲喆译，上海：上海人民出版社，2002，第184页。

过程中，土地如何重新在新的社会形态中得到定义。城市化（包括城镇化）研究聚焦于社会转型的过程，因为在城镇形态下土地并不表现为基础的构成要素，且中国社会尚未完成西方历史所经历的城市化过程。国内人类学关于城市化的研究大多关注的是乡土社会的形态变迁，特别是具有中国特色或地方特色的"模式"。周大鸣对珠三角都市化的研究表明，村落社会转变为集镇（集镇化）是乡村都市化的地方性表现①。刘朝晖对一个侨乡的社会历史发展过程的记录表明，村落社会经历了一条"乡土性—去乡土性—超越乡土性"的线性发展过程，这一过程是与工业化与全球化密切相关的②。与都市人类学相对，城市化的人类学研究对"化"这一过程有来自田野的直观洞察，但因"化"所包含的过程性、未完成性使得对城市化进程中某类问题（如土地）的研究缺乏一种整体视野，将问题界定于乡土与都市两种整体社会类型之间的"阈限"之中，并且暗含将乡村社会作为主位而将都市（城镇）当作他者的理论假设。这种假设也表现在早期西方人类学的视野中，乡土中国的形象符合西方对传统中国社会的异文化想象。费孝通指出的乡土性正是基层中国的前现代的整体形态，与对礼物所表征的古式社会形态一样，莫斯无时无刻不以自己所居的现代法国社会为隐性"他者"，所对照的也是现代生活中个人权利与物权、人与物相分离的社会③，交换的道德和实践远离了人性的本来面目。费孝通人类学研究中的隐性"他者"，一是被损蚀冲洗的乡土，二是在类型序列上被视为乡土社区递进形态的城镇。前一种是乡土社会衰解的形态，其相关论述具体体现在《江村经济》中，由于世界市场的冲击造成农民生计的崩溃，利息、租税的高涨导致围绕土地的租佃关系紧张，土地改革成为必要和紧迫的社会工程。而就后者而言，小城镇是乡土社会的重建之道，即通过构建一种以非农产业为主体的社区实体实现社会转型。从时间序列上讲，费先生的学术经历就体现了这种社会类型的演化，从乡土社区到乡村衰落，社区重建到小城镇建设，

---

① 周大鸣：《告别乡土社会：广东农村发展 30 年》，广州：广东人民出版社，2008。
② 刘朝晖：《超越乡土社会：一个侨乡村落的历史、文化与社会结构》，北京：民族出版社，2005，第 330 页。
③ 马塞尔·莫斯：《礼物：古式社会中交换的形式与理由》，汲喆译，上海：上海人民出版社，2002，第 137 页。

中国农村的发展道路也呈现这样一种线性演化，现代化的叙述本身就存在这一中国社会类型的线性递进观。从前现代的乡土社区形态转化为现代化的小城镇社区，这一社会改造工程已开展多年，但远未完成。如果说乡土社区的总体性形态与土地息息相关，那么城镇化必然也关系到土地形态的变迁，而乡土社会中由土地所决定的一系列社会、经济、文化、伦理制度将因土地形态的变化而启动"社会及其制度的总体"。换言之，在乡土与都市之间的过渡状态，也需要以总体性的视角进行研究。在本研究中，土地将被作为总体性视角的切入点。

三　土地：一种总体性社会事实的研究视角

从基层来看，中国社会是乡土性的①，土地不仅塑造着传统的社会形态，在以现代化为发展模式的社会转型历程中也起着无法替代的关键作用。特别是，20 世纪的中国先后遵循着马克思主义的革命和以现代化为目标的改革路径，因而也经历了从改造以土地生产关系为中心的革命到改造以土地经营制度为中心的改革的社会转型轨迹。可以说，土地问题贯穿中国社会转型的整个过程，并且牵涉政治、经济、文化、社会制度等总体因素，而从各制度的相互关系上着眼，我们可以看到全盘社会结构的格式②。但是对土地的讨论，主流话语往往集中在如何改造土地"物权"之上，将土地仅仅视为乡土社会中与其他生产要素等同的"物"（material），而忽视该特殊的"物"具有的总体性意义。将土地作为中国社会转型过程中关键性的"物"，以及用总体性的视角看待土地问题，是理解中国社会文化独特性必须持有的研究预设，人类学所能给予的智识支持，就是延续整体观（holism）的研究方式，理解我们所处的时代及其现实诉求，"发现建构我们社会的一方人性基石"③。

---

① 费孝通：《乡土中国　生育制度》，北京：北京大学出版社，2007，第 6 页。
② 费孝通：《乡土中国　生育制度》，北京：北京大学出版社，2007，第 91 页。
③ 马塞尔·莫斯：《礼物：古式社会中交换的形式与理由》，汲喆译，上海：上海人民出版社，2002，第 5 页。

（一）莫斯的遗产：礼物与总体性

若要在一个具体的时空条件下研究土地所关联的各类纷繁复杂的社会、政治与文化等各个面向，需要遵照人类学研究的"整体观"原则，将"物"置于具体背景中进行考察。莫斯对礼物的"总体性社会事实"的阐述，构成了本书理解土地之"总体性"的理论框架。莫斯对"物"的研究集中体现在《礼物》一书中，但并非所有的"物"都具有礼物性质。莫斯所关注的（礼）物将时空定格在非西方的原始社会或称古式社会（archaique）中，其目的却在于探索一种与现代西方社会共享的"正常的社会生活的原则"①，其研究取向是围绕涂尔干学派的核心问题——"社会"何以持续存在以及如何建构团结纽带的维度展开的。通过对众多原始部落的"礼物"现象进行归纳，莫斯为涂尔干之问提供了经验材料。莫斯借助的是他人在太平洋诸岛、西北美洲地区所做的民族志资料，但经过深入比较与归纳，他提出了一种具有"总体性社会事实"（fait social total）的分析框架。例如，西北美洲基特林和海达两个部落及其所处地区，存在一种夸富宴（potlatch）的总体呈现体系（total prestation），这些生活在岛屿、海岸或落基山脉与海岸之间的富足部落，一到冬天便用接二连三的节日、宴庆和祭祀打发时间，在这种整个部落的盛大集会上，氏族、婚礼、成年礼、萨满仪式、大神膜拜、图腾崇拜、对氏族的集体祖先的膜拜，所有一切都结合在一起，形成了一个由仪式、法律呈现与经济呈现等组成的错综复杂的网络，这些总体性社会现象，能够同时展现出各种社会制度：宗教、法律、道德和经济②。夸富宴呈现的"礼物性"是部落首领以财富的损耗来供养氏族，财富的展示和销毁以及盛大的宴会和赠予，都是对首领的等级与地位的确认，夸富宴是通过慷慨的馈赠来获取尊敬。马林诺夫斯基在特罗布里恩德群岛发现的"库拉"被莫斯看作一种大型的夸富宴③，库拉的循环将所有部落、远航、珍宝奇

---

① 马塞尔·莫斯：《礼物：古式社会中交换的形式与理由》，汲喆译，上海：上海人民出版社，2002，第192页。

② 马塞尔·莫斯：《礼物：古式社会中交换的形式与理由》，汲喆译，上海：上海人民出版社，2002，第8页。

③ 布劳尼斯娄·马林诺夫斯基：《西太平洋的航海者》，梁永佳等译，北京：华夏出版社，2002，第47页。

物、日用杂品、食物宴庆、有关仪式或性的各种服务、男人女人等纳入到一个循环中①。莫斯认为，从部落内部库拉制度的上上下下、里里外外来看，礼物交换制度已经深入到了特罗布里恩德人经济生活、部落生活和道德生活的方方面面，生活贯穿着一条兼容了由于义务或利益，出自慷慨或希图，用作挑战或抵押的送礼、收礼和还礼的持续之流②。莫斯发现了"礼物"的三重义务，既是礼物交换体系的基础，不但出现在古式社会，而且还表现在同一社会的不同社会制度或社会活动中，它们"既是法律的、经济的、宗教的，也是美学的、形态学的"③。这种莫斯称为"总体性社会事实"的特征，是经过"礼物"的透视和考察产生的一种社会理论。

莫斯指出，在古代社会中存在的"礼物"现象涉及大量互融在一起的社会事实，"总体的社会事实"的意涵是，它们（礼物活动）在某些情况下能够启动"社会及其制度的总体"，而"在另一些情况下，特别是当这些交换和契约所涉及的主要是个体的时候"，它虽然不能启动社会总体，却能启动"多种制度"。也就是说，这些事实同时具有重构社会整体的能力，能够把许多在逻辑上看似彼此冲突的人类需求，如情感的、道德的、契约的，统合于一体，虽然有些矛盾但在总体上相得益彰，这是一种"身体、灵魂与社会完全融在一处"的总体性现象。

古式社会中存在着"总体性社会事实"，且这种总体性是通过"礼物"而呈现，其呈现方式就是莫斯提出的"混融"的状态④：

> 人们将灵魂融于事物，亦将事物融于灵魂。人们的生活彼此相融，在此期间本来已经被混融的人和物又走出各自的圈子再相互混融：这就是契约和交换。

---

① 布劳尼斯娄·马林诺夫斯基：《西太平洋的航海者》，梁永佳等译，北京：华夏出版社，2002，第515页。

② 马塞尔·莫斯：《礼物：古式社会中交换的形式与理由》，汲喆译，上海：上海人民出版社，2002，第57页。

③ 马塞尔·莫斯：《礼物：古式社会中交换的形式与理由》，汲喆译，上海：上海人民出版社，2002，第5页。

④ 马塞尔·莫斯：《礼物：古式社会中交换的形式与理由》，汲喆译，上海：上海人民出版社，2002，第45页。

　　"混融"的观念体系通过一种物与精神的融通来实现社会的融通①，土著社会的混融观念使得人与物的关系呈现神圣性，如"hau"的观念促使人与物结成一体，赋予礼物一种与人对等的地位，构成了"还礼"的社会动力根源。混融的"物"的流动，促成了人与人之间横向及纵向关系的维持和再生，"礼物"因而具有了本体论特征，具有了"总体性社会事实"之呈现的意义。

1. "物"在总体性社会的地位

　　"总体的社会事实"的发现，不仅使礼物研究与古式社会具有了重要的本体论价值，其认识论意义亦不可小觑。涂尔干引领的年鉴派汲汲于对社会这种"外在于个人的自成一体的存在"的阐释。涂尔干（迪尔凯姆）社会学的核心概念"社会事实"（fait social）指的是"存在于个人身外，但又具有使个人不能不服从的强制力"的那一类事实②，正因如此，涂尔干的社会学倾向于将社会事实当作外在的"物"来研究。莫斯则通过礼物描画出了这种"自成一体的存在"的具象，并且不同于涂尔干将社会作为外在之"物"的思路，莫斯的研究主题已经从作为"本原"的社会转向了作为"中介"的符号和关系。在此社会不是作为"存在于个人身外，但又具有使人不能不服从的强制力"的决定性存在，而是通过相互的（reciprocit）、具有明确规则的礼物交换而生成的。如此，物所具有的"礼物"性质成为具有核心意义的存在。

　　莫斯对物的意义的社会解释也具有认识论的启示，特别是他基于"社会事实"而提出的"总体性社会事实"概念，倡导在动态和总体中"通盘考虑整体，我们才有可能把握住社会与人对其自身、对其面对他者的情境生成感性意识的那一生动瞬间③。正如埃文斯－普理查德在《礼物》一书的导言中说的那样，古式社会中的交换是那些总体的社会运作或社会活动，需要"将其视为一种复杂而具体的实在，才能把握它们的意义"④。总体性社会事实试图说明，所有研究都应该是"整体的研究"，要在总体性中理解

----

① 王铭铭：《心与物游》，桂林：广西师范大学出版社，2006，第228页。
② E. 迪尔凯姆：《社会学方法的准则》，狄玉明译，北京：商务印书馆，1995，第25、31页。
③ 马塞尔·莫斯：《礼物：古式社会中交换的形式与理由》，汲喆译，上海：上海人民出版社，2002，第205页。
④ 马塞尔·莫斯：《礼物：古式社会中交换的形式与理由》，汲喆译，上海：上海人民出版社，2002，第219页。

"整体"现象，首先必须认识这些现象，即使为了研究的方便而不得不采用解析和抽象方法，但在此之后还是应该努力"把总体重新组合起来"。研究的目的不是观察分析部分或者碎片，而是总体，一个整体，确定其内部的协调关系，社会就是唯一的"总体"，但它十分复杂，幸好在有些情况下复杂性稍小而协调性易见，因此"总体"可以一目了然。"礼物"就属于这种情况，整个社会仿佛浓缩在交换礼品的宗教节日中①。礼物并非仅仅具有物的物质性（实际上礼物包含很多非物质性的面向），而所有的"物"也并非都具有礼物的性质，莫斯所表述的古式社会中的"礼物"具有"总体性社会事实"的典范意义，由"礼物"引出的交换是社会整合的基础，这种社会具有的"相互性"是其社会性的可能条件。社会是一个动态的相互性体系，通过以礼物交换为原形建构起来的彼此混融的相互主体性，社会才能成其为社会②。莫斯的交换模式启发了西方社会科学对"社会如何可能"这一问题的持续研究，由其思想发源而来的"交换论"不仅在人类学对古式社会，而且在社会学对当今社会的构成问题上成为基础性的理论板块。

作为社会学年鉴学派的衣钵承袭人，莫斯对涂尔干的理论推进是非常彻底的。如果说涂尔干在回答"社会如何可能"这一根源问题时采取了"外在于人的自成一体"的实体论观念的话，莫斯则通过礼物揭示了社会源自基于人类心性、通过混融之礼物交换的社会构成过程，社会关系构成了莫斯为社会学打造的第二基础。在莫斯那里，回答"社会是如何可能的"不能如涂尔干那样认为社会是一种外在于个人的特殊存在，而是礼物所呈现的物质、权力、情感等"总体性"，是凝结在具体物上的总体性社会事实，莫斯讨论的混融（mélange）正是这种凝结的具体状态，也是以礼物为核心的总体性的具体呈现。

由礼物生发出来的一个讨论是，物如何具有礼物的性质。当然莫斯的礼物并非都具有物质性，如夸富宴中的声誉交换，但无论是库拉圈中的 mwali 和 soulava，还是萨摩亚氏族首领交换的纹饰草席，抑或是夸富宴上消耗的食物，都首先是物质性的存在。正如莫斯所说，"一切——食物、女人、儿童、财

---

① 路易·迪蒙：《论个体主义：对现代意识形态的人类学观点》，谷方译，上海：上海人民出版社，2003，第166页。

② 汲喆：《礼物交换作为宗教生活的基本形式》，《社会学研究》2009年第3期。

物、护符、土地、劳动、服务、圣职和品级——都是可以转让和移交的"①，但作为具有总体呈现意义的礼物，必须是人与事物、灵魂混融的存在，存在着一种既关涉物也关涉人的精神方面的持续交换。"混融"状态界定了一种人与物的浑然一体的关系，也是灵魂与物的浑然一体，而莫斯的着眼点更多的是在透过礼物考察交换关系的形式，落脚点是与这种人类交易相关的道德与经济，而礼物是后者的载体或呈现后者的读本。换言之，礼物所具有的混融状态正是"总体性社会事实"的凝结状态。

当然，这样以物质性的"物"来解析礼物的"混融"，实际是要独立出"物"在总体性社会事实中的分析地位，这样做并非没有道理，莫斯对礼物的研究要达到的深层目的，就是"建构我们社会的一方人性基石"②，因为"我们生活在一个将个人权利与物权、人与物截然分开的（相反的做法目前正在受到法学家们的批评）社会中"③。这一对比充分表明了莫斯是在两种社会形态对比的维度上考察礼物所呈现的交换道德与实践，即在作为现代生活前身的古式社会中，物与人的关系呈现"混融"状态。物的性质是与灵魂混融，物是在与人的关系、部落的关系，乃至社会精神、道德的整体混融之下得以定义，因而具有礼物性质的"物"，可以成为窥探古式社会之"总体性社会事实"的对象与途径。

2. "物"的历程

莫斯通过"礼物"透视原始社会作为总体性的实在，构成了人类学"物"的研究的典范，"物"作为交换的对象或曰交换关系的形式。后续关于礼物的研究无不是或批评或深化莫斯的"礼物范式"，"物"性也不断得到强调。古德利尔区分了几种不同形式的物④，显然，物是否具有礼物的性质，要看被使用的社会情境而定，并非天然就是礼物，或天然就是商品，同样具有物质属性的物品在某些时候是礼物，在另外的时候则可以是商品。

---

① 马塞尔·莫斯：《礼物：古式社会中交换的形式与理由》，汲喆译，上海：上海人民出版社，2002，第23页。

② 马塞尔·莫斯：《礼物：古式社会中交换的形式与理由》，汲喆译，上海：上海人民出版社，2002，第5页。

③ 马塞尔·莫斯：《礼物：古式社会中交换的形式与理由》，汲喆译，上海：上海人民出版社，2002，第137页。

④ 莫里斯·古德利尔：《礼物之谜》，王毅译，上海：上海人民出版社，2007，第46页。

显然，物的使用价值是由一个社会的文化体系赋予的①，而某种具有关键作用的抽象之物，可以视作某种社会类型的表征。

莫斯塑造的礼物是一种体现在具体中的抽象之物，礼物研究中倾注了学术、伦理和政治的多重关怀，礼物也同样被视为一种"前现代"社会的"总体性"形式。与之相对，现代生活的"总体性"形式则是通过"商品"来表征的，商品社会与古式社会截然不同的是个人权利与物权、人与物截然分开的社会……这种划分是根本性的"，"他甚至构成了我们的所有权、让与和交换体系的一种条件"②，这种交换体系是指市场中的商品交换。"礼物"与"商品"作为理解两类不同性质社会形式的抽象之物，两者之间有着截然不同的区分，虽然都以交换论为其范式的哲学根基，但两类不同的物表征的却是不同类型的总体性社会事实。

"商品"作为社会关系的"凝结"（与莫斯的"混融"表述何其相似！），意指现代生活中由商品所呈现的社会整体性关联，商品交换是一种更广范围中的社会关联。在马克思主义的谱系中，这种社会关联具有阶级性，马克思对商品生产的强调，同样意在说明一种抽象的社会关系形态，即资本主义社会的阶级关系。为了说明一定的社会关系，商品性质总是通过某种物质承担者体现出来，而一定的物在使用或消费中实现其使用价值时，其本身的自然性也总是展现着一定的社会意义，表现出一定的社会制约。马克思通过对物质在现代社会中的具体样态——商品及商品拜物教现象的分析，揭示出现代社会中人与人之间真实的社会关系。

莫斯试图建立一种社会类型的递进观，根据民族志资料，他将其历时性研究的起点标定在了原始或古代类型的社会，礼物所创造的联结是一种相互依赖关系；而在他所处的时代中，商品则体现出一种陌生人的交换关系。当然这种区分并不意味着完全对立的两种范式，礼物和商品交换的背后有着共同的精神（common spirit）③。在萨林斯看来，礼物与商品固然具有类型对

① Gregory, Christophe, "Gifts to Men and Gifts to God: Gifrs Exchange and Accumulation in Contemporary Papua New Guinea," *Man*, 1980, 15 (4): 626~652.

② 马塞尔·莫斯:《礼物: 古式社会中交换的形式与理由》，汲喆译，上海: 上海人民出版社，2002，第137页。

③ Appadurai Arjun, *The Social Life of Things*: *Commodities in Cultural Perspective*, Cambridge University Press, 1988, p.12.

立的二元性，但二者还具有一种演化的逻辑，礼物经济和商品经济不应该
被视为相互对立的两极，而应该是一个连续体的两个极点，从一个极点向
另外一个极点移动的关键变量是"亲属关系距离"：礼物交换往往是在亲属
之间进行的，随着亲属关系距离的延长，交换者变成了陌生人，商品交换
随之出现[1]。

实际上，古式社会与现代生活的分离这种进化论式的强调在莫斯那里体
现得非常明显，作为一种"传统/现代"社会类型的对立图式，波兰尼、萨林
斯等的礼物交换研究坚持了这种社会类型对立的分析框架，在古德利尔的礼
物研究中，更是通过将莫斯对礼物的研究以及马克思对商品的定义进行了
抽象和对立，提出了礼物经济与商品经济的二元对立框架。虽然 20 世纪 80
年代的人类学家对古德利尔的礼物研究提出了很多尖锐的反驳[2]，但对礼物
与商品的区分仍然是典范性的，对二者的演化关系也是不言而喻的。

研究者将礼物与商品这两种抽象之"物"作为理解某种"总体性"社
会的途径，问题在于，"物"自身的作用并非仅仅因其作为凝结社会关系进
而可以作为"读本"透视社会，莫斯固然具有社会中心论的倾向[3]，马克思
的商品也重在理解一种生产的政治经济学，"物"本身需要从拜物教式的迷
雾中走出来，回归到关于物自身的研究，正如阿帕杜莱尝试的一种物的人
类学研究。物的世界并非无活力的、沉寂的世界，"我们必须追寻物自身，
因为物的意义铭刻在它自身的形式、使用及其轨迹里，我们只有通过分析
这些轨迹才能理解人的行为和算计激活（enliven）了物"[4]，而非仅仅对物
进行文化解释。物具有与人同样的社会生命，阿帕杜莱因而将商品视为物
的生命史中的一个阶段，描述不同文化中物在商品化、去商品化过程中的

① 马歇尔·萨林斯：《石器时代经济学》，张经纬等译，北京：生活·读书·新知三联书店，
2009，第 230 页。

② Arjun Appadurai, *The Social Life of Things*：*Commodities in Cultural Perspective*, Cambridge University Press, 1988；Marilyn Strathern, *The Gender of the Gift*, University of California Press, 1990；Annette Weiner, *Inalienable Possessions*：*The Paradox of Keeping-While-Giving*, University of California Press, 1992.

③ 王铭铭：《物的社会生命？——莫斯〈论礼物〉的解释力与局限性》，《社会学研究》2006 年第 4 期。

④ Appadurai Arjun, *The Social Life of Things*：*Commodities in Cultural Perspective*, Cambridge University Press, 1988, p. 4.

"生命转折点",同时展现以礼物、商品、艺术品以及圣物等多种形态存在的精彩纷呈的"物"的世界。

四 人类学对物之社会性的研究

"物"的研究在阿帕杜莱那里成为人类学研究的主题,并且"物"的研究具有穿透历史的动态特征。"物"在人类学中向来是重要的着墨点,因为人无时无刻不处在与"物"的共同世界中。当然,人类学视野中的物要么是具有"总体性"的物,如礼物、商品等,要么是作为象征之物,要么是作为叙述文本的"物"。换言之,一种路径是透过物来探讨社会生活及其背后的心性,物是必要的切入点;另一种路径是强调物有其独立自主的特殊价值,即独特领域中的物自身①,能够进入人类学研究中心的"物",在理解总体性社会方面应具有切入点与读本的功能。

(一) 处于社会中心的"物"

根据黄应贵的区分,莫斯的礼物研究便具有透过"物"来理解特定社会文化的关键性地位,当然莫斯的"总体性"视角内涵的社会中心论取向,遵循着通过物来考察社会的研究路径。马林诺夫斯基就"库拉"所扩展的论述,可以视作"礼物范式"的典型代表。居于特罗布里恩德岛民生活中心的"物"在物的形态上,soulava(项圈)与 mwali(臂镯)这两种宝物在库拉伙伴中按照特定的循环传递,遵循"馈赠 - 接受"的"互惠"原则,库拉同样也"混融"着地方巫术、利益风俗以及神话传说,是理解美拉尼西亚这一土著社会秩序的基础。尼罗河下游的努尔人被普理查德称为"牛背上的寄生者"②,他发现努尔人用牛来界定所有的社会过程和关系③,努尔人对牛的关爱和对得到牛的渴望影响着他们的家户、亲属、部落乃至族群

---

① 黄应贵:《人类学与物质文化》,载王铭铭主编《中国人类学评论》(第 3 辑),北京:世界图书出版社,2007,第 175 ~ 184 页。

② 埃文斯 - 普里查德:《努尔人:对尼罗河畔一个人群的生活方式和政治制度的描述》,褚建芳等译,北京:华夏出版社,2002,第 46 页。

③ 埃文斯 - 普里查德:《努尔人:对尼罗河畔一个人群的生活方式和政治制度的描述》,褚建芳等译,北京:华夏出版社,2002,第 25 页。

的关系，他们的日常生活、语言词汇、仪式、情感等总体性社会都与牛息息相关，从人对牛的兴趣中也可以发现努尔人政治结构的裂变特征。而牛与努尔人的关系被描述为"共生性"的，即通过彼此之间互惠性的供给，人和牛维持着各自的生命，在这种亲密的共生关系中，人和牛之间形成了一种最为"紧密的统一的社区共同体"①。努尔人社区中的人与人、人与族群以及人与超自然的关系通过人与牛的关系得以"混融"，这种状态便具有莫斯所采用的"总体性社会事实"的特征，而牛本身是作为混融状态中的"物"而存在的。同样的状况也表现在丁卡人（Dinka）的牛、贝都因阿拉伯人的骆驼上。功能论者强调以整体观来理解某个社区、部落或族群，牛、骆驼等对于处在游牧状态的部落来说是其社会生活的中心，理解总体性社会就必须首先理解它们。从莫斯的意义上讲，社会中心论的研究取向需要一种能够透视总体性的"物"作为切入点。

象征论者更侧重以文化和意义为研究对象，由此扭转了功能论者过于强调社会和功能的研究视角，但"物"仍旧处于分析的核心，用以透视整体文化的特征，而"物"也经常被视作一种关键性的符号或标识。维克多·特纳对恩登布人仪式的关注，侧重于理解象征符号如何在仪式中与人的利益、目的和手段联系起来，符号以某种"物"为标识，在特纳的分析中同时作为意义载体和分析工具。这个"物"就是恩登布人的奶树（milk tree），"奶树是恩登布人世系内所有母亲们的地方。它代表男人和女人的女祖。奶树是我们的女祖入会时睡的地方。这里，'入会'指的是妇女们绕着奶树跳舞，树下睡着新入会者。一个又一个女祖睡过这里，一直延续到我们的祖母、母亲和我们这些孩子们。那是我们部落风俗开始的地方，甚至对男人来说也是如此，因为男人也在奶树下接受包皮切割手术"②。在恩登布人的文化体系中，奶树被认为是"母子树"，有母乳、母子关系、乳房、乳房的发育、已婚的妇女、分娩等含义，因而特纳认为，恩登布人对奶树的表述，表明奶树具有文化隐喻，这里包括了社会组织的原则，如奶树代表着母系继嗣

---

① 埃文斯－普里查德：《努尔人：对尼罗河畔一个人群的生活方式和政治制度的描述》，褚建芳等译，北京：华夏出版社，2002，第46页。

② 维克多·特纳：《象征之林：恩登布人仪式散论》，赵玉燕等译，北京：商务印书馆，第21页。

制度，女人的责任、权利和义务，社会的整合与延续等。解释人类学将文化视为一种可以透过象征符号进行解释的意义系统，"物"的实体作为象征符号具有社会表征的功能。格尔茨对巴厘岛"斗鸡"仪式的研究，将"雄鸡"看作整个巴厘岛文化表述与社会结构的象征隐喻。雄鸡的意象多指涉男性，可表示"英雄""勇士""冠军""有才干的人""政治候选人""花花公子""勾引女性的人"或者"硬汉"等，雄鸡在巴厘岛成了男人的象征。巴厘岛的斗鸡分为中心圈和边缘圈，中心圈的斗鸡是集体的、正式的、敌对的、大型的，钱的输赢并不重要，名望、荣誉、尊严、地位的象征性得失才是主要的；边缘圈的斗鸡是个人的、非正式的、以获取金钱为目的的[①]。格尔茨通过对"斗鸡"的"深层描述"，展示出来的并不是斗鸡事件的"能指"，而是斗鸡行为在巴厘岛的文化背景中作为巴厘岛总体性社会文化的隐喻，具有多层的"所指"意义。人类学的象征主义通过符号来理解象征意义，具体社会中的"物"被视作一种关键性的符号，"凝结"着总体性社会文化的意义，因而"物"能作为被分析对象。与功能论者不同，象征论者需要对作为符号的"物"自身进行理解，虽然二者共同的研究旨趣在于物所处的社会或文化，而并非以自成一格的"物"为研究目的，实际上在两种流派的视野中，"物"也无法自成一格。

（二）具有社会生命的"物"

对"物"自身的研究需要提到阿帕杜莱的贡献，他在《物的社会生命》一书中对"物"自身自成一格的逻辑进行了细致梳理，并赋予了"物"与人一样的社会生命。当然这里的"物"都具有商品特征，但却不是抽象的"商品"，而是具体的、具有物性的、经历了商品化与去商品化的生命过程的"物"。这样的"物"也包括作为奴隶的人、人的器官、艺术品等，人可以以物的形式存在，物也可以具有人的生命形式。阿帕杜莱强调的是促使"物"生命转化的政治作用，其理论旨趣是回归到对"物"自身的研究，赋予物以生命过程，"物"的生命无处不在，与人紧密交融，中世纪的圣物、印度的布都在历史过程中具有"人物不分"的特征，这显然是对莫斯

---

① 格尔茨：《文化的解释》，韩莉译，南京：译林出版社，1999，第484~485页。

"混融"概念的延伸。即使是对"物"自身的研究，也无法脱除与人的关系，且阿帕杜莱还强调了塑造"物"的生命的社会、文化与政治因素，"物"的生命总是由人与物的关系、社会文化所构造出来的，"物"的文化解释具有泛生论的意味①。

阿帕杜莱赋予了"物"以历史性。这种历史性不是指一种历时性的叙述方式，而是指物自身具有的一种转化与历时的属性。卡萨纳利对东北非的 Qat 的生命历程做了描述，传统索马里将 Qat 作为公共仪式上的神圣食物，而在经历了战争后，Qat 演变为追踪青年人政治集会的公众食品，用以增强群体的社会凝聚力，该物便具有了抵抗殖民统治的象征意义②。Qat 的生命过强本身反映了社会变迁的过程，其意义也在过程中得到重构，而某种具体的"物"的历时性，物的社会生命在历史维度上表达了社会事实的历史维度，即意味着总体性社会事实的历史维度。换言之，总体性社会事实所包含的人与物、人与人的关系并非静止在一个平面上的状态，而是一个系统的、动态的过程③。

物的历史性作为总体性社会事实的历史性的表征在从"礼物"到"商品"的人类学范畴中也可以得到证明。莫斯在分析"礼物"作为"总体性社会事实"时，已经潜在地将"礼物"与"古式社会"同"商品"与"现代生活"对立起来，这种做法同涂尔干分析"机械团结"与"有机团结"的对立与演化同出一理。作为商品的"物"，在既定社会背景中从物 - 商品 - 物的生命历程中获得理解，商品如人，都有社会生命。只不过，此类分析范畴的核心是抽象的"物"而非具体的物，经过类型化而赋予"物"以某种总体性，具体的"物"的生命历程方能展现社会事实的历史性及社会生命。西敏司（Sidney Mintz）对糖的分析中展示了食物所具有的社会性，而在不同文化类型中（加勒比海与英国社会）以及不同历史时段（前殖民时期与现代殖民体系）中糖具有不同的意义，从对糖的文化定义中可以看到一种具

① 王铭铭：《心与物游》，桂林：广西师范大学出版社，2006，第 183 页。
② Appadurai Arjun, *The Social Life of Things*: *Commodities in Cultural Perspective*, Cambridge University Press. 1988, pp. 254 - 255.
③ 章邵增：《阿拉善的骆驼和人的故事：总体社会事实的民族志》，载郑也夫等编《北大清华人大社会学硕士论文选编（2007）》，济南：山东人民出版社，2007，第 214～267 页。

有历史性的总体性社会事实。因为"社会现象就其本质而言都是历史的……事件之间的关系并不能从他们的过去和未来中抽象出来……是人类创造了社会结构并赋予其活动以意义，而这些结构和意义自有他们的历史源流，正是这些源流在塑造、制约并最终帮助我们去理解上述人类创造力"①。这意味着，"物"的社会生命实际上并非自成一体，而是由具有历史性的社会事实（社会结构与意义）所规定的。

在建立起具体的"物"与"总体性社会事实"在历史性维度上的共生关系后，笔者至此可以对本研究的分析框架做进一步说明。黄应贵对物与物质文化的分析区分了两种物的研究，一种是透过物进行的研究，此时物不具有独特地位，却能具体呈现其内涵差别的外在形式；一种是对于物自身的研究取向②。若用西敏司的观点来评价两种取向，二者并不具有截然对立的特征，因为物并不能从总体性社会中抽离出来作为自成一体的存在，而某些具有"总体性"之物的特征和逻辑也能影响总体性社会的动态过程，如在进化论关于工具的研究以及社会生态学关于物质资料的研究中均可看到"物"的关键性地位。黄应贵的区分固然是出于分析的便利，但物与总体性社会的"混融"状态是长久存在的，只不过在不同社会类型、不同历史阶段的社会现象中，"混融"的方式会有变化。

"混融"的方式总体性地包含着人与灵魂、人与事物、灵魂与事物、人们生活的彼此相融。这意味着诸多因素的总体性关联以及互动，而不同的历史阶段中的"混融"方式，借用莫斯关于"混融"的表述，就是"在此期间本来已经被混同的人和物又走出各自的圈子再相互混融"③。这使我们意识到，历史性的本质就是社会类型的变迁。莫斯的社会中心论的潜在预设指明了具有前后相继特性的社会类型都具有"总体性"特质，即完整地包含人、物、人物关系以及人与人关系的连接以及互动，这些复杂的关系可以通过某种核心的"物"来呈现和展演，"物"在这一历史过程中具有的

---

① 西敏司：《甜与权力——糖在近代历史上的地位》，王超等译，北京：商务印书馆，2010，第14页。
② 黄应贵：《人类学与物质文化》，载王铭铭主编《中国人类学评论》（第3辑），北京：世界图书出版社，2007，第175～184页。
③ 马塞尔·莫斯：《礼物：古式社会中交换的形式与理由》，汲喆译，上海：上海人民出版社，2002，第45页。

地位及意义会发生变化，而这种"物"的社会生命也就是总体性社会的历史生命。

一是相对于莫斯的社会中心论式的"总体性社会事实"，笔者首先意在将"物"拉回到"社会"的中心，要看到某种具体的"物"对一种社会类型的"总体性"意义。二是将"混融"的概念进行降格，具体化为人、物、人物关系以及人与人关系的连接以及互动的整体状态。三是受"礼物"这一抽象范式的启发，将分析对象落脚到对某一社会类型中具有关键性、总体性的具体之"物"上，且这种"物"具有穿透历史过程的特性，具有前后相继的社会生命，在不同社会类型中均具有总体性的意义。当然，这种"总体性"仍延续了莫斯的理念，即一个由仪式、法律呈现与经济呈现组成的错综复杂的网络，能够同时展现各种制度，如宗教的、法律的、道德的和经济的。

五 本书的研究框架

笔者试图在费孝通、莫斯与阿帕杜莱的理论基础上，分析土地在中国总体性社会中的意义。土地在乡土社会中的形态变化启动了总体性社会的变动，本研究试图借用物与总体性社会事实的概念范畴，理解当前中国正在发生的农民离开土地的现象。这种研究尝试也受到由哈斯特普（Hastrup）命名的"地志学转向"（topographic perspective）的启发，地志学"是以一种将地理、居住、政治性边界、法律现实、过去历史的踪迹、地方－名字等包容进特定空间的综合知识"①。朱晓阳已经率先采用地志学进路开展了对土地的研究，他通过书写地志理解滇池东岸小村人及其栖居（dwelling）的土地、水和家宅②。作为一种"综合"知识，地志与本书借鉴的"总体性社会事实"具有相近的含义，但本书更偏向于对土地进行阿帕杜莱意义上的"社会生命史"的研究。在此，地志学所暗含的土地并不是为了尽可能多地"综合知识"或为了更好地理解村庄的地景或景观（landscape）而成

---

① 哈斯特普：《迈向实用主义启蒙的社会人类学》，谭颖译，《中国农业大学学报》（社会科学版）2007 年第 4 期。

② 朱晓阳：《小村故事：地志与家园（2003～2009）》，北京：北京大学出版社，2011，第 21 页。

为读本，而是回归一种对土地自身的研究，采用莫斯的总体性社会事实的历史维度的视角，在城镇化这一社会形态的递进序列中，任何社会现象都具有历时性，同时也具有总体性，需要将这种原属过渡的社会状态作为一种整体性事实加以理解，破除乡土社会与城镇社会非此即彼的二元分析框架。以土地为切入点，可以牵引出大量的社会事实，且这些社会事实是相互关联、混融在一起的，也是前后相继的动态过程，具有"总体性"应有的历史性特征。这种通过物来研究前后继替的总体性社会事实，不仅仅是将物作为一种研究策略，更是作为一种在时空架构中的物自然，它牵涉着总体性社会。也不仅仅是将物作为一种总体性社会的载体，更是一种总体性的呈现方式。更重要的是，要重归一种对物自身的研究，即在阿帕杜莱理论的基础上，赋予物（土地）以社会生命，不是将土地视为无生命的客观对象，而是与人、与社会"混融"的社会存在。在具体的社会情境中，土地具有不同的意义，需要讨论的是何种因素决定了土地的生命转折，土地的社会呈现展示了何种文化型式和社会价值，土地的生命历程如何凝聚了社会形态的变迁。

本研究以皖北黄村①作为田野点。以村落为田野范围，并不是为了承继社区研究范式，而是将所有理论框架放置在具体的时空格局中，放置在具体社会中具象的土地之上，总体性地观察有关土地的社会现象。黄村是位于黄淮海平原的村庄，隶属浍市雍县蟠镇，地势平坦，土地集中且平整。村民以庄子为聚落，庄子不仅构成了村民生活的地点，也构成了村民日常交往互动的基本单元，更是一种共同的经济单元，整个行政村因自然的独立而形成分散的聚落格局。全村目前共有 10 个自然庄②，目前村庄共有 4000 多人，900 多户，土地面积实际为 5700 多亩，对外上报 9000 亩。2012 年 7~8月，笔者曾在黄村进行了 20 天驻村调查，围绕村庄性质、村庄结构、经济状况、乡村治理及土地等问题展开全面调查。调查发现黄村土地形态的变化体现在三个方面，一是临近地级市的城市建设已经触及黄村的边缘，村内部分土地被征，成为城市发展用地；二是村两委以集村并居为目标开展

---

① 本书中出现的人名、地名都进行了相应的隐匿处理。
② 十个自然庄包括：大章家、前严、小严家、潘寨、沈圩、李垸、小李庄、辛庄、丘寨、任庄。本书地名均为化名。

新农村建设，开发村民居住小区；三是以大规模土地流转为突破口，地方政府将农户的土地经营权集中并流转，承包给大户经营。土地形态的变化使得村庄在三年内迅速改变了乡土社会的面貌，呈现新社会文化格局。

本书的田野调查 2014 年 3～9 月在黄村开展，驻村调查时长共计 6 个月。之所以再入黄村，首先是黄村所呈现的土地变革样态之丰富，已经大大超出笔者所观察到的其他村庄；其次，浍市作为全国农村改革实验区，正好承担了"土地制度改革创新"的试验任务，而黄村所在的雍县，则是"国家级现代农业示范区"，承担了创新农业经营组织主体的任务，黄村作为明星村，是两区建设经验的产出富矿，在具有"小岗村"经验的皖北地区，"示范区"的政治意义在于，能够产生出足以影响国家政策的"经验"。

在田野调查过程中，通过结构性访谈、非正式访谈及参与式观察方法，笔者搜集了大量一手访谈资料，还有从县、镇和村级搜集到的文本资料。在村庄这个"熟人社会"中，频繁的交往能使笔者和黄村村民变生为熟，由此通过"拉呱"获取资料的方式就变得顺畅得多。而在劳务输出大省安徽，农村人口的大量外出影响了笔者对访谈对象样本的选择，本书访谈对象集中为"留守人口"，包括老年人、本地务工者、乡村干部以及在村谋生者。从村庄人口结构看，这种样本的分布会有偏差。本书聚焦于有关土地的社会文化现象，将在以下章节分别对生产、平坟、指标、开发、地权、家宅问题进行讨论。

第二章　生产

　　本章试图通过展现黄村农业经营的改革，探究推动土地生命转换的文化动因。土地的经济功能不容否认，从传统小农的生计模式，到当前以农业"现代化"为方向的农业模式，通过土地创造财富的途径具有本质差异。

　　威廉·配第在 1662 年指出，"土地为财富之母，劳动是财富之父和能动要素"[1]，此话在经过马克思的引用与阐释之后广为流传。在黄村的一次闲谈中，一位居住在村的退休中学老师再一次在笔者面前引述这样的话，并强调这是"以前马克思说的"，随之周边闲聊的村民就开始讨论起了邻村卖地的事情。邻村近百亩地在几年前被划入"乡镇工业示范园"，当时以每亩几千元的标准被征用，一位村民惋惜地说，"要是这几年卖地，还不得五六万上十万啊"。近年来城市建设用地不断扩张，浍市周边征地拆迁的补偿标准节节攀升，耕地变建设用地获得高额补偿，这提高了黄村农民的价格预期。这几年黄村为了开发新农村，曾分三批征用了部分农地搞中心村建设，最高的补偿标准为 32800 元/亩，村民对此显然是不满意的。在闲聊中，村民纷纷举出例子"某地刚出来的新闻，一亩地赔了十几万"，继而大家开始声讨乡村干部的"腐败"，"上边的政策是好的，一到下边就变样"，等等。一份由省政府颁发的文件规定了不同片区的征地补偿标准，按此文件，黄村所属地区的农用地征地补偿标准应当为 37070 元/亩，这与黄村征地所给出的标准略有差异[2]。

---

① 威廉·配第：《赋税论　献给开明人士　货币略论》，北京：商务印书馆，1978，第 71 页。
② 参见《安徽省人民政府关于调整安徽省征地补偿标准的通知》（皖政〔2012〕67 号），值得注意的是，此一标准包含土地补偿费和安置补偿费。

　　政府征地提供了土地迅速变现的途径，在参与村民眼中，卖地所得就是土地所创造的"财富"。另一种"财富"的实现方式，在村落中具体表现为土地流转过程中产生的地租。2008年中共十七届三中全会通过《中共中央关于推进农村改革发展若干重大问题的决定》，其中规定："按照依法自愿有偿原则，允许农民以转包、出租、互换、转让、股份合作等形式流转土地承包经营权，发展多种形式的适度规模经营。"① 推动农村土地的经营权流转，使之向有规模经营能力的主体集中，这些主体包括"大户""家庭农场""农业产业化龙头企业"等。而土地流转后的农业生产应转变为"集约化、专业化、组织化、社会化"相结合的新型农业经营体系。

　　农业的现代化作为党对中国农业发展的一种指导性表述，"发展""现代化"等一系列颇具进化论意味的概念范畴为农业与农村提供了一条线性演化的路径。在一本作为农业现代化教材之用的书中这样定义，"农业现代化是指从传统农业向现代农业转化的过程和手段"②，而现代农业，作者指出，是"当代世界先进水平的农业"。在贯穿着西方舶来的进化论观念的现代化解说中，所谓"先进水平"，往往是指欧美等国家所呈现的农业经营形式。与此相对，被用以描述中国"落后水平"的概念即所谓"小农经济"，它往往被描述为具有以下特征：生产的单位是家庭，生产的主要目标是维持家庭所需，遵循的逻辑是家庭中消费与供给的平衡，从事农业的劳动力来自家庭内部，或者通过互惠关系调动社区成员③。

　　波兰尼强调三种经济行为的原则，即互惠、再分配与家庭生计，分别对应着对称、辐辏和自给自足三种制度模式④，但这些均是农业社会中的经济形态。人类学家沃尔夫讨论了三种生产类型，但亲族制生产方式、贡赋制生产方式会向第三种生产方式——资本主义生产方式演进⑤。在现代化的

---

① 参见《中共中央关于推进农村改革发展若干重大问题的决定》（2008年10月12日中国共产党第十七届中央委员会第三次全体会议通过）。

② 黄祖辉：《农业现代化：理论、进程与途径》，北京：中国农业出版社，2003。

③ 扬·杜威·范德普勒格：《新小农阶级：帝国和全球化时代为了自主性和可持续性的斗争》，潘璐等译，北京：社会科学文献出版社，2013，第1页。

④ 卡尔·波兰尼：《大转型：我们时代的政治与经济起源》，刘阳等译，杭州：浙江人民出版社，2007，第41～48页。

⑤ 沃尔夫：《乡民社会》，张恭启译，台北：巨流出版社，1983，第93～120页。

解释体系中，三种类型存在线性的演进规律。而作为"先进水平"的资本主义生产体系，在食品生产上体现为一种遵照工厂化的组织体系，利用昂贵的化石燃料、能源补助，依赖复杂的生物工程，投入较少的劳动力就能得到较高的粮食产量的方式[①]。当然，这些特征必须要由特殊的经营载体来承担，而这些经营载体首先要在农地规模上达到一定数量，这也是当前推动农村土地经营权流转的理由之一。既存的农地产权规则对资本主义式农场[②]的成长是一种障碍，流转就成了打破障碍、实现土地之财富价值的一把钥匙。

一　土地的流转

推动土地大规模流转的政策意图在于形成规模化经营，以解决目前农户家庭经营带来的利润低下、生产力落后及土地的撂荒问题，进而促使农业经营向"高水平"转型。据统计，1999 年我国耕地流转面积只占到家庭承包耕地总面积的 2.53%，这一比例 2006 年为 4.57%，2008 年为 8.6%，2011 年上升到 17.8%，2013 年 6 月上升到 23.9%。截至 2014 年 6 月底，全国家庭承包经营耕地流转面积 3.8 亿亩，占家庭承包耕地总面积的 28.8%，是 2008 年底的 3.3 倍。流入方仍以农户为主，但向合作社、企业集中流转的趋势明显。

---

① 约翰·博德利：《人类学与当今人类问题》，周云水等译，北京：北京大学出版社，2010，第 133 页。

② 在经典马克思主义的论述中，商品经济的发展最终会导致拥有生产资料的资产阶级和与之对立的无产阶级的形成，即资本主义生产关系的形成，家庭农场或被资本主义农场所替代，或被消解；农民则最终会被转化为资本主义农场和资本主义工业所需的廉价劳动力（马克思，2004 [1867]）。借鉴莱曼（Lehmann，1982，1986a）的"资本主义式家庭农场"（Capitalized Family Farm，CFF）概念，陈义媛对当前中国新出现的大规模农场经营模式做出界定并进行分析，将"资本主义式家庭农场"在四个方面进行了界定：第一，通过支付流转费形成一定的土地规模，并购置大中型农用机械，形成单位面积上的高资本投入；第二，以自身的家庭劳动力为主，兼用生产性的短期雇工；第三，以家庭为核算单位，并以追求利润最大化为目标；第四，通过资本积累不断扩大再生产，以期达到利润最大化的规模。本书借鉴以上研究，用"资本式农场""资本化经营的农场"指代这种具有资本主义式特征的农场。参见卡尔·马克思《资本论》；陈义媛：《资本主义式家庭农场的兴起与农业经营主体分化的再思考——以水稻生产为例》，《开放时代》2013 年第 4 期；严海蓉、陈义媛：《中国农业资本化的特征和方向：自下而上和自上而下的资本化动力》，《开放时代》2015 年第 5 期。

流入农户的土地面积占流转总面积的 62%，流入合作社和企业的面积占近 30%①。黄村土地的大规模流转也是要改变传统的经营现状，以形成规模化经营的大户。大户被黄村的严书记称为"地主"：

> 现在的政策就是允许"地主"，还要培养"地主"，扶大不扶小，扶强不扶弱。

"地主"与当前的规模经营主体有着质的差异。严书记或许不是对政策导向最熟悉的，但却是最热衷的，因而在中央还未发出土地流转的政策倡导时，严书记已经在黄村做起了有关土地集中的文章。据他观察，"凡是经济发展得好、生产搞得火热的村庄，无一不是靠工业企业"。严书记的目标样板是位于苏南地区的"天下第一村"——华西村，其早已不依赖土地。就任村书记后，严书记的第一件事就是自费带领村干部、村民代表赴华西村观摩学习，让他印象最深刻的是，偌大的华西村，只有"十几个人就把全部的农地种完了"，最后他得出结论，"谁种地，谁受穷"。

务农与贫穷的伴生关系，给人地关系加上了一重魔咒——越依赖土地就越贫困。当然，这种务农指的是"小农方式"的务农，是那种由黄淮地区自然环境系统所孕育的旱作经营模式，是历史形成的规模化、连片农田经过分田到户承包，已经细碎化为"人均一亩三分、户均不过十亩"的小规模经营形式。以如此的小规模土地来支撑主粮生产，在企业主出身的严书记看来是没有效率的，规模才能产生效率，实现规模就必须使土地不断集中。

实际上，民间自发的土地流转在黄村早就有先例。20 世纪 90 年代农民税费负担较重的一段时期，因一大部分税费要按照地亩征收，部分村民不堪重负，将土地转给了其他村民。自税费取消后，务工经济在中部地区成为主流，大量劳动力外出也为土地流转提供了契机。但此时的土地流转大

---

① 国务院发展研究中心农村部课题组：《稳定和完善农村基本经营制度研究》，北京：中国发展出版社，2013；万宝瑞：《当前我国农业发展趋势及其应对》，《人民日报》2014 年 3 月 13 日。

多发生在亲属之间，特别是举家外出户会将自家土地托付给在村的父母兄弟或其他亲戚。自发流转所形成的土地规模经营一般能达到 10～30 亩，原因在于亲属、家庭内部的土地经营权集中，亲属之间的情感交换是土地流转达成的基本条件，自发流转依托的是交换而非交易，借用前文的框架，是"礼物"模式而非"商品"模式。

10～30 亩的家庭土地经营规模让严书记感到不满意，在他看来，既然要做到规模经营，规模就应该越大越好，不得少于 200 亩。民间自发的土地流转显然不能达到这样的规模，能否实现大规模农场经营，重点在于村委会是否有能力推动"整村流转"。"整村流转"只是做土地文章的破题之举，按照村两委讨论的发展大计，将全村土地全部流转出来后，下一步可以招商引资，吸引城市工商业资本下乡包地，如此一来，既能迅速实现农业的现代化，也能提高本乡镇招商引资的政绩亮点。因此，在 2009 年得知市里已经在准备推广土地大规模流转试点时，严书记决定先在黄村率先摸索，做出试点经验来。

黄村的土地流转模式既不是行政推动式，也不是商业开发式，而是由村级组织主导的，其做法是先将本村分散经营的土地整合为较大面积的土地，然后流转给承包人。在 2009 年初次流转中，严书记先在自家居住的自然庄进行动员，成功后再给周边自然庄做工作。第一年共流转土地 2188 亩，通过与村民商定，租金定为 650 元/亩/年。流转的步骤是先将土地全部流转给严书记，严书记以其自家产业担保，当全部土地流转给严书记后，由严书记转包给经营者。2010 年，村级组织进行第二批土地流转，也以这种模式来推进，第二批共流转土地约 1100 亩，租金定为 850 元/亩/年；同年，本村籍贯的企业家李良，在其老家的庄子共流转 1200 亩土地，用来发展蔬菜产业，为照顾本庄村民，李良将租金定为 1000 元/亩/年。2011 年，村级组织再次在未流转土地的庄子做工作，共完成约 1050 亩土地的流转，租金为 850 元/亩/年；同年，由村委副主任武岭引介的浍市农委在其居住的小武家流转了 150 亩耕地，作为农委的试验田，租金定为 1100 元/亩/年。截至目前，黄村的耕地除三个自然庄（前李家、潘寨、小武家部分土地）未流转外，其余自然庄土地流转均基本完成。

表 2 – 1　黄村土地流转情况

单位：亩，元/亩/年

流转时间		流转状况 1			流转状况 2		
批次	年份	流转面积	流转者	租金	流转面积	流转者	租金
一	2009	2188	严化新	650			
二	2010	1100	严化新	850	1200	李良	1000
三	2012	1050	严化新	1000	150	武岭	1100

注：2012 年秋季待流转，已达成协议，尚未发包，包括前李家、潘寨、小武家部分土地。

截至目前，黄村多数土地已经完成大规模流转，土地连片承包给经营大户。只有部分愿意种地的农户仍然维持着原来的小农家庭经营模式，以小麦与玉米轮作为内容。已流转的土地目前进入规模化经营阶段，土地经营权流转给大户之后，村民不再关心土地使用状况，只获得由经营权流转带来的租金收入，而且还有机会在大户的农场里务工，由此有了双份收入，用村主任丘光辉的话说"既当地主，又当长工"。

黄村的土地流转是在短短三年内完成的，目前全村 90% 的土地已完成了流转。与自发性的土地流转不同，黄村以村级组织为主导力量推动土地流转，与自发性流转相比具有一些特征：一是流转过程中阻力较小；二是整体性的大规模流转；三是村级组织特别是其中的关键人物的强力推动；四是村主职干部作为流转的中介和担保；五是能够照顾到仍愿种地者的利益。与国家行政力量强力推行的土地流转不同，黄村是通过村级组织与农户协商达成流转意愿；与资本下乡推动的土地流转也不同，该村土地流转始终以村级组织为中介，对下乡流转土地的主体进行了基本的资格审查。

二　芥末的生产：一个村庄里的全球化体系

于伍是一个经过了资格审查的包地大户。严书记所谓的"资格审查"是要确保包地的外来大户是想经营土地而非"掠夺"土地的，包地者要有足够的财力和经营能力，财力保证按期足额地支付地租给农户，能力则用以保证经营土地可盈利，也是为了保障农户获得地租。在主推者严书记看来，对农户的地租利益之承诺是确保土地流转顺利进行的主要因素，一旦外来大户拖欠地租，将会引发村庄内的不稳定因素，到头来还得怪罪到自己头上，这样土地流转的新政就是"搬起石头砸自己的脚"。

无论从哪一条审查标准来看，于伍都是最合适的包地人选。于伍是本地蕲镇人，雍县以南数一数二的富商，早期依靠贩运煤炭起家，近年来经营范围扩展到建筑、餐饮和商贸等行业，在蕲镇承包了旧街改造工程，其财力与经营能力不容置疑。最让严书记感到放心的是，自己与于伍有私交，无论于公于私，于伍都不大可能拖欠老百姓的地租钱。

于伍的土地流转，为黄村的农业"高水平"经营实验树立了一面大旗。自 2009 年土地流转之后，黄村七千多亩土地曾迎来了三拨包地者，其中大多数在经营一两年发现亏损后铩羽而归，其中发生了两起卷包跑路的案例，包地者血本无归，流转农户未拿到租金。于伍自 2012 年从严书记手中接过1200 亩土地后，选择了一项本地前所未有的生产经营项目——芥末。

芥末，土名辣根，成熟的芥末以根部磨粉做调味料食用，其味呛辣，本地人从不食用芥末。在日本，这种呛辣的食品却是日常饮食的必备之物。于伍所生产的芥末，便是销往日本，两年的芥末种植让于伍及其合伙人朱峰（于伍的妹夫）获利颇丰，于伍的芥末种植成为黄村自推动土地流转以来唯一的成功案例。而芥末这种联通了黄村与日本的食品，也是本地官员津津乐道的土地流转试验的亮点，即小小的芥末使得黄村这一小地方与大世界产生了间接的关联①，与国际市场的关联往往是一种"先进"的象征。

目前有关全球化的人类学研究成果普遍认为，资本主义已经具备绝对优势，世界上再没有世外桃源，即便是一个偏远地区的小村落，也可能被卷入全球化的洪流。全球化，意味着国家、地区和共同体以经济往来、大众媒体和现代运输体系为基础连接起来的世界体系内出现越来越紧密的联系②。这些遥远的、远离现代世界的小社区，并非悬挂于海外的"孤岛"，它们在一体化的世界格局中，已经被搁置在同一种政治经济体系之内。全

---

① 在一份黄村通用的介绍材料中，很醒目地介绍了本村的经济发展，其中芥末种植被划为"特色产业"，并注明"远销日韩等国"。值得一提的是，这份介绍材料被印刷成册，用作接待来村视察工作或观摩学习群体的文字资料。

② 康拉德·科塔克：《远逝的天堂：一个巴西小社区的全球化》，张经纬等译，北京：北京大学出版社，2012，第 196 页。

球化的人类学研究传统中，政治经济学取向的研究已经指出，全球化造成了不平等的交换体系，农民乃至部落社会是国家的一部分，是全球交换体系的构成单位①。

黄村的芥末种植透视着黄淮海平原上一个小村落与全球交换体系之间的某种联系。以跨国交易为生产目的，表明黄村的种植业早已进入商品化阶段，那些用以描述中国农业的词语，如"自给自足""自然经济"等显然已经不再具有解释力。在当前的商业化农业中，生产的主要目的是交易以及由交易产生的利润。芥末的生产很容易使我们想起西敏司有关糖与国家间政治经济关系的论述②，进而提醒笔者关注全球交换体系的不平等结构所蕴含的权力与剥削。实际上这种担心在中国加入世界贸易组织之初就被学界不断提及，特别是对于中国农业能否经受国际农产品冲击的担心。

从 2000 年的小麦种植到 2014 年的芥末种植，黄村的农业经营因外部条件的改变而发生了本质变化，这一变化指的是一种生产性组织的形式之变，是一种由家庭经营向资本式经营的农业企业的转变。用马克思对这一生产类型的概念界定，于伍的农场呈现了资本主义式的经营形态，并被纳入全球交换体系之中。换言之，黄村的农业发展受到了全球交换体系的推动。

（一）芥末的产业组织

与甘蔗一样，芥末种植的最终目的是成为可销售的调味品，这种生产形式在当地表现为种植、收获与外地加工等一系列过程，但围绕芥末的生产已经不限于黄村这一具体时空，而是多主体参与的社会化生产，这是工业化食品生产体系的普遍特征。这里的"工业"色彩正如西敏司所描述的，"机械对人工的高度替代、规模化的生产、科技手段和科技制品的大量使用（肥料、除草剂、不同作物的培育、灌溉），等等"③。

---

① Sherry Ortner, "Theory in Anthropology Since the Sixties", *Comparative Studies in Society and History*, 1984, 26 (1): 126 – 166.
② 参见西敏司《甜与权力——糖在近代历史上的地位》，王超等译，商务印书馆，2010。
③ 参见西敏司《甜与权力——糖在近代历史上的地位》，王超等译，商务印书馆，2010，第60 页。

资本化农场所具有的特征包括：①较大的经营规模，这种地权①的集中是通过政府推动的大规模土地流转而形成的；②以生产性雇工为劳动力来源，农场主与管理人员不直接参与劳动；③农场以追求利润最大化为目标，通过资本积累的不断扩大再生产来实现利润的增长。在规模化经营的主体中，这种资本主义特征是普遍性的②。于伍的芥末农场正试图扩展资本主义式经营的范畴。首先从规模上看，于伍在黄村承包了1200亩土地种植芥末，加上黄村周边的其他村庄，其包地的规模已达到2000多亩；在芥末种植大获成功之后，他打算将芥末种植扩展到5000多亩，从黄村承包足够多的土地。亩均投入上，租金为1000元/亩/年，种子肥料860元/亩/年，人工成本200～300元/亩/年，播种机械60元/亩/年（自备机械）。以此算来，劳动力的投入要远远低于资本性投入。

其次，雇佣劳动成为劳动力投入的主要来源，农场主与管理人员构成了农场的管理者群体，劳动力投入计划与劳动过程监督是管理的主要内容。如何有效配置这批以老年妇女为主力的雇工群体，是管理者最为头痛的问题，计时工资容易产生磨洋工现象，计件工资又无法保证质量③，这是朱峰考虑以后引进机械采收的原因之一。这些雇工多是季节性雇工，所谓"又当长工"的打算在农场主看来是不必要的，于伍农场只有一名"长工"，是一名有远亲关系的本村人，主要任务是向居住在蕲镇的于伍、朱峰每日做汇报，以便农场主掌握经营动态。

再次，农场作为收入核算单位，会精确计算劳动力与资本投入的配比。压缩劳动投入，提高资本回报率，实现利润最大化是其唯一目标。这种"经济理性"的逻辑，与小农经济所具有的"道义经济"的逻辑完全不同。斯科特所称的"道义经济"强调了由农民的最低生活保障观念所产生的对

---

① 这里的"权"在政策解释中是指"经营权"，按照新制度经济学有关"产权作为权利束"的论述，当前政策体系中农地的权利可区分为"所有权、经营权、收益权"，保持所有权的稳定，推动经营权的流转，二权分离，农场所获得的是集中后的"经营权"。

② 参见陈义媛《资本主义式家庭农场的兴起与农业经营主体分化的再思考——以水稻生产为例》，《开放时代》2013年第4期，规模化的家庭农场（50～500亩）也具有资本主义特征。

③ 值得一提的是，于伍农场的芥末种植获利颇丰，本村包地大户李学习也试种了2亩，一年下来朱峰前去比较二者产量，发现李学习精耕细作、自己手工采收、施用农家肥的2亩地亩产量达到了7000～8000斤，而于伍农场的亩产量为2500斤。

于雇用、剥削等概念的不同理解，地主对自己的追随者、被雇用者等"被保护人"具有保护的道德义务①。

（二）土地租佃与劳动雇佣关系

土地的整村流转重新塑造了乡村社会关系，基于土地经营权流转形成了新型土地产权配置格局。规模经营的大户成为村庄中的主要经济行为主体，小农家庭则脱离了与土地的关系，既然无农可务，外出打工就成为明智的选择。这部分因土地被流转而失去工作的农民，属于"被迫"外出，这也是严书记发展计划的重要一方面，他认为有相当一部分村民因为有一亩三分地的牵绊，才不愿外出务工，而谁都知道外出务工能够获得丰厚的回报，让村民外出去闯，定能闯出一番天地。

实际上严书记的计划也可以反着来理解，如果外出闯荡失败了，能否回乡且有农可务？这种可能性不能说不存在。而土地流转试验的推动者严书记打算，即便这批外出务工者失败返乡，也可以在大户的农场中获得被雇用的机会，这种策略他称之为"既当地主，又当长工"，既获得土地出租的地租收入，又能获得农场务工的工资收入。从总体上讲，大多数农户的收入水平超过了自耕的收入，因此严书记觉得土地流转是划算的。

农户因土地经营权流转而成为获得地租方，地租是农户与大户关系的桥梁。同时，大多数农户也成为大户农场中的农业工人，这种身份的转换被村民类比为"长工"。被雇用的农户大多是留守村庄的老年人，特别是老年妇女，一些中年妇女也会在闲暇时间到农场打工。大户愿意雇用本庄劳力有多重原因，首先是在流转协议签订时，严书记坚持要求大户的农场必须优先雇用流转土地的农户；其次，愿意被雇用的大多是老年妇女，她们在劳务市场找不到工作机会，因此劳动价格较低，对大户而言是划算的，该群体既能完成农场活计，又能降低成本；再次，农业劳动时令性极强，

---

① 斯科特认为这种道德观念基于地方社会中的互惠义务，作为对地主的"保护"义务的回报，雇工等"被保护人"可以接受租佃关系、屈从关系以及剥削，而互惠平衡的标准是"接受的服务与他付出的服务之比例"，这些"服务"均是地方文化规定的，包括风险时的救济、仪典中的受惠等。参见詹姆斯·斯科特《农民的道义经济学：东南亚的反叛与生存》，陈立显等译，南京：译林出版社，2013，第202~230页。

需要及时完成活计，因此雇用附近的本庄人最方便。在笔者的调查中，遇到过为于伍、许开、李良干活的农户，老年妇女平均工资是 30 元/天。土地大规模流转之后，绝大部分强壮劳力都已外出打工，在家"当长工"的农户主要是老年妇女，她们基本是没有任何务工机会的，但大户农场产生的劳力需求为她们提供了机会。一些家庭中通过年龄/性别分工来解决农业经营问题，更多的农户则完全脱离了土地，加入外出务工的队伍。

工厂化的农场试图将其与所在村落的关联降到最低，以避免引出不必要的交易成本。在土地流转的政策中，土地的原持有人与农场之间是地租关系，除此之外无权干涉农场生产；农场可以选择雇用黄村村民做农业雇工，也可以选择其他雇工。但在村民看来，土地的流转并不意味着双方的关系仅仅降格为地租与工资的支付，土地流转所建立的新的社会关联，与村民间相互关系一样，应具有人情往来的特征。

显然于伍不看重这种"人情往来"，与村民过多的接触和互动意味着经营成本的增加，这种接触就包括黄村屡禁不绝的"偷盗"事件。于伍之前的包地大户为浍市种子公司的李余，以玉米良种繁育为经营内容，经营一年后发现，当地农民在玉米成熟之际总会顺手牵羊，一些村民告诉笔者："我把地都交给你了，他种那么多亩，我拿一两棒子尝尝怎么了？"实际上这种"尝尝"过于频繁和缺乏限制，使李余种植的玉米第一年的产量减产1/3。于伍显然知道了这种"尝尝"的厉害，因此在包地之初就选择了芥末这种作物。

> 看了××种菜的，被剐走的，鸡吃羊踏的，损失得多。老百姓没见过咱这（芥末），有人给我说，你种的是啥啊，剐回去一尝咋恁辣，还有人吃这？我这就防着这一点呢，羊赶过去闻一闻都不愿意吃，你剐回去没法弄。
>
> （朱峰访谈资料）

本村的包地大户都面临村民"偷盗"的问题，于伍、朱峰在经营内容的选择上，非常有"预见性"地解决了这个问题。工厂化经营的农场不希望产生额外的社会成本，更不希望与"无关"村民进行过多互动，措施之一就是尽可能地少雇用工人。

在黄村既存的雇工市场上，几个农场都维持了30元/天的普工价格水平①。朱峰的农场所雇用的劳工都来源于周边庄子，农场在每个庄子指定了劳工组织者，一有雇用需求就由这些组织者在自己庄子招募，能招募来的都是老年妇女，最年轻的也有50多岁。50～70岁的老年妇女是劳动骨干。种植芥末需要集中雇工的季节是收获季节，农场会采取计件工资制，按斤付酬，能够踏实劳动的每天可以拿到100元左右的收入。据朱峰讲，最多的时候，一天的工人工资能够发3000元左右，雇用50多人。

即便是如此低的工资水平，朱峰仍不愿意多雇用。据他了解，安徽蒙城、利辛一带已经出现了收割芥根的机器，每天可以收割50多亩，但目前价格过高要180元/亩。按照朱峰的计划，接下来要引进机器采收，不再与村民打交道，他觉得与村民打交道太麻烦②。

机械的引进使农业种植这种"劳动密集型"的产业逐渐摆脱对劳动力的依赖，农场主的资本投入成为利润产生的主要来源。而朱峰的农场试图转型的另一种趋势是，尽可能剥离与乡村、农民的关系，越来越多地依靠资本投入来替代劳动，工业化农场将依靠机械而排斥劳动。换句话说，严书记津津乐道的"既当地主又当长工"的可能性会慢慢降低，把土地流转出手的"无地"农户将直接转变为"无业"农户。

三　资本化生产的逻辑

严书记计划的落空，源于一种生产组织形式对乡村要素的重新配置。

---

① 朱峰、严源等大户对这样的工资水平仍嫌高，理由是来农场劳动的都是老年妇女，手慢出不了活。而一些被雇的村民告诉笔者，就给那么点工资，还能指望农民拼命给他干！据了解，30元的日工资是由李埫包地大户李良首先"抬"起来的，算是李良对本乡本土老少爷们的一点照顾，其他村庄的雇工雇主只愿给20元/天。因李良的抬价，周边其他大户非常不满。

② 一项流传在几个农场的不成文规矩表明了这种"麻烦"，规矩是：自愿来农场干活的，若由于自身健康或劳累过度而引发的伤病，农场不予负责。鉴于农场所雇用的多为老年妇女，这条规矩显得很有必要，最早来村包地的余敏的农场就出现了劳工晕倒的现象，最后由村委会从中斡旋，大户余敏出了部分医疗费。在此之后每位农场主对这一问题提高了警惕，为了保证包地农场主的稳定性，村两委曾在村民中非正式地宣布，身体不好、年龄偏大的，尽量不要去农场劳动。

强调土地流转形成大规模农场，进而强调农业产业化，这可能使农业走向资本主义化①，这一判断与马克思、列宁对资本主义的判断大致相同。

实际上，全球交换体系与资本主义生产方式并不具有必然的因果关系。古典马克思主义学派曾就此与"小农经济"学派有过激烈争论，马克思认为资本主义必然在农业部门内扩张，最终由资本主义生产关系完成替代；而恰亚诺夫更相信小农经济的生命力，认为资本主义方式的雇工式大农场成本相对较高，必须支付固定工薪，竞争力反不如能进行自我剥削的、维持型的小农经济②。在作为资本主义起源地的西欧，已经有学者发现了"再小农化"的现象③。

而这一趋势的发展速度，远远超出一个村支书所能计划的范围。在引入下乡资本开展规模化的农场经营的同时，农场已经开始有计划地减少对农业劳动力的使用，工资制度所代表的劳资分配关系已经在被慢慢摧毁。

资本化生产要求对乡村中既存的要素进行"资本化"，特别是土地与劳动力这两类要素，"资本化"是使土地和劳动力成为财富的可行方式。换言之，资本化生产是一种重新配置生产要素的社会组织形式，要求劳动力、土地和货币的供给只能由一种方式加以组织，即让它们变得可以通过购买而获得，在波兰尼看来，它们必须成为商品④。土地与劳动力挣脱原有的生存框架，通过可买卖的方式进入生产过程，进而被资本要素组合成为可形成利润的生产过程。

人类学家往往会发现，这种资本化生产的方式冲击着原来社区中的生存方式⑤，而原有的生存传统是一种"道德"的经济，与外来的资本化生产逻辑截然不同。资本主义经济的一些理论认为，以工业生产、自由市场、私有产权为特征的生产体制具有强大的"脱嵌"能力。波兰尼认为资本化生产的迅

---

① 黄宗智、高原、彭玉生：《没有无产化的资本化——中国的农业发展》，《开放时代》2012年第3期。

② A. 恰亚诺夫：《农民经济组织》，萧正洪译，北京：中央编译出版社，1996，第45页。

③ 扬·杜威·范德普勒格：《新小农阶级：帝国和全球化时代为了自主性和可持续性的斗争》，潘璐等译，北京：社会科学文献出版社，2013，第180页。

④ 卡尔·波兰尼：《大转型：我们时代的政治与经济起源》，刘阳等译，杭州：浙江人民出版社，2007，第65页。

⑤ 詹姆斯·斯科特：《农民的道义经济学：东南亚的反叛与生存》，陈立显等译，南京：译林出版社，2001，第204页。

速蔓延，关键在于创造出三种虚拟的商品——货币、土地、劳动力——这些原本不属于商品范畴（生产出来用于出售）的物质进入了市场①。这三类物质作为虚拟商品（virtue commodities）被纳入市场体系，使得市场体系成为独立于社会其他部分的自主系统，人们的经济活动不再嵌入于（embedded）社会之中，而是脱嵌于（disembeded）社会之外。在这个过程中，由于劳动和土地分别意味着人和自然，而人和自然是社会的物质构成要素，所以这两者的虚拟商品化意味着社会反过来从属于市场，市场社会由此成为市场经济的必然产物。

"脱嵌"理论将经济与社会纳入二元分析框架，在研究初民社会的人类学视野中，人类的经济是要附属在社会关系之中的，这种区分是不明显的，因为"没有任何一种社会关系、社会体制或一整套社会制度本身就是'经济'的"②。人类的交换是自古以来就存在的，而且发生在社会、文化、政治等多个领域，包括互惠、再分配与资本转移等多种形式；而市场这一事物则是在资本主义体系中生长起来的，逐渐剥离了其他类型的市场，将其基础建立为私有产权之上的自我调节式市场。在这种狭义的市场思维之下，土地与劳动力的商品化就自然而然地发生了，土地被定义为企业生产的要素，而乡民则被定义为企业中的劳动力，通过出卖自身劳动为企业提供生产的动力。而黄村所进行的一系列有关土地的改革，都在为这种土地与劳动力的商品化、劳动力的再生产提供制度动力，使农民脱离土地，以产生一个庞大的体力劳动者群体。

（一）从生产到"生产主义"

在土地大规模流转实验中，"抓大放小、盘活土地"是黄村经验的一项主要内容。"抓大"即培育农业经营大户，将土地集中经营以实现农业企业化，"放小"即不再允许三五亩的家庭式经营，通过政府力量来推动土地流转成为"盘活"的主要手段。

---

① 卡尔·波兰尼：《大转型：我们时代的政治与经济起源》，刘阳等译，杭州：浙江人民出版社，2007，第65页。

② 马歇尔·萨林斯：《石器时代经济学》，张经纬等译，北京：生活·读书·新知三联书店，2009，第214页。

"生产主义"作为一个批判性概念，是自 20 世纪 60 年代以来由福特主义所引发的批判思潮中的有力工具①。韦尔斯将"现代化"细分为生产主义与消费主义，生产主义指"奉行物质生产至上、苦行式发展的文化模式，追求社会'劳动人口动员力的增长与经济的非消费部门的更高劳动效率'②"。而在这种生产体制与文化模式中，生产主体被定义为片面化的"经济人"，社会表现为以追求财富积累为目的的发展模式，个人则被塑造为商品与资本而奋斗的人③。

这种奉行物质生产至上的意图可以在地方政府的政策表述中找到相应的文字。在"社会主义新农村建设"计划的二十字方针中，"生产发展"位居第一。"生产"作为一种人类活动是存在于任何社会形态之中的，它涉及人类生存条件的基本供给。但在前资本主义社会中，生产并不是经济的，而是生活的或生计的④，只不过，在马克思的理论中，资本化生产是一个围绕物质生产而组织起来的社会经济体系，其可悲之处在于这样一种体系造成的异化现象。物质生产是任何社会发展运行的基础，但在资本化生产逻辑中，物质生产对社会和人起到了支配作用。

生产主义的意识形态通过对自由市场的强调试图代替其他经济组织类型。20 世纪 90 年代以来，中国政府在推动市场经济运行上不遗余力，为市场保驾护航成为各级地方政府经济发展方针的核心原则。自由市场有助于社会财富迅速增长，也使"以经济发展为核心"的地方政府能在政绩考核的锦标赛中获得好成绩。在中国政府的行为中，"改革"一直是不断被强调、不断被实践的一种执政逻辑，而市场化是"改革"一以贯之的目标，市场繁荣的表现之一就是物质生产的发展。

用物质生产说明社会历史的发展动力、道路和形态，用物质生产说明

---

① 何怀远：《生产主义发展观的价值维度——生产主义的批判与超越》，北京：社会科学文献出版社，2005，第 5 页。

② 参见艾伦·韦尔斯《是显像管帝国主义吗？美国电视对拉丁美洲的影响》（*Alan Wells, Picture-Tube Imperialism? The Impact of U. S. Television on Latin America*），玛丽诺，1972，第 195 页。

③ 何怀远：《生产主义发展观的价值维度——生产主义的批判与超越》，北京：社会科学文献出版社，2005，第 6 页。

④ 张小军：《让经济有"灵魂"：文化经济学思想之旅》，北京：清华大学出版社，2014，第 8 页。

一切社会活动，用经济关系说明一切社会关系，这种社会观念被称为"生产主义"。在研究马克思主义生产观的学者看来，西方马克思主义、新马克思主义和后马克思主义都是在这一意义上批判"生产主义"[①]，虽然他们所使用的概念有不同之处[②]。

最大限度地提高效率，最大限度地增加产量，引导人们关心增加剩余而非关心分配剩余，这是生产主义的表现之一。效率是衡量社会功能的主要标准，生产的目标就是追求利益的最大化，这是纯粹经济学为社会打造的地基。

设置一套与效率至上体系相适应的社会治理体系，这是生产主义的表现之二。资本化生产的逻辑进入农业社会，打破了传统农业自给自足的自主状态，产业形态扩大化，需要更多社会主体来参与。而社会的组织方式也按照生产的逻辑来塑造，经济对社会的殖民，意味着社会这一本体论意义的存在被降至"生产条件"的地位，社会治理制度为生产的效率服务。

一套由经济制导的"发展观"、以商品化为方向的"物观"、理性至上的"人性观"三者构筑的互为表里、相支互动的观念体系，构成了生产主义的意识形态。资本主义的生产需要三要素的支持，而货币、土地与劳动力都要从前现代的形态中虚拟化为具象的、可交易的商品，进而产生资本化的占有关系。

（二）农业的"生产主义"改造

土地所具有的多重功能，在"生产主义"发展观之下被简化为生产功能，以追求农业产量增长和农业生产效率为唯一目标。在改造传统农业的政治方针中，"农业现代化"发展战略强调，确保粮食安全的首要任务就是保证农业生产的稳定，同时要求农业产值不断增加。这就要求在农业改造过程之后，

[①] 何怀远：《生产主义发展观的价值维度——生产主义的批判与超越》，北京：社会科学文献出版社，2005，第20页。

[②] 葛兰西的理论中称这种特征与趋势的社会历史观为"经济主义"（economism），这一概念得到了后来者阿尔都塞与吉登斯的继承；而鲍德里亚虽然也认为资本主义是一种围绕生产而组织起来的经济体系，其运行逻辑是生产主义逻辑，但他更偏重于对生产而非生产关系的批判。参见安东尼·吉登斯《历史唯物主义的当代批判》，郭忠华译，上海译文出版社，2010；鲍德里亚：《生产之镜》，仰海峰译，中央编译出版社，2004。

实现产量增长与生产方式优化，生成一种可持续的新型农业形态。

斯科特提醒人们国家农业发展项目的另一种思路，即在国家的角度来看，改造农业模式的理由在于，国家在农村建立了便于自上而下进行监督、管理、征税和控制的新的制度形式和生产单位。斯科特以苏维埃集体化和乌贾玛村庄化（其中集体农业是主要内容）为例探讨了工业化农业的运作逻辑。两个国家虽然在一些方面存在差异，但是它们所做的都是利用国家权力使农业由分散的小农经营转向集中的集体农场经营。这样的大型社会工程之所以会发生，主要源于以下四个方面的原因：第一，两国领导人都抱有极端的现代主义信念，体现在农业发展上就是对"大型、机械化和工业化农场的迷信"[1]。第二，国家管理和控制的需要，无论是国家征收赋税还是政治控制，都要求国家对社会进行清晰化和简单化的设计[2]，相比分散的小农，集体农庄显然更符合这一要求。第三，集权国家，这是乌托邦式的社会工程得以实现的权力基础。第四，软弱的公民社会，这样的社会缺少抵制国家项目的能力，是这些项目得以推行的社会基础。

黄村的改革一再证明了斯科特的预见，这项名为"农业现代化"的改造产生了多方面的社会后果：粮食产量下降、生产效率低下、生态退化，因此不但没有实现设计者的初衷，反而给农民生活带来灾难[3]。国家机器的核心在于简单化和清晰化，而社会一方（包括农业生产）则由于地方知识、实践和背景等特殊性的存在是无比复杂的。国家在实施项目中往往将社会的复杂性、不清晰的地方性知识和实践视为落后的并将其移除，从而导致那些试图改善人类生活状况的项目最终失败。

本章所关注的以土地经营权整村流转而形成的资本化生产形式，其所遵循的是"生产主义"逻辑，这一逻辑贯穿在当前地方政府农业发展乃至地方治理的方方面面，在此逻辑推动之下的政策实践正在将农民与土地的关联迅速打破，农业与农村的社会型式在被重新塑造。黄村所在的地方政

---

[1] 参见詹姆斯·斯科特《国家的视角：那些试图改善人类状况的项目是如何失败的》，王晓毅译，北京：社会科学文献出版社，2004，第241页。

[2] 斯科特认为，清晰化和简单化是国家机器的中心问题，也是现代国家机器的基本特征，清晰和简单化的设计是所有社会规划、图解和管理所不可或缺的。参见《国家的视角》"导言"第2~3页，"中文版序言"第2页。

[3] 参见詹姆斯·斯科特《国家的视角》第254~255、273、313~314页。

治力量仍在不遗余力地扩展"生产主义"的领域，他们试图以此来发掘土地之中蕴藏的"财富"。

"生产主义"的信条之一——生产至上——的逻辑在短期内已经产生了未预料到的结果，而这种未预料的结果，正在否定"生产主义"的自信心。本处借用"自反性"概念来说明这种"事物在自身发展中走向自我否定"的悖论状态①，而这些自我否定已经通过鲜活的经验呈现，本节以经济与社会两个方面的后果来进行说明。

四　"生产主义"的自反性

地方政府试图通过黄村的土地改革试验来为地区性的农业政策变革做样板，其所遵循的"生产主义"逻辑在土地流转与引资下乡之后产生了未预料到的试验结果，这些结果给"生产主义"的乐观泼了一盆冷水。

（一）资本化农场的失败

首先，效率这一前提假设被无情地突破了，事实证明资本化生产的大户农场并未在产量和产值方面显现优越性，土地流转后粮食产量反而下降②。在黄村包地的大户齐泰的玉米亩产只有 700 斤，原本由农民耕作的小块土地长期保持着 1000 斤/亩的产量，而其他农场主也都无法实现更高的产量，效率神话被实践否定。

那些不以粮食种植为内容的农场，如李良的绿色田园、许开的繁盛农场，在企业化的运作中遭遇到了财务危机。大户农场主的经营目的当然是利润最大化，而许开、李良均遇到两大难题，生产过剩导致市场行情萎缩，

---

① 在贝克看来，自反性（reflexivity）是以现代理性为初衷的现代化却产生了不断消解现代化自身基础的非理性的意外后果，现代化之所以会产生自反性主要源于现代性自身的矛盾，即工具理性与社会理性的冲突和割裂。贝克的自反性现代化概念较好地解释了现代性危机和现代化困境的根源，而本书将"生产主义"的社会体制视作现代化的一个面向，探讨其所具有的内在矛盾。关于贝克的自反性理论，可参见乌尔里希·贝克、吉登斯、拉什《自反性现代化：现代社会秩序中的政治传统与美学》，周宪等译，北京：商务印书馆，2001。

② 一则新闻报道可以佐证这样的现象，参见《土地流转不会提高粮食产量》，记者余胜良，《证券时报》，转载自新华网 http://news. xinhuanet. com/fortune/2014 - 10/31/c_1113052168. htm。

年年种年年亏，进而导致了第二难题，即缺乏足够的资本投入导致再生产难以维持。在笔者开始田野调查之初，经营了两年半农场的许开卷包而逃；李良则通过拆补家产、套取政策资金的方式艰难维持自己的农场运营。前文中作为经营模范的于伍是黄村几个大户农场中唯一的赢家，但讽刺的是，于伍是得知黄村东边土地已被划为蕲镇煤矿的塌陷补偿区，想通过承包这片土地来获得煤矿的塌陷补偿。

其次，规模经营、企业化运作的农场，也被科层化的企业管理制度所否定。严书记提倡的"农场要越大越好"的方针并未收到预期效果，受此观念鼓动而承包1700亩土地的本村农民李学希，也因农场过大产生了意外损失。按照严书记和李学希的计算，即便规模化种植后粮食会减产，每亩只纯收入100元，一千亩就可以得到10万元的收入。但农业活动并非算术题，李学希经营第一年就遇上了规模扩大带来的困扰，由于播种期作业量太大，即便大量雇用工人、租用播种机，也未能在十天之内播种完，导致1/3的土地因误了农时而大量减产；收获之后的近百万斤玉米，因为没有足够的场地晾晒而导致发霉，亏损严重。

规模与效率是否呈正相关关系？人类学家戈德施密特20世纪60年代对美国农场的一项研究表明，较小的农场在人口最大数的收入方面，比大的农场更有效率。而严书记所推崇的美国式先进大农场模式，弊端在戈德施密特的研究中已经显露，农场中土地所有权的集中源于那些帮助大农场主、排斥小农场主的公共政策①。规模经济的神话在农业生产领域并没有得到足够的确证，依照工厂生产思维打造的企业化农场遭遇水土不服，土地的集中反而造成了贫困化。

（二）再小农化

土地的商品化与地权重新配置，塑造了新型的财产关系，也产生了基于土地占有而衍生出的新型生产关系。黄村农民"既当地主、又当长工"的身份显示了租佃关系与雇佣关系的双重结合。大户经营中存在的问题是具有

---

① Walter Rochs Goldschmidt, *As You Sow*: *Three Studies in the Social Consequeces of Agribusiness*, Montclair, NJ: Allanheld, Osmum & Co., 1978, p. xxxii.

普遍性的——种植环节低效率、管理环节遇到麻烦，这迫使黄村的大户开始进行调适，逐渐退出种植环节，或者将土地分包给下线，流转大户已经不是承包大户，而承包大户也已经不是实际种植者。

在黄村的土地流转过程中，被退出的土地首先被流转给作为中介和担保者的严书记，因此实际的流转大户为严书记。严书记并未自己经营，而是作为中介，将土地分包给李余、许开、齐泰、于伍等大户，他们是承包大户，也曾是种植大户。在 2012 年的调查中，李余、齐泰及李良都已经开始逐渐将土地再次分包给其他人，实际的种植者目前已有十几人，他们既不是流转大户，也不是承包大户，其处在分级承包的最末端，是真正的种植者。如李余承包的 2000 多亩地经过三级承包，最终由黄村村民严胜利、严胜杰分别承包了 180 亩、200 亩，元春承包了 50 亩，严仁贵承包了 85 亩，这些小规模的经营者显现出惊人的创造力，他们依靠着家庭经营，不仅在产量上达到了小农家庭经营的水平，而且获得了不错的收入。

经营亏损的企业化农场自 2011 年开始进行自主调试，将土地细分后再发包，形成 50～200 亩的规模较小的农场，这样的小规模农场可以由农场主自己劳动，采用小型机械的家庭经营方式。范德普勒格在欧洲、南美等地发现了规模化农业模式扩张浪潮之下的一种反向运动，边缘化的、贫困化的小农通过积极创建、再生和发展一套自发的、自我控制的资源实现了自主，回归到了具有多功能性的、以家庭生计为目标的、以生态持久为基础的小农经营逻辑，这一运动被称为"再小农化"①。

从流转大户到最终的种植大户，均存在层级分包现象，而一级流转大户除李良自耕面积较大外，都已不是种植者，真正的土地种植者需要经过多层承包后才能获得土地的经营权。而根据笔者调查，李良已经开始着手将自己流转的土地发包给其他人，自己不再从事蔬菜种植，转向利润回报更高的加工营销。短短几年，黄村的大户已经普遍开始将土地经营权再发包流转，或者分包给下一层级，层级分包源于种植环节的低利润，大户作为种植者并不划算，因此急于将耕地再次发包。另外，一部分以小规模经

① 扬·杜威·范德普勒格：《新小农阶级：帝国和全球化时代为了自主性和可持续性的斗争》，潘璐等译，北京：社会科学文献出版社，2013，第 7～8 页。

营为基础的"扩大的小农"被生产出来，他们一改企业化农场经营的亏损局面，逐渐维持了农业生产的稳定。与范德普勒格观察到的一种为自主性斗争而产生的"再小农化"不同，这种"再小农化"是因企业化农场经营不善而做出的被动调试。但这种"再小农化"的行为遭到严书记的制止，他仍坚持着"扶大不扶小、扶强不扶弱"的原则。在 2014 年的田野调查中笔者发现，严书记把这些已经"再小农化"的小农场驱逐了，转而将大片土地承包给了自家兄弟来经营，而春夏之交的一场狂风，造成了严氏兄弟承包的 1500 亩土地上所种植的特色小麦大面积倒伏，春季收成惨淡。

小　结

在资本主义经济体制中，财富，其根本是财产。在马克思的定义中，财产最初意味着劳动的主体把自己的生产或再生产的条件看作自己的东西①。资本化生产的逻辑以其巨大的财富生产能力而具有强大的制度自信，任何以发展作为政绩的政府都会试图以生产主义的发展观来实现财富的增长。不过，马克思提醒，资本主义条件下，生产的主客体关系被颠倒，劳动者也不能再将自己的生产和再生产的条件看作自己的财产，人的普遍"异化"成为现代人的内在本质，财产这一本来应是人的生存条件的东西，最终成了人的生存目的。

从土地之中创造财富，发展资本化农场成了地方主政者的施政举措，这一举措遵循着"生产主义"的发展观。以土地的权利束的析分与经营权交易为起点，"生产主义"的发展观推崇生产至上、效率至上的目标，试图以资本化农场来替代小农经济的家庭经营，而笔者也看到了这种土地流转试验所带来的后果。可惜的是，村庄的主政者严书记仍在不遗余力地推行这一举措，并在不断创设有利于企业化农场运行的制度环境。那些旨在推动农业现代化的思路无处不贯穿着"生产主义"的逻辑，地方政府、村干部与农民都成了"生产主义"逻辑的"囊中之物"，对土地制度进行改革已经成为社会共识，在这里，土地原本所具有的形态是否应当被坚持，似乎已经无足轻重。

---

① 参见《马克思恩格斯全集》第 46 卷（上），北京：人民出版社，1979，第 496 页。

第三章　平坟

　　土地作为建构乡土社会的物质基础，可以从土地对家族的构成机制中得到理解。中国农村被认为是"家族主义"的，家族的关系构成与情感凝聚的方式都与土地密不可分。在经历了半个多世纪的围绕土地的改革后，中国的家族形态、宗亲观念以及祭祀方式都发生了变迁。本章将以坟地的社会生命转换为基础，展示这一变迁轨迹之下的土地形态之变。

　　笔者重新回到黄村是2014年的3月底。与之前的黄村相比，村庄里多了很多年轻的面孔，这在以留守群体为主体的黄淮海平原农村并不多见。不久后笔者得知，清明节临近，这些年轻人都是从外地赶回老家上坟祭祖的。在皖北农村，春节回家过年和清明回乡上坟是外出务工者每年两次必做的功课，如果连这两次都不回家，就说明他连中国人最基本的东西——家与祖先——都丢掉了。虽然快速现代化时刻侵蚀着传统文化，但家、家族以及绵延流传家文化的确构成中国乡村的文化细胞，仍在广大的乡间顽强地存在，坟则是凝聚这种家文化的物质符号。

　　由于有很多外出打工者回乡扫墓，清明节就成了笔者进入田野工作的第一个话题，但这第一个话题却使笔者感觉沉重，因为黄村在有关坟地的问题上产生了很多矛盾，这也使通过政府渠道进入田野的方式遭遇了很多研究之外的问题。笔者来自北京以及著名高校博士生的身份，使有些农民认定笔者肩负着替高层领导了解民情的特殊任务，他们希望笔者将一些"黑幕"带回到中央。笔者作为初入门的人类学研究者，除了认真倾听这些"民间疾苦"外别无他法。这些"疾苦"首先就是由村两委主导的平坟。

　　平坟，令笔者感到不可思议。就在2012~2013年，黄村邻省的河南周口市，因为强制平坟而遭到当地农民的强烈反对，社会舆论一致反对该地的平坟政策，这一事件最终演化为一场公共事件。黄村并不是闭塞的山村，不应该没听说过此事。后来笔者访问了村书记严化新，他说正是听说周口平坟，才觉得本村平坟如此必要。他列举了很多原因，如本村大田里有二三百个坟头，每个都面积不小，如果能平掉，不仅能节省出土地，也便于机械耕作，最要紧的是，平坦开阔且集中连片的耕地可以作为本村的"面子"。

黄村的"面子"非常重要，因为它是雍县数一数二的"明星村"，也是浍市、雍县一些地方主要领导的"帮扶村"，代表着各级政府在农村领域的工作成绩。而村民并不给面子，有人说严书记积极推崇平坟，是因为某种商业阴谋，严书记想大家把祖坟都迁到他正在开发的公墓中去，让老百姓花钱从他手里买坟地（实际上并不是如此）；也有村民猜测这是严书记想向"上边"展示自己的工作能力，为"美好乡村"工程"搽粉"；也有村民说，严书记这么做就是为了让大户包地更方便，因为他自己的二哥是村里最大的包地大户。村庄里的这些"流言蜚语"，在斯科特的意义上可以被理解为"弱者的武器"，看作一种反抗的话语。只不过这些"流言蜚语"并非软弱的反抗，当平坟运动真正开启，村民立即产生了分化，并有村民将反抗落实为行动。

一　平坟运动

2013 年春节，黄村村书记就做好了平坟计划，并将时间定在清明节之前，因为清明节会有很多人返乡，再拖延就意味着更多返乡人员加入到反对力量中。平坟的决定一经做出，就进入了村两委工作程序，平坟通知由村主任丘光辉在大喇叭上循环播放，具体程序包括：

> 1. 所有大田里的坟头，都必须在 4 月 1 日之前自行搬迁；
> 2. 自愿迁坟的，村委会给予迁坟补助，老坟 500 元，新坟 800～1000 元；
> 3. 逾期不迁坟者，由村里强制平整；
> 4. 党员干部应起示范带头作用。

行政动员是农村工作的基本工作方式。村主任在大喇叭上号召平坟，村干部们为了起带头作用，早早地自行平了祖坟并领到了平坟补贴。一些村委的支持者也紧跟形势，迁走了自家的祖坟。严书记的本家叔济民是最早的主动迁坟者之一，迁坟是对自己本家侄工作的支持；小严家的退伍军人袁俊生也是主动迁坟者，虽然他说因为自己是退伍军人，思想觉悟高应该服从国家政策，但在有些村民看来，袁俊生在严姓的庄子里属于单门独户，胳膊拧不过大腿。除了主动迁坟者，更多的农民怀着观望的心态，农民认为有很多政策在农村总是"一阵风"，"雨过地皮湿"，不了了之是最好的结局。而这次，他们没有等到不了了之，村干部展示了平坟的决心和魄力。到了 3 月 31 日的截止期，村里派出了五台挖掘机，开始在各个庄子入地平坟，强制平坟开始了。

黄村平坟虽然发生在周口平坟的抗争热潮之后，但并没有发生群体性的抗争行为，当村民看到挖掘机真的入地平坟，一些观望者立即赶在平坟之前自行迁坟。村庄东南角的任庄、西北角的大章家两个庄子两天之内平掉了六七十座坟，挖掘机在辛庄遇到了实质性的反抗，辛庄 60 多岁的村民辛文俊手持铁锹挡在了挖掘机面前，扬言要殴打挖掘机司机。辛庄村民回忆起当时的情景："年轻的挖掘机司机不敢再施工，赶紧打电话给村书记，结果当天严书记外出，其他村干部不愿处理如此棘手的问题，村主任也不敢做决定，最终挖掘机被逼停在地里。"辛文俊逼停挖掘机，这成了黄村平坟运动遇到的最激烈的反抗，而这种个体性抗争并未取得实效，第二天挖掘机重新进田，绕开了辛文俊家的坟头，辛庄其他的坟头都被填埋在挖掘机之下。

没有抗争并不意味着没有反对者，时隔一年之后仍有不少农民因平坟向笔者大吐苦水，对村干部也颇多不满。笔者提问："那你们为什么不反抗？"被访谈者似乎觉得笔者的问题很幼稚，几乎众口一词地反诘："大家伙都平，你不平可得行？"如果坚持用抗争理论来理解，似乎这就是被压迫久了、不敢反抗的鲜活例证。但令人疑惑的是，在社会舆论一边倒的情况下，周口平坟已经被斥责为"挑战文明底线与伦理底线"[1]，强大的反对力量迫使国家级的管理条例因此得到修正[2]。黄村的平坟虽没有见诸报端，却

---

[1] 任锋：《周口平坟挑战文明底线》，http://bbs.ifeng.com/detail_2012_12/03/19785010_0.shtml。

[2] 国务院颁布第 628 号令，对《殡葬管理条例》第二十条进行修改。

在村庄街谈巷议中遭到了本村人的舆论责难，在这一点上，黄村村民对坟地的理解与大多数汉人社会没有什么差别。

二　坟地的社会生命

坟地又称阴宅，用于安葬逝去之祖先的灵柩。将之称为"宅"，则含有期待祖先安息长眠之意。与坟地有关的是风水，这是一种关于地志的特殊学问。坟地又是一种特殊的土地，即便是在法治主义已成为土地治理规则的今天，也没有具体的法律条文是关于坟地的。

坟地就是这样一种具有综合性意义的地志①。

清明节添坟仪式，是一种家族力量的展示。黄村添坟的方法是，将坟头上长出的杂草除去，从地上挖新土添加在坟头之上，堆成圆锥形，锥顶要压上黄表纸，再用一块完整的土块覆压在黄表纸上，除了坟边种植的柳树或柏树之外，去除周边的杂草，使之看起来不荒。这一风俗与300公里外的费县"压坟头"的方式是相同的②。一般而言，坟墓的设置是坐北朝南，后人在墓门磕头、奠酒和烧纸钱。无人添坟在本地是一件伤面子的事情，暗示着绝嗣、家族矛盾等门户败落，"死后没人添坟"也是一句很有威力的民间诅咒。

坟地关涉着祖宗，因而有关丧葬的仪式凝聚着中国传统的总体性社会事实。正如人类学家华琛所说的，"在帝国晚期，与婚嫁和死亡相关的仪式构成了一种'文化黏合剂'，把这个庞大、复杂和多元的社会维系起来"③。

---

① 哈斯特普这样定义地志：它是一种将地理、居住、政治性边界、法律现实、过去历史的踪迹、地方-名字等包容进特定空间的综合知识。这种"综合性"在朱晓阳看来，同莫斯所表述的"总体性社会事实"相当。参见朱晓阳《小村故事：地志与家园（2003~2009）》，北京：北京大学出版社，2011。

② 杜靖：《九族与乡土——一个汉人世界里的喷泉社会》，北京：知识产权出版社，2012，第148页。

③ Susan Naquin, "Funerals in North China: Uniformity and Variation," in James L. Watson and Evelyn Sakakida Rawski, eds., *Death Ritual in Late Imperial and Modern China*, *Chapter Three*, Berkeley: University of Calif. Press, 1988, pp. 38 - 46. James L. Watson, "The Structure of Chinese Funerary Rites Elementary Forms, Ritual Sequence, and the Primacy of Performance," in James L. Watson and Evelyn Sakakida Rawski, eds., *Death Ritual in Late Imperial and Modern China*, *Chapter One*, Berkeley: University of Calif. Press, 1988, pp. 3 - 20.

在乡村社会中，人们用"宗族"来描述这种总体性的社会形态，人类学家创造出了"宗族范式"来研究中国的总体性社会。按照弗里德曼对宗族最简朴的定义"族谱/族田/祭祀"的要求，在中华人民共和国成立前，黄村存在典型的宗族形态。按照伊佩霞的说法，宗族是以财产为中心的社会组织，那么祭田这类族产就是构成宗族的基础①。

1. 传统时期的坟地

黄村共有九大姓氏，在黄村范围内形成了 10 个分散的聚居区。从居住格局看，自然庄呈现为独立分散的模块，庄子之间存在地理边界，各庄土地围绕庄子四周分布。同时，每个姓氏集中居住在以自家姓氏命名的自然庄，自然庄在较长的历史时期维持着固定的形貌，自然庄是具有深厚历史感的社会单元。如黄村最大的姓氏丘姓，自称在明代由山西洪洞大槐树搬迁至此，600 多年聚居于此并且长期以来未有迁移，丘姓聚居的自然庄也被命名为"丘寨"。这种格局符合费孝通所描述的乡土中国的经典形式，"地缘是血缘的投影"，血缘结构与地缘结构双向重合。

辛庄是辛姓聚居的自然庄。辛姓到皖北地区有多少年历史，已无可考，但辛庄北边曾有一座人尽皆知的祖陵，据陵前碑文记载，该陵是乾隆年间修建，碑文内容记载了墓主的四位子嗣的名姓，本地的辛姓就以这座祖坟的主人为开基之祖，其下的辛氏称"河涧堂"。据考由河北河间地区的邢台县搬迁而来，在蟠镇、蕲镇一带分布为四房，辛庄因为是本地辛姓开基祖的祭拜地，也因这座著名的祖陵曾有石门石碑，被称为石门辛。石碑、石门被毁于 20 世纪 60 年代一场以铲除封建迷信为目的的"破四旧"运动。开基祖的坟地及周边的土地，在其后百年间都是本地辛姓的公共坟地。先祖长眠之地成了辛姓宗族的神圣之地。按照习俗，辛姓后人每年四次要到公共坟地祭拜先祖，春节、清明、七月初一及八月十五，这四次公共祭扫也成为整个辛姓宗族商议族务、联络情感的重要仪式和事件。这些仪式由四门中有威望的族老主持，由此形成的家族秩序也构成了地方社会秩序的基础。这种产生了民间社会秩序的制度，建立在公共坟地的土地制度之上。

---

① Patricia Ebrey, "The Early Stages in the Development of Descent Group Organization," *Kinship Organization in Late Imperial China 1000 – 1940*, Edit by Patricia Ebrey and James L. Watson, U-niversity of California Press, 1986.

坟地是这种家族制度的符号象征，祖陵与后人的情感链条构成了"慎终追远"，绵延不绝的宗族意识，正因如此，坟地就具有了"圣俗一体"的神圣性。革命年代，这种神圣性被有关土地的唯物主义政策实践所打断。笔者有次问起一位担任过多年生产队长的老人，本村是否有过平坟事件，他问笔者：你问的是哪一次？本地平坟已不下十次，生产队主导的平坟就有很多次，能够数清楚的包括入社时、队为基础时、农业学大寨时，再至后来田地下放到户，很多农民把自家承包地中的坟头也平掉了不少，承包者认为老陵和新坟影响了自家土地的可耕种面积。

2. 土地改革后的坟地

中华人民共和国成立前，中国乡村的土地被认为是私有的，当然这里主要指农地；同时，有一部分土地具有集体性，这个"集体"指的是宗族。这种集体的"公地"相对其他宗族而言是"私"的，但相对于个体农户来说，这些土地却具有公共属性。宗族的土地大体包括族田、学田、义田以及祭田等，这些土地存在的价值在于，总有一些需要集体承担的任务，具有公共属性的土地可以作为支付这些集体任务的费用来源。在人地关系比较紧张的黄淮海平原，辛庄一直以来保留着一份公共土地，即分布在祖陵周边面积 4 亩多的"祭田"。

"祭田"来源于《朱子家礼》，中国最大的宗族孔府的一份档案表明了祭田的功能："岁收其租入，以供祖祀。余悉为衍圣公廪禄。"到蟠镇、蕲镇一带的辛姓祭田分别归属于开基祖的四子之四门，辛石门不属于长门，但负责每年的祖陵祭扫。这 4 亩多祭田在中华人民共和国成立前由本族辛继荣耕种，他需要负责祖陵的日常供奉，即担负奉祖之责；每年四次集体祭扫时的吃饭接待，即赡族之责。辛氏宗族虽不像孔府那样族产丰厚，但祭田的存在，保证了宗族祭扫活动的常态化，而公共仪式正是增强集体情感的主要方式。土地之于宗族社会有如此重要的作用[①]，因而中华人民共和国成立后出现的围绕土地的革命，极大地消解了宗族文化的韧性。

---

① 根据 1941 年当时政府对广东土地类型情况所做的统计，在广东，祭田一般被称为"太公田"，在 20 世纪 40 年代初，全省太公田达到 1260 万亩，约占全省 4000 多万亩的 30%，即全省耕地的 1/3 是太公田。参见《广东省志·国土志》，广州：广东人民出版社，2004，第116 页。

　　这项以推动社会均等化为目标的新政产生了深远的社会影响。关于坟地的处理办法，土地改革的最高法令《中华人民共和国土地改革法》在第二十条中如此规定："没收和征收土地时，坟墓及坟场上的树木，一律不动。"而祭田则成为征收的对象。

　　土地改革也伴随着土地权属的调整，包括石门辛的祖坟之地的60多亩族内公共土地被划归为吕村蔡家组。土地改革完成后，辛氏祖坟地归属其他村庄，祭田由此消失。祭田的消失也伴随着清明祭扫的弱化，周边辛姓后人再来祭扫时，石门辛已无接待能力。这个看似并不关键的改变，成为消解宗族制度不可忽视的一步。辛庄"光"字辈的长老辛光田这样解释：

　　　　你到了（集体时期）那时候，没了这4亩多地，从雍县来的本家老表光来回就得一整天，（那时候）全靠腿走着呢，肚子饿得都没处管饭，一年，两年，人也就不来了，（生产队）管得紧，跑一天没工分，开始几年就不来了。

　　　　　　　　　　　　　　　　　　　　　　　　　　（辛光田访谈资料）

　　革命传统下，传统文化中一部分因素被视为"糟粕"，特别是被归入"封建文化"系统的宗族文化是需要被清理的。笔者在这里希望从土地出发来理解这一问题。从土地权属变革的角度讲，1950年前后的新区土改是一种"从私有到私有"的地权再造，这一过程伴随着激烈的均贫富，一些原本属于族产的集体土地被作为私有地均分到了贫雇农手中，同时作为旧时地方精英的地主被打倒。对辛家而言，还有一项改变，即本族的墓地和祭田一片区域被"划拨"给了邻村蔡庄，辛庄再要下葬就需要与蔡家生产队商议。

3. 集体主义时期的平坟

　　集体主义时期是中国地权公共性最强的时期。特别是1954～1962年，黄村所包括的近20个庄子均将土地交给了新成立的蟠园公社，高度的土地公有制基础上也附着了高强度的公共权力，国家权威在基层社会的深度和广度达到了前所未有之局面。就在入社之初，黄村出现了第一次大规模的平坟运动。

　　平坟运动是田块调整的一项内容，这项运动的目的是更方便地进行集体经营，扩大集体耕作面积。田块调整是将原本田块之间的沟垄打散，使土地连接成块，这一过程将一些分布在沟垄等废地上的坟头平掉了①。而一些分布于地亩之中的坟头，由于并不妨碍耕种，并没有遭到大规模的平坟。这里的原因首先是此类坟头较多，公社也不愿在建社之初就如此悖逆民俗，二是耕作方式并未显著改变，分散于地亩中的坟头并不影响社员人挑肩扛的种地方式。公社垄断了土地所有权，也掌握着产品的最终分配，黄村村民都被纳入"工分制"的管理制度之下，依靠工分吃饭，于是到了清明、七月十五等日子，谁也没有心情去祭扫祖陵。

第二次平坟发生在 1962 年，"三级所有、队为基础"的集体制度改革调整是对过去几年"一大二公"激进路线的一次温和调适，"集体所有"的范围被限定在生产队一级。在黄淮海平原，这一调整的意义在于将国家治理的基础结构嫁接在传统社会单元之上。生产队的规模一般在 20 户左右，按照黄村的居住格局，生产队也基本上意味着自然庄，而自然庄往往为同一门子或者至少是同一姓氏。土地下放到生产队的制度调整，塑造了村庄的基本土地范围和组织界限，至今黄村 18 个村民小组的范围基本还是当时生产队划定的范围。另一条举措是自留地的划定，这是集体所有制下倾向于农户私用的一种特殊土地类型，生产队并不限定该土地的使用方式，名义上自留地归生产队所有，但实际上农民无论耕种、建房或是扎坟，生产队均不限定。而随着自留地的划定，黄村作为一个大队，逐渐提出平坟的要求，新坟地一律由农民自己选址，不允许在连片土地中扎坟；同时成片土地中的老坟，由坟主后人负责迁走，无主坟地由生产队负责铲平。

第三次平坟发生于"农业学大寨"期间。"农业学大寨"是山西一个典型村经验的扩展，该村经验体现了"艰苦奋斗、自力更生"的思想，国家通过"树典型"的方式很快将这一经验推广到全国，通过各级政府的动员其也进入皖北的黄村。农业学大寨运动的主要内容是大搞农田基本建设，兴修水利，组织农民进行农业革命。黄村的"农田基本建设"包括两项内容，一是"垦荒"，二是平整土地。在土地利用率极高的黄淮海平原，垦荒的可能性极小，这里的荒地无非是沟渠边堰、洼地、林地等面积极为有限的地区，而这些边野废地，长久以来恰恰就是村民公认的公共坟地。自上

---

① 沟垄等废地是无主之地，因而在传统时期也是民间划分的坟地。

而下的行政命令，要求大队生产队开展轰轰烈烈的"农业学大寨"运动，无非就是在精耕细作的土地之外，更加精耕细作，这也意味着坟头这些占用耕地的事物成为被驱逐的对象，平坟甚至被作为一项"农业学大寨"的关键内容①。当笔者询问一些生产队的老社员时，他们对前两次平坟印象不深，对这次平坟却印象深刻，因为这次平坟使很多年代久远的坟陵被整体夷平。

> 当时 3 号沟旁边扎满了，人多都抢不上地方，最后还是生产队出面，把沟边废地一家分上一点……实在不够添（坟）的，就把太老的一管劲（一股脑）撇了。
>
> （辛军访谈资料）

土地平整政策之下，大田地里不再允许扎坟，无论是迁坟还是添新坟，都只能在村庄范围内寻找"管外之地"，而这些地一般都是废渣地、洼地。有一次笔者与一群老人闲聊时说："既然是洼地扎坟，就不怕天下雨淹了坟头吗？"一个老人说，"那有什么办法，淹了再添就是了，你又不能扎到大田地里头去"。另一位老人李云先立刻反驳，"咋不能，自留地就管扎"。这位李姓的老人就将坟迁到了自家自留地。笔者又追问："自留地恁金贵，咋舍得扎嘞？"老人说，扎小点就是了，靠点边角，再占一点点生产队地也没人会说。小李家生产队的自留地都是分的屋前屋后的小块地，紧挨着的就是生产队的大田地，李云先说的扎在自留地里，实际上已经离自家的住宅不算远了。从风水学上讲，阳宅与阴宅如此近的距离是件不吉利的事，死人与活人世界的重叠违背风水的基本原则②。坟头扎得小，也背离了本地传统丧葬习俗。像李云先这样将祖坟迁回自家自留地的不在少数，这种迁坟肯定会损害自家利益。迁坟首先是抛弃了太久远的祖坟，其次是坟头越扎越小，以节省自留地。以辛家的坟地为例，1964 年落实"三级所有、队为基础"，该处的祖坟地、祭田被划分到蔡家几户村民手中作为自留地，蔡家几户村民不愿辛家人在自

---

① 韩敏：《回应革命与改革：皖北李村的社会变迁与延续》，南京：译林出版社，2007，第 124 页。

② Feuchtwang, Stephan, *An Anthropological Analysis of Chinese Geomancy*, Vientiane：Vithagna, 1974；景军：《神堂记忆：一个中国乡村的历史、权力与道德》，福州：福建教育出版社，2013，第 91 页。

家自留地上扎坟，并自作主张平掉了一些年代较远、不易引起争议的老坟。公社以"农业学大寨"为名组织这一次平坟后，本村的老坟全都被平掉，现在也无处寻找，不再进行清明祭扫。村民所说的老坟实际上就是自己没见过面的人的坟，这样的老坟即使被平掉，也不会引起村民的反对。

4. 分田到户后的坟地

发源于黄村一百多里之外的凤阳小岗村的一场农地制度变革，成为国家另一项"树典型"的案例。这项土地改革被官方表述为"家庭联产承包责任制"，是一种"统分结合的双层经营体制"。从法律文本上看土地的所有权仍属集体（以生产队为单位），承包权与使用权归属农户，但很多研究倾向于认为这项改革实质上重新回到了土地的私权时代。

从坟地的角度来看，土地承包到户之后村民有了土地承包经营权，均分到户的土地变得极为细碎，这意味着原本属于公坟的地方成了某些农户的私家地。自1962年划分自留地之始，黄村已经不再为村民预留公共建设用地，无论是建房用的阳宅，还是丧葬之用的阴宅，都已经没有公共使用的土地。公共坟地取消之后，新坟也就只能扎在大田地之中，或者扎在一些没有开垦的废地之上。分田到户后，曾是辛家族产的公坟作为蔡庄土地也被均分给了蔡庄农民，后人再遇到白事，就在自己家里的承包地上起坟。集体时期的自留地属于原耕作者，面积计算在承包地之内，因而20世纪80年代以后坟都处在农户自家承包地。

对土地的改造同时也改造了基层的社会结构以及文化形态。祖陵、坟地的坐落以及其承载的风水观念，是宗族自我整合的"象征场"，而中华人民共和国成立以来不断偏向私人家户的土地制度改革使得这种凝聚在宗族结构之上的乡土文化，以及内化于个人的慎终追远、血脉绵延的宗亲观念，不断缩小为五服结构，而且正朝着更小的私人家庭不断演进。潘寨潘玉峰老人还记得，小时候自己庄子拜同一个老陵，就在庄子北头，被平过几次后，坟头慢慢变小，现在谁也说不准老陵的具体位置了，只知道大概在哪一片区域，但村民已经不再祭拜。76岁的村民李育松说，自家老奶奶、爷爷奶奶的坟在1980年分田后是在自己大侄子（自己兄弟的大儿子）的责任田里，大侄子觉得这些老坟放在自家地里，又占土地指标又影响大型机械耕作，就把这些坟头平掉了，父亲姑姑等老一辈很难接受，觉得都是自己上两三辈的亲人坟墓，但大侄子觉得这些已经是老坟，而且与自己没什么感情，自己也不认识坟主，况且这些老坟是整个家族共同祭拜扫墓的，为何偏偏占的是自己家一户的地，心里不平衡，坚决平掉了坟头。

经历了几次平坟，黄村村民已经对老坟不报怀念之思，所有人都觉得添坟"只是个纪念"，年轻一代清明节也不回家，更不会对老坟的祭拜有热情。小潘寨的潘玉峰觉得，现在人们添坟都只会祭拜自己认识的人（最远到老奶奶），如爷爷奶奶、父亲母亲的坟。因此本地清明祭扫的范围大多不会超过三代，一般以"共一个老奶奶"为边界。去年清明之前村里组织平坟，但检查过后不久，地里的坟头又都起来了，平了多少，又重新起了多少，而20世纪60年代公社时期被平掉的老坟，自始至终也没重新再起，后人们不知其踪，也不再关注太老的坟，祖宗的谱系范围越来越小。

三　坟地、宗族性与族谱

坟地的变迁代表着宗族文化的逐步衰落，而研究中国社会主义革命的学者都不否认宗族文化在内涵与形式上的延续性[①]。中国革命曾对中国传统文化产生了较大的冲击，祭祖、修谱等宗族活动被看作对新式伦理的危害，宗族公共财产也被历次土地改革步步瓦解，作为宗族象征符号的祖陵、族谱等也在"破四旧"运动中被损毁。辛姓耿耿于怀的是，从蚌埠农校下乡来的工作队损毁了自家始祖的石碑，那是辛姓世居于此的合法性来源，而丘姓的祠堂也在集体时期被用来办学校。黄村坟地的传记有这样一个明显的规律，即坟地的面积越来越小，坟地的位置越来越偏，坟地的历史越来越短。

关于中国的宗族结构，目前学界也无一致的定义。《尔雅·释亲》讲"父之党为宗族"，那么"党"该如何界定？社会史学家倾向于以"五服"来作为界限，"五服以外的同姓虽共远祖，疏远无服，只能称为宗族"[②]。历史人类学不认为宗族是自我生成的结构，而是自明代中后期以来宗族庶民

---

① 韩敏：《回应革命与改革：皖北李村的社会变迁与延续》，南京：译林出版社，2007，第124页。

② 杜正胜：《传统家族试论》，载黄宽重、刘增贵《家族与社会》，北京：中国大百科全书出版社，2005，第5页。

化的产物，源自国家这一外在力量对家庭的吸引和拉伸①。国家作为宗族变迁的动力原点，在社会主义革命历程中体现得更为明显，特别是新的社会控制体制、生计形态以及土地制度。宗族的显性结构被迅速打破。

但人类学家在 20 世纪八九十年代发现了中国民间出现的宗族复兴的普遍状况。一些研究看到了民间文化精英在恢复传统文化过程中的努力，也有人敏锐地发现，宗族的复兴仅仅是一种传统文化的"再造"②，体现在祠堂的重建、族谱的续编、公共祭祀的恢复等现象之中。

（一）宗族的文化再造

比较而言，黄村的"宗族复兴"不仅时间更晚，也没有显现"复兴"的迹象，平凡家族很难产生出显赫的精英，也就很难有能力编撰出时代久远的族谱。丘姓在雍县地区属大姓，续谱的工作由本市县一些同姓的有声望的人来牵头，如编委会的会长是浍市某国企的总经理。黄村丘寨近 900 多人则是被动加入续谱工程，他们的继嗣关系和亲属网络被纳入了一个他们自己也说不清的大型族谱之中，因为这位续谱的主持者是否与自己的姓氏同出一源尚不可知。相比较之下，辛姓的续谱就显得寒酸得多，既没有显赫人物的牵头，也没有地方文化精英的考据能力和历史想象力，辛姓的续谱更多源于本族族老们的一种焦虑。辛氏的续谱是在 2009 年，当时石门辛的老辈人只有辛光会，他觉得后辈儿孙的字辈已经用完，急切需要重新续字，以避免起名时重复或打乱辈分，于是向本族后人提出续谱的想法，具体承办的是本村在外教书的 80 多岁的辛广义。辛姓根据以前起名的字辈，后边又续了三十字。现在村内的字辈大多是"文、学、化"字辈。2009 年清明节，石门的辛家邀请了四大门的长辈共同续谱，编写各自门的谱系，费用最后由各家分摊。续谱过程不可避免地有过"追溯性建构"③，在以姓

① 张小军：《再造宗族：福建阳村宗族"复兴"的研究》，香港：香港中文大学博士学位论文，1997。
② 钱杭、谢维扬：《传统与转型：江西泰和农村宗族形态》，上海：上海社会科学院出版社，1995，第 22～29 页；麻国庆：《宗族的复兴与人群结合》，《社会学研究》2000 年第 6 期；周大鸣：《当代华南的宗族与社会》，哈尔滨：黑龙江人民出版社，2003，第 19～29 页。
③ Wolfram Eberhard, *Social Mobility in Traditional China*, Netherlands：E. J. Brill, 1962, pp. 206 - 208.

氏 – 宗族为认同单位的黄淮海平原，追根认祖往往会成为寻求庇护、建构共同体的文化捷径。辛姓第四门有过接收其他辛姓进入本门谱系的历史，本地薪镇东铺村的辛姓，本来不归属于"河涧堂"，但他们找不到自己的源流，来辛石门请求合谱，经过几大门商议，也把他们纳入了谱系。

我们没有理由认为，黄村的续谱行为是对宗族文化的全面复归，皖北的宗族复兴活动也远远没有华南人类学者所关注的福建、广东等地生机勃勃的状态。韩敏在萧县的研究试图说明，种种传统仪式的复兴源于在新的经济与社会背景下，宗族网络关系扮演了更多功能性角色[1]。而从黄村的坟地史来看，这种宗族复兴谈不上是对"传统的再造"[2]，而是呈现明显的衰减趋势。

辛庄族老辛文军向笔者描述过他小时候祖坟所在地的情景，"一个挨着一个，中间就是有碑子的老陵，栽着松树，别的都没有，也有塌的，上坟的时候添一锹土就给填起来了"。辛文军说，他现在一年清明祭扫的坟有十几个，别的人大概不会再上那么多坟了，祭扫包括给坟头添土、清除杂草以及烧纸钱，这个习俗一直存在。但他的儿子已经不太重视添坟，年轻的村民即便是添坟，也只是给自己认识的长辈添。

2013 年的平坟运动中，迁坟的就只包括父母一辈，最远至祖父祖母。主动迁坟的袁俊生只迁了自己父母的坟墓，由于他迁得早，还在村外沟边找到了一块地势较高的荒地。潘寨的潘维隆已经 70 多岁，迁坟时候也只迁了父母的坟。当笔者了解的人越多时，才知道迁坟的村民几乎没有人关注隔代的坟墓。笔者问一位老人为什么不迁移祖父祖母的坟，他说哪有那个力气迁这么多坟，那样迁起来就没完没了了。迁坟需要多大力气，笔者很难理解，因为迁坟已经不需要专门请人来做，且扎新坟也没有举办任何仪式。有一位村民用随大流来解释：大家都只迁了父母的坟。袁俊生有一次傍晚与笔者散步至村外，说起自己迁坟的过程。他说自己是主动迁坟，和妻子两个人挖了半天才挖下去，棺材早就糟朽了，花了 450 元钱买了一个骨

---

① 韩敏：《回应革命与改革：皖北李村的社会变迁与延续》，南京：译林出版社，2007，第 256 页。

② 王铭铭：《社区的历程：溪村汉人家族的个案研究》，天津：天津人民出版社，1997，第 13 页。

灰盒，把剩下的骨殖敛到骨灰盒中，然后捧到新坟那里葬了下去，再烧了一把纸钱，放了一挂鞭炮，奠了一瓶酒。

按袁俊生的算法，仅买骨灰盒就是一笔不小的开支。潘维隆不认为这是钱的问题，而是感情的问题。现在很多事情都是儿子做主，儿子与太远的长辈没有亲密情感，潘维隆的父亲是他儿子见过面的长辈，因此有感情，既然儿子对曾祖没有感情，面都没见过，也就不值得迁坟了。

迁坟的成本还有另外一种算法，自家父母的坟好迁，代际关系非常清楚，可是祖父祖母的坟就很难找到清晰的关系。一个农户同一门子的有好几个堂兄弟，如果要迁坟，谁来出这笔钱迁坟？成本的问题解决不了，坟也就留在了那里，任由挖掘机推平。

（二）祖先的固化

坟地象征着祖先，也是祖先崇拜、吊唁怀念与寄托哀思的场所，祖先也可以被看作宗族伦理的象征，丧礼是对这种宗族伦理的仪式呈现。

丧礼具有敦化民风民俗、安顿世道人心的功能，在学者看来，这是在间接发挥国家治理的功能，丧礼因而也是国家的文化制造。

五服制度也是这样一种文化制造。在五服制度之中，坟地所产生的符号认同也是在五服之内，出了五服，坟地就是老坟地，不再需要扫墓、添坟，坟头也就会自然消失，这也是为何渊源已久的礼乐文明并没有创造出处处坟地的景象。在人地关系紧张的黄淮海平原，老坟的自然消失比较彻底。坟的五服意义也在逐渐减少，特别是对年轻人来说，他们很难找到五服之内的坟在何处。只有像退休教师辛文军这样年龄段的，同时在乎家族系谱的村庄文化精英，才有可能找到五服之内的坟地所在，在城市工作的回乡扫墓者几乎都只能找到祖父祖母一辈的坟地。

扫墓祭祖的仪式缩减至三服，传递着一种情感范畴收缩的意义。五服制度确立后，宗族文化的慎终追远也不会漫无边际，而是具有了一定的关系边界，五服内的祭扫制度是礼的仪式化规定，这种仪式正在被人们自主地改造和阐释，最远只到祖父祖母一辈。一些年轻人说："再往上的我见都没见过，又没有感情，干吗要给添坟烧纸？"若情感体验来源于实在的代际互动，祖先崇拜就会被降格到社会交换层面。费孝通认为存在着下一代对上一代的"反馈模式"①，许烺光认为孝道来源于"子女受惠蒙恩于培育抚养自己的长辈"②。交换关系延伸出来的情感－伦理关系，也就具有了一定的边界，宗族的推演关系相应断裂。

2013 年的平坟运动意味着情感与代理关系更进一步的收缩。在村级主导的强力平坟之下，黄村农民的迁坟只涉及父母一辈，祖父祖母一辈的坟头鲜有被迁移，都被推平在挖掘机之下。

"差序格局"表明了一种由核心家庭向外逐步扩展的"一家子"认同，但费孝通也说明了一种分裂的机制，"家的规模大小是由两股对立的力量的平衡而取决的，一股要结合在一起的力量，另一股分散的力量"③，分家就是这样一种分裂的力量。从情感维度来看，这种认同性正在呈现情感边界的收缩。只迁父母的坟，是因为"与父母还是有感情的"，换言之，与祖父祖母乃至其以上祖先感情就没有那么深了。

这种感情变化伴随着深层社会结构的变化，即迈向"核心家庭本位"的边界固化现象④，表现为农民生活关注的焦点不断收缩到家庭内部，对公共事务的关注度降低。在黄村也经常能听到人们的议论，"一家不问两家事"，"各吃各的饭，各管各的摊"。但从老人境遇来看，黄村还没有出现阎云翔看到的那种"无公德个人"⑤，家庭边界并未完全收缩到以夫妻轴为主干的核心家庭之内。从坟头的迁移来看，"慎终追远"的层次已经降到最低限度，父子关系因代际交换最深重而成为祖先崇拜的底线。

（三）风水

国家推动的土地改革为坟地留下的空间非常逼仄，特别是那些经历过

---

① 费孝通：《家庭结构变动中的老年赡养问题》，《北京大学学报》（哲学社会科学版）1983年第 3 期。

② 许烺光：《宗族・种姓・俱乐部》，薛刚译，北京：华夏出版社，1990，第 2 页。

③ 费孝通：《江村经济——中国农民的生活》，北京：商务印书馆，2002，第 41 页。

④ 谭同学：《桥村有道——转型乡村的道德权力与社会结构》，上海：生活・读书・新知三联书店，2010，第 449 页。

⑤ 阎云翔用"无公德的个人"指代那些日益崛起的个体，"已显示出强调权利而忽视义务和他人个体权利的趋势"，自我主义盛行于无公德的个人间的交往中。参见阎云翔《私人生活的变革：一个中国村庄里的爱情、家庭与亲密关系（1949－1999）》，龚小夏译，上海：上海书店出版社，2006，第 261 页。

"破四旧"运动成长起来的农民群体，他们很难再认同风水文化。以至于当笔者很认真地询问本地是否讲究祖坟风水时，村民嘲笑"清华的博士怎么还如此迷信"。不讲究风水，实际上也是没有办法讲风水。黄淮海平原缺山少水，风水原则也不像东南地区那样注重山水走向和地形区位，更重要的是，由于缺乏公共性的土地，当用以耕作的土地范围越来越大，挤占了可资使用的荒地，耕地都已精确划分到每家每户，即便是哪块地被勘测为"风水宝地"，农民也失去了对其占用的可能性。

在土地家庭占有的格局下，谁家的亲人就埋葬在谁家地里，既不用请风水先生，也不用勘察地形，需要考虑的是坟头是否影响耕作，是否会阻碍机械化耕作。村里最后一位风水先生早在20世纪80年代就过世了，从此之后本村再没有人看风水。

一种观点认为风水习俗的消失是文化改造运动导致的。但笔者询问过一些经历过集体时期的村庄老者，他们都否认本地曾有强烈的风水习俗，年轻人则更不在乎风水。对于坟地，农民并没有多少选择，也没有什么文化禁忌，要么寻找为数不多的荒地，要么只能葬在自家承包地中。

坟地所涉及的土地使用问题在地方土地管理制度中是自相矛盾的。一方面不断加强土地物权化，将公地细分到户；另一方面提倡"18亿亩红线"，要求集约利用土地，明确禁止私占乱占耕地。蟠镇国土所在这一点上也非常纠结，在承包地中扎坟的确属于违法乱占耕地，但又不能违拗农民意愿禁止扎坟。而细究起来，尚没有明确的法律条文对坟地权属问题做出规定。现行土地管理制度规定了农村土地的集体属性，包括农用地、未利用土地和建设用地三大类。在《土地利用现状分类》中，坟地所属的殡葬用地属于"特殊用地"范畴，但从农村土地的集体属性看，农村殡葬用地显然属于集体产权，有研究者认为农村殡葬用地应当是一种特殊的农村建设用地[①]。但在很多农村地区，无论是宅基地还是公共坟地，都已经不再通过集体预留建设用地进行划拨，而是由农民自行解决。因此农民即使想讲究风水，也没有空间。近年来土地管理（特别是集体建设用地）越来越严格，农

---

① 焦长权：《魂归何处："阴宅"的法律属性与社会功能初探》，《中国农业大学学报》（社会科学版）2013年第2期。

民想要自行解决坟地问题，也面临无处选址的问题。笔者的一位重要的田野调查对象的父亲过世后，他的第一要务就是赶快到村外沟渠边看看是否还有扎坟的地方。相对于他，从外村搬到本村的金花头遇到了无处扎坟的困难。金花头不是本村人，他的老家——临近的蕲镇 18 个村庄之一——属于矿区塌陷区，老家的村庄整体搬迁，金花头一家到黄村买到一栋无证的小产权房。除了老家庄子土地塌陷需要搬迁，农民面临的问题还有坟地的搬迁问题。黄村没有金花头的土地，也没有地方用来安置其亡人的坟墓，塌陷区管理部门也从没考虑过坟地迁移的问题，像金花头这样的搬迁户一旦遇到"老了人"，还是得将去世的亲人抬到老庄子里去埋葬。金花头的母亲年前去世，他在黄村没有土地，只能抬回塌陷了的老庄子，找块地势高一点、不会被淹没的土地掘坟下葬。长远来看，谁也没有办法保证祖坟不会塌陷或被淹没，但在目前的条件下，也没有别的地方能供塌陷区村庄的人建坟，那些已经被淹没的祖坟，其后人也就只能在路边上祭奠一下，以表缅怀之心。如今已经遭遇塌陷的村庄，淮河涨水会淹没那片土地里村内的坟墓，后人来不及迁坟（也没有意愿去迁坟），现在已经被淹没的，清明时节则只能在涝池的路边上撒纸钱、祭香火，再也无法添坟。

（四）祖宗与土地

土地变迁史，也是一部迁坟史，祖先居住的神圣场所已经很难在土地制度的罅隙中寻找到安放之地。在黄村的坟头演变历史中，我们看不到宗族文化复兴的苗头，看到的只是宗族文化的有序缩减。

坟头传达的是农民关于祖先世系的伦理意识。如果说坟地是一种神圣之地的话，这种神圣性主要来源于通过宗族而获得的超越性生命价值。宗族是一种经由血缘关系的伦理化而构成的家庭形态，祖先是这种血缘关系的来源，也是一种象征，因为宗族具有较强的社会功能，祭祖由此成为一种生存策略[①]。更为重要的是，经由"祖先－我－子孙"这一链条凝聚起来

---

① 杨庆堃：《中国社会中的宗教：宗教的现代社会功能与其历史因素之研究》，范丽珠等译，上海：上海人民出版社，2007，第 42 页。

的超越性伦理体系，是农民的一种生命价值[1]，这种生命价值是在家庭之中得到体验和实现的。

芮马丁认为，祭祀祖先的原因是子孙从祖先那里获得了土地等财产[2]，但自从土改以来，人们已经转变为从国家获得土地。

如果将坟地的价值放置在家庭伦理中进行理解，就可以看到，农民对家庭的认同也经历着一种演变。理解家庭与宗族的关系，费孝通的"差序格局"提供了丰富的解释空间，这种"愈推愈远"的类推次序阐述了中国家庭的弹性边界，统计学意义上的核心家庭不能完全摆脱在亲属差序上的这种扩展性。

石门辛的祖陵、石碑是整个蟠镇、蕲镇辛姓家族的共同象征。曾经用来公共祭祀的公坟现在已经找不到踪迹，只有少数人记得祖陵的大概方位，扫墓者只能在清明添坟时顺便烧一把纸钱。集体祭祖仪式现在还存在于很多人的记忆之中，由共同祖先表征的同姓宗族在村民的认同结构中仍具有特殊地位。从姓氏结构上看，黄淮海平原上的村庄并不存在一个占绝对优势的姓氏，姓氏之间的力量基本均衡。即使是人口较多的几个姓氏，也不会居住在同一地域单元，如丘姓就分布在丘寨和小潘寨两个相互独立的庄子；严姓分布在前严、后严及邻村的小严家几个庄子。宗族结构受到地理区隔、基层组织制度的分解，姓氏只是一个认同的符号，姓氏之间的关联因历史久远而无法清晰地界定宗族关系。

如果说同姓只是一种象征共同体的话，那么"家庭"的边界是清晰的，但认同比较模糊。在祭拜同一老祖宗的群体认同之下，更强的认同单位是"门份"。门份是在姓氏内部分裂出来的小结构，其核心纽带是血缘关系，只不过在差序格局的层级上具有明显的边界，类似于房支[3]。门份首先是在历史中形成的，是随着姓氏的繁衍而分裂出来的更亲密的小结构；门份结构具有稳定性，它是祖辈的兄弟关系所衍生出来的继嗣群体，门份之间具

---

[1] 桂华：《"过日子"与圆满人生——论农民宗教生活的基本形式》，中国农村研究青年论坛，2011。

[2] Emily Martin & Emily Martin Ahern, *The Cult of the Dead in a Chinese Village*, Stanford University Press, 1973, pp. 149 – 162.

[3] 陈奕麟：《重新思考 Lineage Theory 与中国社会》，《汉学研究》1984 年第 2 期；陈支平、郑振满：《清代闽西四堡族商研究》，《中国经济史研究》1988 年第 2 期。

有可扩展性的亲缘关系；门份的存在是以红白喜事的人情圈为维系纽带并凝聚起来的，如本地丘姓所在的丘寨共分三大门，三房的区分源于开基祖的三个儿子。门份是一种仪式性的存在，日常生活中作为隐性的社会结构。但在红白事等礼仪中，能够清晰地呈现门份之下的一种"五服结构"，具体体现在丧葬仪式上界定自己人而形成的"亲缘-情感"圈子。

农民在日常生活中，能当作"自家人"的，最近的关系就是"共一个老奶奶"，这种亲属关系范围小于五服，可称为"三服"。黄村村民认可的范围是，自己的亲兄弟、堂兄弟家庭。严化新能够长期担任村书记，也与"三服"的势力有很大关系，他弟兄四人、儿子与侄子、堂侄共计16个，村民敬畏严家的"拳头硬"，日常生活中也不敢得罪。三服以外的"五服"关系，一般被称为"同一个门份"，五服以外则被称为"本家"，本地区范围内的同姓则互称"老表"。北方地区缺少像南方那样的大姓宗族，宗族的规模相对较小，同一地域中的姓氏集团也会分散分布，一些小姓宗族，门份与五服相等甚至不足形成一个五服结构。

（五）殡葬改革

白事中的服丧制度所标识的亲密关系范围作为认识中国社会的基础性单位，五服九族也被看作中国亲属制度的元模型，不仅在丧葬中有独特的功能，还是一个祭祀、利益与互助单位①。丧事中谁来戴孝、戴何种等级的孝服，服饰等级是标识亲属关系亲疏远近的符号，这也是标识"自己人"认同圈子层级的符号。如今农村丧事的仪式已经没有了显著的丧服区分。随着市场化的发展，商业化的丧葬公司已经成为定义村庄中白事的习俗、仪式与程序的主体，传统服丧的意义也就大为不同。黄村就有一家"红白喜事一条龙"的服务公司，是本村大章庄村民章建柏开的，但由于门店陈旧，店址又在村里，生意不是太好。蟠镇、蕲镇集市上有好几家规模更大的公司，白事有成套丧服供出租，店主也逐渐成了礼仪的执事。人类学家喜欢在村庄寻找民间仪式的解释者，认为他们是民间文化的创造者和传承者，如今

---

① 杜靖：《九族与乡土：一个汉人世界里的喷泉社会》，北京：知识产权出版社，2012，第219、296页。

商业化的殡葬公司为丧事提供了一整套仪式供主家选择。

本地丧事一般过三天。自老人去世后，主家首先要到民政所开具死亡证明，然后打电话给市火化场；同时，联系殡葬公司，定制葬礼仪式及所用物品。一般步骤如下。

第一天：到镇民政所开具死亡证明，有了死亡证明，火化场才敢接收。一般火化要 1~2 天，雍县只有一处火化场，在各镇民政所都有联系方式，村民打电话联系，火化场有车来接殡。火化成本为 1000~1500 元，根据距离远近计算费用。一般火化场有骨灰盒出售，价格 200~1000 元不等。

主家需要通知亲友邻里"报丧"。如今不再需要上门叩头通知，打电话通知即可。

需要请"执事"。

联系丧葬公司，定制丧服、仪式等。

丧服基本分为两种，第一种是孝子穿戴的，腰间系麻绳，孝帽上缝上棉球。穿戴者是死者的亲儿子、亲侄子。

第二种是纯白色孝服，白色腰带，孝帽上不缝棉球。穿戴者是除孝子之外，五服内的男丁。女儿、媳妇与侄女也穿戴此类孝服。

第二天：开吊。

由殡葬公司送来充气式门楼搭设灵堂。

送来桌椅板凳、厨具餐具。

请乐队、歌舞队，按规矩由逝者的女儿出钱邀请，如果女儿多，可以合请，也可以请几个班子。

烧"倒头纸"。亲戚朋友、街坊邻居提纸钱来祭奠逝者。"排奠"的总管要等女儿烧完"倒头纸"，才让其他亲戚烧纸，最后由本村街坊邻居烧纸。

第三天：下葬、宴请。

黄村本地下葬都在上午 9~10 点进行。清晨还要再按照"排奠"顺序进行烧纸。

长子"摔盆"、打幡，送葬的亲友邻居随从。

下葬：添坟。

宴请：参与人情往来的亲友随礼、吃饭。

红白事的习俗并不是一成不变的。近年来农村人口不断流出造成人口结构的两极化，留守群体非老即小。商业化的殡葬公司的出现重新定义了丧葬流程，国家殡葬改革的推行消解了一些原本由村社共同承担的公共事务，这种公共事务已经不再具有村社公共仪式的色彩。即便如此，白事仍然是村落非常重视的活动，范围绝不能缩小。其他公共仪式可以越办越小以图省事，但白事一定要维持严肃性和庄重性。

丧事的举行具有其特殊性，因为丧事仪式的举办过程更繁杂，程序更多。按照黄村的习俗，老人过世后停丧三天，三天后下葬，不用看日子。三天下葬的安排意味着在短时间内要完成较多杂项事务，如入殓、开坟、吊唁及准备酒席等，这就不是一个门子所能完成的事情，需要集全村之力。因此白事的范围会相应扩大，需要村落内部的互助合作，丧葬仪式本身也就不可能缩小范围，村落共同合作有利于保证丧葬的庄重感。

在火葬实行之前，土葬过程中的抬棺非常重要。一般需要一二十人将棺材抬到坟地，按照习俗，需要披麻戴孝的孝子不能参与具体事务，这些工作就需要邻里村民来帮忙。正因为土葬仪式如此依赖村落其他成员，对死后仪式的期待会成为村民在日常行为中注意维持良好人际关系的文化约束。白事需要的人比较多，如抬棺、打坑、吊唁、准备酒席等，除了办事方的亲戚必须到场外，还要请本自然庄的其他各户来帮忙。由于村落中每家每户都注定会有长辈去世的情况发生，白事中的合作都是无偿的，带有一种义务性，如果你不去，那么到你办事的时候就不会有人来帮你。

对死后世界的想象，成为约束在世之人行为的规则，特别是老年人，很在乎自己的白事是否能顺利完成。本地对于为老不尊的人曾有一句非常有效的话——"到时候没人把你抬到坟地里去"。现在村民已经不必担心抬棺的问题，"就是一个小匣子，提溜着就到地里埋了"。另一种关于死后世界的想象，就是后人会如何评价他。黄村村书记严化新自己很在乎"人过留名、雁过留声"。

到了清明节上坟的时候，人家旁人走过你坟的时候，会说"这个人在世的时候人不孬，给咱村办过多少多少好事，咱得给他烧点纸添点土"。再路过这个人的坟，给儿孙说："这个人是某某，在世的时候一件好事没办，丧尽天良，咱绕开他的坟走。" （严书记访谈资料）

在民间的解说系统中，是否有人添坟，决定着自己在冥界的路程圆满与否。圆满的冥间生活也决定着转世轮回的顺畅与否，这种超自然的生命观也反过来约束了人们现世的道德生活。有一个风光体面的葬礼，安然"睡到土里"，这是黄村老人临终前的最大期待。

丧葬仪式的变迁是习俗研究的重要课题。这里从三个方面分析影响黄村丧葬习俗的因素。

首先是土地利用方式的变化。土地细分到户，虽然农户并没有真正获得法律意义上的所有权，但这并不影响农民关于土地边界、使用方式的排他性；机械化的普及使农民也意识到了坟头对机耕方式的影响；土地大规模流转之后，承包大户不再同意村民在土地上扎坟。黄村出现了坟墓选址的边缘化现象，路边渠沿、荒地洼地以及田地边缘成了坟墓的主要所在地。

其次是国家殡葬体制改革，大力推行火化。黄村第一例火化出现在2006年，当时地方政府推行的是有偿火化，对主动实行火葬的村民进行物质奖励。虽然如此，全国都出现了火葬之后的再土葬，并没有达到殡葬改革的本来意图。经过几年的实践，黄村人已经习惯了火化，不需提前准备棺木、不需请人抬棺、不需打大墓，仪式大大简化，这也保证了丧事可以3天结束。

最后是商业化殡葬公司的出现。殡葬公司齐全的仪式器具、专业化的服务、完整的仪式程序，这让主家感到非常"省事"，不再需要村民邻里的合作，丧葬事宜可以由主家一力承担。丧葬公司为丧事提供了一整套可以选择的服务项目，其中一项就是歌舞表演，提升丧事的"热闹"程度。丧事办得热闹，主家在村里有面子，为了"热闹"，艳舞表演也出现在丧事的仪式中。2012年的某一晚，村里的一群年轻朋友告诉笔者，前严家办丧事的某家请了脱衣舞表演，晚上八点开演。当笔者如约赶到前严家，发现已经停演了，村书记正在训斥主家。2014年笔者问起此事，村书记告诉笔者这种现象在周边村子都已经普遍了，但本村如果出现如此伤风败俗之事，村干部一定会去阻止。后来在临近黄村的谢村，笔者目睹了一场丧事上的脱衣舞，台上有脱有跳，台下观者群集，场面的确"热闹"。2012年笔者所在的研究小组在雍县夹镇调研时描述了丧事上跳"脱衣舞"的现象①。

现象一：晚上约八点乐队节目开始，我们到时台下已经坐满了观众，有四五十人的样子。先是一位相对年轻性感的辣妹，连续唱几首网络流行歌曲，边唱边跳热舞，偶尔两个男子跟着一起扭扭腰扭扭屁股。接着是一对年龄较大的夫妻表演低级的二人转，女的穿得比较性感，边蹦边唱。由于音响效果不好，加上唱得不是很清晰，内容没听太懂。下面的观众一直毫无表情地盯着台上。

现象二：过了几天后，附近又有一家老人去世，仪式和前面一家一样。本不打算再去感受，但被优美的歌声吸引住，我们一致认为这次的乐队比上次（表演得）精彩，就又去现场体验了一把。同样在晚上八点左右，我们踩着泥泞不堪的道路（白天刚下过暴雨）过去，到了现场后发现观众果然更多，已经有七八十人了，还在不断地增加。正在表演的是一男一女，是不是夫妻不敢肯定，都在40多岁，节目形式有点类似二人转，女的穿得很性感，上身就穿了一件小背心，下身穿了一条超级短裙。表演内容不仅很黄，而且几乎全是骂人的脏话，充溢着各种性暗示，尺度非常大，逗得百姓笑得前仰后翻。更让人奇怪的是，台上表演的男子，正是两天前刚去世老人的儿子，他（的工作）是在表演这样的节目。台上表演的女子经常说的一句话就是："现代人都越来越开放了，咱们农村也要开放。"

自坟地开始随意选址开始，有关丧葬的习俗已经在各个环节上出现了松动。民间习俗对仪式的定义权正在被商业化的丧葬公司替代，而丧葬公司需要制造一些能够盈利的仪式环节，由此改造甚至颠覆了传统仪式。

吴飞对此发出了警示："现代中国人和传统中国礼乐文明的唯一一个具

① 张雪霖：《白事花钱请人哭丧及跳脱衣舞的怪象》，工作论文，未发表。

有实质性的联系就在丧礼上面，如果传统丧礼彻底消失了，中国传统文化也就很难有希望了。"[1]

功能理论强调仪式对社会整合的作用，丧葬仪式中包含着两重村落整合的机制，一是由人情往来所代表的交换机制建立起来的互惠关系；二是办丧事中的"帮忙"所代表的合作机制。丧葬仪式对家族的团结、对村社的凝聚功能正伴随着人口不断流出而弱化。黄村大约有一半的人口是常年居住在城市的，有很多农户已经举家外出，村民不出席丧事已经见怪不怪。后严家的一场葬礼上，来参加的都是村庄的留守老年人和妇女。因此，主家决定不请村里人帮忙，全部事务都交给丧葬公司。与丧葬仪式中的互助合作消失同时出现的是生产与生活中互助合作的消失。阎云翔等学者关注中国乡村社会的交换行为，特别是礼物的流动、人情的互惠，试图从交换论视角对"中国社会如何可能"这一问题进行理论解释[2]。主家不愿请村里人帮忙，宁愿花钱"省事"，丧事也就不再需要举全族之力，穷村落之功，村落的丧礼规则影响力就更弱了。

四　公墓开发

无论是周口平坟还是黄村平坟，地方政府都宣称平坟是为了平整耕地、增加耕地面积以及方便机械化耕作，"平坟"的目的在于"复耕"。严书记从国家文件中为自己的平坟大计找到了根据，即"坚守18亿亩红线"，他给自己的计划拟定了口号"平坟头，保土地"。但经历了多次平坟，特别是坟头扎在农户自家承包地中，当前黄村的坟头面积全都不超过2平方米，平坟并不能增加多少耕地面积，何况坟头本来就扎在耕地之中，平坟之后耕地面积仍是在册登记的那么多。

（一）村庄中的公墓开发

无论是"18亿亩红线"，还是"平坟头，保土地"这样的表述，都传

---

① 吴飞：《没有传统丧礼　中国文化就彻底没了希望》，采访：王淇、蒋保信。来源：共识网，http://www.21ccom.net/articles/thought/zhongxi/20141008114272.html。

② 阎云翔：《礼物的流动：一个中国村庄中的互惠原则与社会》，李放春译，上海：上海人民出版社，2017，第124页。

达着一种信息：耕地是稀缺的，需要严格管制。这也是国家对乡村土地进行管制的首要原则。管制的后果就是坟地这类民间传统存在、法律规章中不存在的土地类型要被重新定义，纳入政府管理体系。管理的方式，就是规划公墓。城市中的公墓体制，是被纳入社会管理之中的。安徽省在下发《殡葬管理条例》的时候，提出要建设配套性的"公益性公墓"，并出台了细则规定。

> 到 2016 年，采取整合、新建、扩建等方式，每个乡镇至少建设 1 座公益性公墓；同一乡镇内相距较远、交通不便、居住分散的相邻若干行政村，在符合相关规划、墓地选址经村民代表大会同意的前提下，视情可联合建设 1 座公益性公墓（骨灰堂）。公墓以节地葬为主，规划面积不得超过 50 亩，并按照不少于规划总容量 30% 的比例建设骨灰格位存放设施。骨灰存放格位的盒均建筑面积参照城市公益性公墓执行①。

按照这份文件的规定，骨灰格的建筑面积不得超过 0.3 平方米。政府花大力气推行火葬，但几乎所有实施火葬的农村，仍未消除土葬习俗，农民仍相信"入土为安"。

农民的这种丧葬观念被认为是"落后"的，城市里的公墓为农村制造了一个"现代"的样板。就在黄村以北 5 公里处，有一座具有徽派建筑风格的公墓，属于浍市南部高档公墓区，若不是一座显眼的烟囱冒着火化白烟，此处真可称是一处古香古色的所在。公墓报价不便宜，均价大约 2 万元；高档的墓地面积大约 3 平方米，墓穴用大理石砌固，价格达到 4 万多元。

殡葬在当前中国的确是非常有利可图的行业，超额的利润自然会引来土地开发者。公墓的开发将改造黄村坟地的属性和使用方式，这在村庄的主政者严书记看来完全不是问题，反过来说，这样旗帜鲜明地提倡土地的市场开发模式正是一些地方政府期待的"改革试点"，作为雍县以南唯一一家村级公墓，这项工程完全是地方政府引以为傲的工作"亮点"。

开发公墓也是"现代宜居乡村"工程的必要内容。这是由省政府推动

---

① 《安徽省人民政府办公厅关于加强公益性公墓建设管理的通知》，皖政办秘〔2013〕189 号。

的一项乡村建设的政治举措，黄村成了这项工程的第一批示范点。既然是"现代"乡村，传统土葬方式自然要遭诟病，有人责难坟头占用耕地，有人责难葬礼铺张浪费，总而言之，新的替代方法就是，引进城市的公墓形式，推动本村殡葬的现代化。

2013 年的平坟运动，也是为了公墓建设蓝图做前期准备。公墓建设不仅观念新、做法新，而且非常契合城镇化发展的大方向，因此不仅为村级组织所热衷，也得到了上级领导的赞赏。

上级领导的默许使村庄土地开发不断突破政策规划。原本规划 20 亩建设用地用以建设公益性公墓。按照上级领导的意思，公益性公墓也可以面向商业市场。上级领导批示，地方就敢于尝试，公墓建设的商业化道路并无不可。

2014 年 4 月，黄村的公墓开发开始了。20 亩的公墓建设的用地指标是村里不断向建设部门申请得来的，但村里和开发商都跃跃欲试要突破这一限制，将公墓开发面积扩大到 100 亩，建成浍市顶级的公墓。公墓开发集团的成员包括本市房地产商王某以及市某私立医院的院长金某。按照他们的规划，将在这片公墓上投资 2000 万元，修建高中低三档公墓，高档的可以搞成半分地、有院子有园子、三层别墅式的公墓，主要面向浍市的有钱人。当然，为了保证本地农民的丧葬需求，低档的墓地也是他们的开发目标。

投资 2000 万元开发公墓，其目的当然是盈利，可以预见以后黄村将成为城市富裕阶层的后花园。政府部门是支持这样一条发展道路的，在村庄很多汇报材料中，都用"推动城乡统筹发展"来诠释公墓建设。王、金两位外来的城市工商业资本的代表下乡开发土地，正中地方政府的下怀。地方政府正期盼着招引下乡资本参与新农村开发。

（二）亡灵的等级

可以预见，搬进公墓很可能会是黄村针对坟头的下一步计划。严书记认为公墓的建设能够完全解决殡葬问题，并乐观地预计村民愿意由坟头进驻公墓。一种传言打破了这种乐观，有村民猜测严书记是公墓开发的幕后老板，如此大力推行平坟和公墓建设，无非是想驱赶农民进入他的圈套，赚老少爷们的钱。

这种流言可以被看作一种反抗的艺术①。即便一些对严书记忠心耿耿的老党员，也不赞同公墓开发的计划。一位担任多年村干部的老人担心，规划的墓地只有一棵树、一座碑和一个骨灰盒，这样简陋的安葬方式会让祖先不安。实际上有树与碑在本地算是很体面的了，很多坟只是起了一座土包而已。"祖先不安"更多地说明，本地人仍习惯"入土为安"这样一种使人心安的丧葬方式。

另一位略通法律的中年人情绪激动地说，公墓的开发是不合法的，自己要是把父母的坟迁进去，以后要拆除违法建筑，父母还得再受一次罪。

中国人相信，惊扰祖先的亡灵会给家族带来厄运。即便是在传统文化大大减弱的今天，人们也会觉得坟墓动迁是件伤感情的事。2013年的平坟事件虽然在官方看来是顺利的，但在村民心中积累了愤怒的情绪，流言、闲话和告状信传达着一种抗争的态度。

还有村民对搬进公墓的成本表示担心。这种担心是有道理的，毕竟浍市的公墓价格已经达到了2万~3万元，本村的墓地是由外来人开发的，价格一定不会太低。村民土葬传统不会在短时期内发生变化，毕竟入土为安的观念还未改变，村庄里也不缺乏土葬的条件，村民不同意将父母的骨灰裸露放在"骨灰堂"的方格之中。

在旧时公共坟地存在的时候，坟头的方位次序是按照辈分亲属次序排列的，僭越这种人地合一次序将会遭受宗族的制裁。虽然当前扎坟行为严格受到地权格局、土地分布等因素的约束，但村民在坟地选址时仍会考虑是否与同宗族、同辈分的人葬在一起，会在意旁边是谁的坟墓。人们相信死后世界里"坟邻"关系是非常重要的。有老人担心当商业化的墓地建成之后，会放弃以往这种考虑，坟墓的设置会太过随意。

"死后住在一起"是生前亲密关系的一种延续，这种观念也相信父母合葬是对生前夫妻亲密关系的延续。后人会在先去世者的坟边预留另一块土地，用于以后的合葬者，合葬之后两人要在坟前共立一块石碑。笔者在大章家遇到一位老婆婆，她指着自己老伴的坟告诉笔者，自己以后也要睡在那里。

在一次饭桌上，笔者听到了另一种"死后住在一起"的说法。饭桌的

---

① 詹姆斯·C. 斯科特：《弱者的武器》，郑广等译，南京：译林出版社，2007，第2页。

参与者包括村书记、主任，公墓开发者王总，区文化局干部、市委组织部干部以及区公安局的一位退休副局长，他们称赞严书记的工作成绩，夸耀黄村即将开发的高档次的公墓，并决定在公墓中先预订席位。开发商王总立马附和，承诺以低价给予最高档次的席位，请在市区居住的干部再介绍亲戚朋友一起来购买，这样以后大家都是朋友，可以"长住"在风景秀丽的黄村。一位干部说：

> 到时候我再邀请我的一些文化人朋友，以后大家死了住在一起也有话说，咱们弟兄们住在一块儿能说到一块儿去，你不要像其他公墓那样，谁都能往里面埋，咱弟兄们和那些个种地的、卖面的、修鞋补袜子的能说到一块去吗？咱到时候也都在黄村买别墅，活着时候住一块，死了还是住一块。　　　　　　　　　　　（黄村访谈资料）

这位干部的"地位群体"意识很快得到了其他人的认同。开发商王总告诉笔者，他的一些朋友已经开始向他预订墓地了，虽然还没建成，但已经销出去30多个席位，而且都是高档席位，他完全不愁墓地卖不出去。

外来者大多都有乡野之趣，觉得死后再不能如生时那样饱受城市喧闹之噪，死后需要长眠在山明水秀的清静之地。对死后世界的空间规划当然是风水文化中的重要内容。乡村被看作城市的花园，周末黄村迎来了很多城市旅游者，他们希望享受乡村的美好环境。这种格局下乡村环境也就成了城市的消费品，在王总和他朋友的计划里，农村土地也该体现出它的消费价值。

成为消费品的公墓由此也有了另一种等级，即按照价格所标示的社会等级。这个名为"永福苑"的公墓，已经开发出三档墓地。第三档即潘维隆老人向笔者描述的，不到1平方米的大理石宫格，一棵树一块碑；第二档的面积更大，除了更好的树和更好的碑，商家会建造大理石衬砌的圆拱形坟头；第三档的将设置在上风上水的位置，采用庭院式结构，将阴宅设计成阳宅样式的宫院，配套小花园。

黄村人已经不讲究风水，外来的公墓开发者却非常看重风水，公墓的开发者王总向笔者夸耀，为公墓选址的是一位来自广东的风水先生，在南方名气很大，是自己花了大价钱才请过来的。在一马平川的黄淮平原，要制造出符合风水原则的墓地，就必须加造很多人工景观。根据外来风水师的设计，需要从1公里外的黄沟渠中引水，形成两条交叉的水系，这意味着王总需要与村里协调，挖掘两条新的沟渠，形成南北、东西走向的水流；还需要在"永福苑"北边堆造一座自北向南山势的假山。

风水文化所造就的土地区位具有了文化等级，墓地因位置、朝向而产生了相关的象征意义。与传统公共坟地相比，公墓的尊卑等级不再按照家族辈分、血缘秩序排列，而是通过消费能力获得。有学者指出，当前出现了以"住房地位群体"为特征的社会分化①。黄村则可能出现以阴宅为内容的"坟墓地位群体"的分化，在这里城乡之间的尊卑秩序从阳世延续到了阴间。

亡灵的等级加入了城乡元素，"亡灵下乡"意味着陌生人的闯入，而传统观念里，外来闯入者被视为危险甚至是有害的东西。武雅士那篇影响深远的文章分析，这种"人们不喜欢的危险的陌生人的超自然代表"，就是鬼②。经过革命与市场相继"涤荡"之后，鬼神观念在黄村已经大大减弱，但人们仍表达了对这种"外来者"的警惕，虽然这种外来者并不属于武雅士"神—祖先—鬼"三等级中最低的一级，而是属于"坟墓地位群体"中的最高一级。小伍家的一位老人表示，自己到时候绝对不进公墓，因为"睡在旁边的都不认识了"，不如葬在自家承包地里，总还算是自己庄子的地，"和自己老庄子人住一起"。

公墓的位置也引起了邻村大谢家村民的不满。原本公墓选址是在村庄西北方向的一片开阔的耕地里，这是镇政府"指导性"的选址意见，但开发商更愿意选在东北方向，第一是交通便利，有利于商业推销，也有利于城市人来扫墓；第二是根据风水先生的勘测，西北方向"大不利"。墓址改在东北方向，选在黄村村界的最边缘，这也意味着与其他村搭界，"永福苑"后围墙离邻村大谢家只有10米左右的距离，阴宅与阳宅如此近的距离让大谢家的村民非常不安，特别是距离阴宅最近的谢长会一家，曾多次与黄村进行商议。黄村的态度非常强硬，声称无论如何墓址是在黄村境内，占用的是

---

① 李强：《转型时期城市"住房地位群体"》，《江苏社会科学》2009年第4期；刘锐、刘小峰：《农村阶层分化与"住房地位群体"》，《人文杂志》2014年第5期。

② Arthur P. Wolf, "Gods, Ghosts, and Ancestors," *Religion and Ritual in Chinese Society*, ed. Arthur P. Wolf, Stanford: Stanford University Press, 1974, pp. 131 – 182.

黄村的土地，并未占大谢家半分半亩地，因此与大谢家毫无瓜葛。大谢家人讲民俗，黄村人讲权利，如果通过官方途径进行调节，民俗肯定要服从法律，更何况公墓是被纳入黄村民生改善项目的"亮点"工程，当然不会被大谢家的"封建迷信"所阻碍。大谢家村民将反抗行为转化为"弱武器"，用小偷小摸、搞破坏、散布流言等方式对工程建设进行阻延。

第四章　指标

作为乡土社会总体性呈现之物的土地，与其他类型的社会如工业社会的城市的土地具有完全不同的生命形态。不幸的是，在"生产主义"的号令之下，地方政府正在快速地推动土地的生命转换，试图通过土地社会生命的转换来完成社会形态的"进化"。本章通过黄村的"增减挂钩"实践来分析土地生命转换的"生产主义"之患。

在中国的法律中，农村土地与城市土地具有不同的属性，乡村与城市被视为两种不同类型的社会形态，城乡之间的关系被定义为"城乡二元结构"。这种结构产生自 20 世纪 50 年代的一系列制度设置，土地、户籍、分配、职业与社会福利等制度造就了两类不同性质的、独立运行的社会子系统。

一　都市化的人类学研究

人类学研究将城市与乡村作为两种相互区隔的对象。芝加哥学派关于城市社区研究的学术传统，将都市纳入了原本以"异文化"为对象的人类学研究领域中。帕克（派克）要求研究城市的社会学者要像人类学家研究南太平洋某个小岛上的土著居民那样，运用参与观察法描述分析城市的各个区域。芮德菲尔德对尤卡坦四个乡村社区的研究表明，都市的那些少数知识与政治精英掌握一种内省的"大传统"，而乡村存在一种与之相对的非内省的、多数人的、保守封闭的"小传统"[1]。同样受到帕克影响的还有早

---

[1] 罗伯特·芮德菲尔德：《农民社会与文化——人类学对文明的一种诠释》，王莹译，北京：中国社会科学出版社，2013，第 91~95 页。

期的中国人类学家，虽然帕克来华演讲的内容是关于城市社区研究的，但中国的人类学学科从中受惠，并以吴文藻及其学生为代表开创了乡村社区研究。乡村社区研究奠定了中国人类学与社会学的基本品格，并在国际人类学谱系中占据了一席之地。无论是江村、平郊村还是魁阁，都在与城市相对的意义上承认乡村社区是一种封闭的、自成一体的社会形式。

在与城市对立的意义上研究乡村，实际上赋予了乡村一种文化相对主义层面上的"他者"地位，但这种异文化观无形中强化了研究者所预设的一种城乡对立的思维框架。20 世纪 80 年代以来现代都市人类学不再将城市视作"孤岛"，更加关注城乡之间的关联，因而关于乡村的研究也随之转向对城乡关联的关注，都市化或称城市化、城镇化研究应运而生。

都市化（urbanization）关注转变的过程，特别是在全球化与城市化双重发展的背景下，都市化、城市移民、边缘社区、贫民区以及贫穷文化等现象成为都市人类学主要关注的议题。在 20 世纪 80 年代，费孝通先生也较早地将研究重点放在了本土城镇化问题上，之后的一批关于城镇化的研究试图寻找中国乡村转型的独特路径。都市化倾向于关注城乡之间的关联，但预设了一条由乡村向都市转型的单线进化观。人类学家秉持文化相对主义理念，在研究策略层面上指出城乡文化的平等关系，这种研究进路要求首先认识两种不同的文化，并按照各文化系统自身的传统与经验去解释。因而城市化就"并非简单地指越来越多的人居住在城市和城镇"，其深层次的内涵"应该指（人类）社会中城市和非城市地区之间的来往和相互联系日益增多这种过程"[1]。

本研究关注的土地问题，在城市化背景下呈现为农村土地向城市土地使用类型的转变，这是城市化三大标识之一。这类问题主要出现在与城市毗邻的地区，相应的问题如失地问题[2]、城中村问题[3]，也有人类学者关注到了民族地区的城镇化现象。朱晓阳特别关注了"土"的问题，在他研究

---

[1] Gregory E. Guldin, *Urbanizing China*, *Contributions in Asia Studies*, Number 2, Greenwood Press, 1992。

[2] 朱晓阳：《小村故事：地志与家园（2003～2009）》，北京：北京大学出版社，2011。

[3] 项飙：《跨越边界的社区：北京"浙江村"的生活史》，北京：生活·读书·新知三联书店，2000，第 505～512 页。

的云南小村，仅仅5年就发生了"沧桑之变"，农地上建满了林立的高楼，小村成了昆明大都市的"肚脐眼"①。传统村庄正在城市化蔓延式的碾压中被整体吞噬。

距离城市边缘25公里的黄村，并没有像小村一样被城市扩张所"吞噬"，但其土地以另外一种方式被纳入城市化的进程之中。这一过程既没有出现农村人口向城镇的集中，也没有出现乡村产业蓬勃发展，而仅仅表现为土地以"指标"形式向城镇集中，实现这一过程的是一项被称为"增减挂钩"的土地政策。

二　"增减挂钩"与城市化

中国的城镇化主要是由国家推动的，这种推动在政府系统内部又分为两种驱动方式，由中央政府制定城镇化发展原则，拟定相关法律法规，地方政府根据中央的制度框架进行自主探索。社会学家指出了地方政府与中央政府之间存在的财政关系与土地利益矛盾②。城镇化过程中最尖锐的矛盾表现为，地方政府出于公共财政的需求或出于政绩冲动，希望在尽可能短的时间内提高城镇化率，具体而言就是增加城镇面积。

（一）城乡建设用地"增减挂钩"政策

由于国家对土地实行用途管制，城市土地性质属于国有，近年来各地在大力推动城镇化建设，建设用地指标就显得非常稀缺。中央层面需要综合考虑经济发展速度、粮食安全和社会稳定等问题，由于中国人地关系紧张，2000年以来中央一直提倡严格管控土地，最广为流传的政策表述就是"红线论"，即为了粮食安全，必须严格保住18亿亩耕地的红线。划定红线是为了保证足够的可耕地面积，同时也为了抑制地方政府无约束地进行城市扩张的冲动。为了限制城市无序扩张的行为，建设部门每年向各地划拨一定额度的建设用地指标，以满足地方政府城镇化建设的需要。但从实际

---

① 朱晓阳：《小村故事：地志与家园（2003~2009）》，北京：北京大学出版社，2011，第2页。

② 周飞舟：《大兴土木：土地财政与地方政府行为》《经济社会体制比较》2010年第3期；孙秀林、周飞舟：《土地财政与分税制：一个实证解释》，《中国社会科学》2013年第4期。

情况来看，中央下拨的新增建设用地指标远远无法满足各地城镇化发展的需求，建设用地指标供不应求。在高速工业化、城镇化的背景下，各地政府，尤其是在东部沿海地区，普遍面临"无地可用"的尴尬局面，灰色甚至非法用地增多。中央每年下达的新增建设用地指标难以满足部分地方政府的发展需求，大量项目等待指标"落地"①。在此背景下，一种被称为"增减挂钩"的制度被创造出来，"增"指的是城市新增建设用地指标，"减"指的是农村减少建设用地指标，二者相"挂钩"实现增减平衡，这样就保住了"18亿亩红线"。而这一"挂钩"也将三种类型的土地挂在了一起，包括城市建设用地、农村集体建设用地和耕地。农村建设用地需要被平整并复垦为耕地，由此腾出来的指标可以转换为城市新增建设用地指标。在不突破国家"红线"管控的同时，地方政府获得了建设用地指标，有经济学家称这种"增减挂钩"制度是一项"天才的发明"②。

最早这种实践的是被划为"统筹发展实验区"的重庆，在中国，"实验区"一般意味着可以突破现有制度格局。我们可以从一则新闻报道中看到这一制度的生成逻辑。

从2005年开始，随着中国城市化、工业化加快推进，地方政府越发感觉到城镇、工矿建设用地紧张。以重庆为例，2003年以前，国家每年批给重庆的新增建设用地在30平方公里左右，基本能满足城市发展需求。但从2005年开始，重庆每年新增指标已达100平方公里以上，但与地方政府实际需求仍相差1/3左右。丘道持说，重庆每年约有50万人进入城镇，常住人口城市化率以每年1.7%增长，农民进城占用大量城市土地资源的同时，其在农村的宅基地却大量闲置，利用粗放。

据统计，直辖13年来，重庆约有650万农民进入城镇，以一户农民占有250平方米建设用地计算，应相应减少1500~1600平方公里农村建设用地。但据重庆国土部门土地变更数据调查：13年间，重庆减

---

① 谭明智：《严控与激励并存：土地增减挂钩的政策脉络及地方实施》，《中国社会科学》2014年第7期。
② 周其仁：《还权赋能——成都土地制度改革探索的调查研究》，《国际经济评论》2010年第2期。

少农村建设用地仅 73 平方公里，不足理论值的零头。相关统计也显示，1997～2005 年中国乡村人口减少了 9533 万人，农村居民点用地却反增了 176 万亩，农民人均用地面积达到城市的 2 倍。

城市建设用地严重紧张和农村建设用地大量闲置，城乡建设用地严重失衡这一矛盾，让政府有动力和理由进行更大规模的城乡土地"增减挂钩"①。

重庆与成都一直引领着"增减挂钩"实践的潮流，甚至创造出一种颇具悖论性的制度，即由政府创造一种土地交易市场，这种市场上交易的不是实实在在的土地，而是土地的虚拟形态——"地票"。农民将自用的宅基地进行平整并复垦，就可以整理出来一定数量的建设用地指标，这些指标被称为"地票"，"地票"可以拿到政府建立的"地票交易所"进行出售。需要占地的责任主体（政府或房地产商、企业主等）可以购买"地票"，然后在由政府管控的一级土地市场上购入相等面积的建设用地。

土地衍生出了一种虚拟化、货币化的形态，"地票"制度恢复了在中国消失了六十多年的土地交易市场。"地票"既是"虚拟"的，又是可以交易的"货币"，那么不管是耕地还是宅基地，或是城市建设用地，就没什么不同，具有了齐美尔（西美尔）所说"一切的等价物"的性质，那么在土地上附着的一切价值，都丧失了意义②。

（二）腾指标

黄村传统的村落形态正在经受着"增减挂钩"政策的冲击。2010 年，黄村村干部通过不懈地"跑项目"，争取到了浍市国土资源部门的一个"增减挂钩"的土地置换项目，土地置换的主要内容是，将黄村分散的十个自然庄拆除复垦，新建一处集中安置的"现代化"小区。经过浍市市政府特设的"土地置换办公室"（下文简称"置换办"）测算，黄村原有的 10 个自然庄总共占地 1380 亩，如果全部搬迁到一处聚居，除去新的聚居点需要占

---

① 参见《瞭望新闻周刊》：《"增减挂钩"变形记》2010 年第 47 期。
② 西美尔：《货币哲学》，陈戎女译，北京：华夏出版社，2010，第 9 页。

用的 680 亩集体建设用地，再复垦老的自然庄，如此能够节省出 700 亩的土地，这么多土地完全可以用于浍市向外的扩展建设。但这项"土地置换"项目同时捆绑了另外几项村庄建设工程，需要黄村完成几项改造任务。

一是"空心村"治理，即将传统的自然庄上报为空心村，由上级部门拨款进行旧村拆除；二是土地整治，即复垦已经拆除的自然庄，将之改造为可耕地；三是新村建设，即通过新型住宅区的建设来安置被拆迁的农户；四是土地指标交易，腾出的 700 亩土地被浍市置换办折算成建设用地指标，由此可以在浍市近郊征用 700 亩耕地，将其性质转变为可以带来土地财政的城市建设用地，以达到"占补平衡"。

这种做法已经成为所有地方政府积极采用的策略。对黄村村民来说，要腾出地方政府珍视的 700 亩土地指标，意味着自己赖以生存的村落要进行一系列改造工程，而这种改造将带来农民生活状态的颠覆性变革。这一工程推进的路线是，地方政府与村社干部以新农村建设的名义促使"农民上楼"，按照城市社区的形式建造新的聚居区，拆除村民退出来的宅基地与老庄子，在新的规划区开展房地产开发。从 2010 年开始，地方政府首先通过征地的方式征占了丘寨、小严庄的 400 多亩土地，并招标一批房地产开发商开始兴建第一期的农民别墅，主要的开发商是来自湖州的一家房地产开发集团，被划进拆迁范围的农户需要从开发商手中购买商品房。在开发农民别墅的同时，开发商还开发建设了近百套独栋别墅，而且不再限制本村人购买，开发的新区可以面向市场销售，村级组织在浍市相关部门的默许下，开发了大量小产权房。虽然不具备建设用地使用证，开发的房子也没有产权证，但这并不妨碍周边乡镇以及市区的人前来买房置业，目前开发的共计 1100 套住房中，20% 被外来者购买。

（三）强拆

新村的开发工程同时也伴随着对老庄子的拆除。在基层社会，拆迁的难度往往要比征地的难度更大。2013 年 7 月的拆村工程引发了激烈的抗争，在浍市相关部门的现场督阵之下，警察、医院及村级组织共同上演了一场强拆的剧目。到目前为止，黄村只在 2013 年拆除了辛庄与大章家两个自然庄，且至今仍未拆除完毕。

笔者 2014 年再次回到黄村的时候，村口的第一个自然庄已经变成了瓦砾堆，在笔者田野作业的整个半年时间里，这些瓦砾一直没有被清除干净，还有几户人家顽强地坚守在老屋。村庄拆除是在 2013 年秋季完成的，很多村民都记得那个拆迁场面，辛庄一位退休教师告诉笔者：

> 给你说了啥时啥时要拆了，咱还不相信有那么大胆，你可知道那天来了多少人……车从（指着）路口这一直到公路过去。
>
> （辛槐访谈资料）

他的儿子，36 岁的外出务工者辛民对村委会的强拆非常不满，他认为如果与自己同龄的年轻人都在家的话，大家一定会抗争到底的。与辛家相邻的大章家的拆迁不那么顺利，大章家有很多中年男性留守在村，他们电话召回了自家兄弟，准备跟拆迁队干一场。严化新书记承认，之所以敢强拆，很大一部分原因是村庄中坚力量外出了，留守群体一般不会出头。就在 2014 年春节，年轻人返乡探亲之时，村干部多次受到年轻人的辱骂和责难。

三　谁的村落

可以用"中坚的缺席"来描述当前的中国乡村。村庄被描述为"流失'村民'的村落"[1]，在村的群体被社会学研究者称为"留守群体"[2]，即村庄的主体是无法被劳动力市场接纳的老年人、妇女与儿童，他们共同的特征是无法在劳动力市场上获得有利的竞争地位，也无法在城乡之间自由流动。劳动力流动本是个经济学问题，留守群体则是社会学问题，为何留守却需要从文化角度进行解释？黄村距离长三角地区较近，村民外出务工的主要地方是上海周边的城市群，本地就业机会少，只要能出得去，就不会留在村里。但有一种情况之下，外出者必须回乡，即"抱了孙子"，爷爷奶

---

[1]　文军、吴越菲：《流失"村民"的村落：传统村落的转型及其乡村性反思——基于 15 个典型村落的经验研究》，《社会学研究》2017 年第 4 期。

[2]　叶敬忠：《留守人口与发展遭遇》，《中国农业大学学报》（社会科学版）2011 年第 1 期。

奶就必须返乡，这是无条件的①。

> 我 59 岁的时候，还在外面打工，搞建筑还能搞 140 元一天。土地未流转的时候，收获时节回来 2 个月，收收种种。三个儿子也全部在外打工，二儿媳妇在孩子 5 个月的时候，就出去打工了，留给她婆婆带孙子，我也就出不去了。　　　　　　　　　　　　　　　（章朝力访谈资料）

　　像章朝力这样近 60 岁的人，依然是外出务工的主力，但孙子的降生打断了他的城市生活。村民认为，替儿子带孙子是理所应当的任务。村妇女主任告诉笔者，成年在村的基本都是"老妈子"，儿子儿媳结婚生子之后，都要趁着年轻多挣点钱，孙娃子就得由赚不了多少钱的爷爷奶奶带。在家带孩子的都是中老年妇女，因为中年男性还能在附近找点零活干。家庭内部进行了代际分工，这应该是"小农理性"的一种表现。每天早晨、中午和晚上，学校上课、放学的时候，都能看到妇女们骑着电动车前去接孩子。

　　小李家有 30 多户人家，但现在常年在村的就三十几口人，主要是老年人和小孩子，而所谓"老年人"并非指那些年龄超过 60 岁的人，村庄中被称为老人的主要是一些年轻的"婆婆"。李二娃的老婆沈某 40 多岁，夫妇二人有两个儿子，都已经成家并有了孩子，全家有 8 口人，但常年在家的只有 3 个，即沈某与两个孙女，两对儿子儿媳常年在浙江打工，只有过年才回家，丈夫虽然在蕲镇承包了 120 亩地，但除了大约 2 个月的农忙以及 1 个月的春节之外，也常年在淮南务工。沈某的妯娌吴某也是同样情况。吴某的儿子儿媳都在上海打工，丈夫在浙江余姚工厂打工，吴某在 40 岁之前也一直在余姚打工，厂里的工资每月能有 2000 多元，但儿子结婚有了孩子，吴某就不得不结束了她在浙江近 10 年的务工生活，回到家里带孙子。用她的话讲，"年纪不大，倒当了老人"。

　　沈、吴两位中年妇女的家庭生活状况是整个村庄最普遍的形态，40 多岁的婆婆在家带孙子干家务，家里其余的劳力常年在外务工。留守家庭基

---

① 陈靖：《从"人生任务"看农民的生命价值》，《西北农林科技大学学报》（社会科学版）2017 年第 1 期。

本都是这样的。在本地，当婆婆的年龄在 40~45 岁，而一旦当了婆婆，就必须负担起照顾孙子的责任。用她们的话说，这就是你的责任，"不带任何商量的"，虽然吴某觉得在余姚打工更自由，更长见识，也喜欢在外务工，但到了孙辈上小学就必须返回家来照顾孙辈。"年轻的婆婆"群体需要在家接送孙辈上学，照顾孙辈的生活兼做家务，这样的照料生活一直要持续到孙辈长大成人。农村的妇女一般在 40 多岁以后完全退出劳动力市场，成为家庭再生产的主要承担者，也成为家庭生计的辅助者，这是不容商量的传统，除非儿媳妇不让婆婆带孩子，不过绝大多数的情况是"婆婆带孙娃"。

黄村妇女主任总结：生完孩子最多半年，小两口就会出去，孩子交给公公婆婆；父母要做好思想准备，有了孙子就得结束打工生活，回去"当老人"。因此她感叹"儿媳生的娃是给婆婆生的"。小李家那位年轻的奶奶心里颇不情愿，觉得带孩子遭罪，小孩子"烦人"得很，自己一天只能围着小孩转，小孩还不懂事，一旦生个病或者磕着碰着，自己还要落埋怨。但她又不得不承认，这是她的"任务"。

吴飞用"过日子"来描述中国农民的生活价值[1]，但在纵向的家庭代际关系上，"过日子"的价值要通过几项人生任务来实现。这些"人生任务"是服务于家庭再生产的，如此才能获得圆满人生。黄村人将为儿子娶媳妇、盖房子、养孙子、送老人当作"人生任务"来完成。农民的一生被划分为这样几步有节奏的生命过程，这些非常具体的生活目标决定着生命价值的实现[2]。

如果儿子没有娶上媳妇，人们会觉得做父母的"没能耐"，其在村庄中就会低人一等。如果不替儿女带孙娃，就"不配当老的"，在反馈模式下子女就有不养老的充分理由。这种内在人生意义和外在村庄舆论的结合形成强大的意识形态，流淌进每位村民的道德血液里，氤氲在村庄的每个角落中。在这种村庄文化熏陶下成长起来的父母会自觉地掌握这种地方性知识，使代际关系呈现为有一丝温情又有一丝悲壮的"剥削"关系。

女权主义者可能会对这种现象加以批评，但地方性的代际文化决定了中年妇女留守现象的必然性。在黄村，老年人（特别是当了奶奶的中老年

---

[1] 吴飞：《论"过日子"》，《社会学研究》2007 年第 6 期。

[2] 桂华：《礼与生命价值》，北京：商务印书馆，2014，第 241 页；陈辉：《过日子：农民的生活伦理——关中黄炎村日常生活叙事》，北京：社会科学文献出版社，2016，第 127 页。

妇女）是村庄的绝对主力，但在家庭中，她们并不是家庭的支柱。"奶奶"成了村庄的主要群体，她们承担的是抚育的责任，因而面对政府的强拆，不可能做出正面的抗争。

四 村落空间与日常生活

笔者讲那么多"奶奶村庄"的故事，是想说明当前村庄已不是乡土中国、熟人社会所指的那种村庄类型，当前的村庄成了城市化的"遗留物"。村落早已不是费孝通所描述的乡土中国那样"不流动的"、"自给自足"的地缘单位，大量的人员流动抽空了村落，日常生活中的基本角色缺席村落舞台，可称之为"无主体熟人社会"①，社会系统缺乏足够数量的行动者。

土地是农民的命根，这个判断在今天的黄村应该会被极大地修正。我们已经看到了村庄成员的大规模外流，很多村民迫不及待地要将土地转手，村庄中几乎没有人完全依靠从土里刨食生存，也没人愿意把自己的生计仅仅放在土地上。缺乏基本角色，主要原因是基本角色与村落之间联系的减弱。青壮年农民的生计在城镇，生活场域也在城镇，其与村庄的关系更加疏离。村庄老人告诉笔者，现在的年轻人基本上都找不到自家地的边界了，连爷爷奶奶的坟也找不到。据潘维隆说，他的两个儿子打电话回家的频率大致是一礼拜一次，与儿媳之间话很少。

留守群体与村落的关联却在不断加强。

首先，从生计来看，对于无收入的留守老人来说，土地是食物的来源。在原有的村落中生活并且长期在家种地的农户看来，利用院子和屋前屋后的土地可以发展出一种家庭经济。庭院内，门前或屋后的不起眼的废地可以被开垦为小菜园，种点时令蔬菜。对于没有收入的留守老人来说，这样的菜地完全可以获取一整年的蔬菜。老人们会充分利用自己的庭院空间，门前的空地一般是用来搞养殖的，老庄子的庭院设置可以保证农户食品的主要供给，瓜、果、菜、蛋基本上可以自给自足。即使不在自家的院子里种菜，村民也会在离房屋比较近的土地上开垦一个小菜园，老庄子周边就

---

① 吴重庆：《从熟人社会到无主体熟人社会》，《读书》2011 年第 1 期。

是农民的承包地，耕作半径较小。当地农户家庭大多还用着地锅，烧柴做饭，特别是以中老年人为主的家庭，对他们来说烧柴做饭不需要成本；而搬入新区后，电气化的厨具设施需要重新购置，电气费用也成为日常支出较重要的部分。拆除旧庄子，意味着农民生活方式的颠覆性变化，农民上楼不仅远离了耕地，而且由于居住格局的变化，庭院经济的消失，使得作为基本生活用品的食物不再能够自给，日常消费越来越依赖集镇与市场，这大大增加了留守老人的生活成本。

其次，老庄子的空间格局设置，提供了留守老人依赖人际亲密感所需要的空间。农民住在原来的自然村落中，农忙的时候大家各自劳作，施肥、打农药、除草等，而在农闲的时候，村民们就会聚在一起说说笑笑，拉拉呱（方言，聊天的意思）。黄村每个村落都有几个人气比较旺的公共场地，大家吃饭的时候甚至端着碗过去一起边吃边拉呱，而且家家户户基本上都是敞着大门。敞着大门说明家里有人，有人就可以进去串门，这是村落内"习"起来的礼俗[1]。特别是住在邻近的人家，关系处得比较好的话，经常吃饭的时候端碗饭或拿个馍就过去串门了，吃完后再回家端碗稀饭。家里做了好吃的，也会相互送一碗。这种敞门文化能够起到凝聚村庄团结和加强社会关联的作用，家里只要有人在，都会敞着门，大家就可以轻松随意地去串门。这样，漫长的农闲时间不仅可以愉快地被打发掉，而且在相互串门拉呱中也在不断地生产并维系着村庄的熟人关系，这种熟人关系中蕴含着社会性价值与人生意义。黄村新建设的社区中，房屋格局完全按照城市陌生人社区的模式建造，村庄中南三北三共六排房子，空间的条状化使熟人社会的农民被动地进入了闭门的生活方式，在新社区中再难看到如老庄子的门前屋后、路口树下等公共空间。

再次，老庄子的宅基地不仅具有居住功能，还有作为小农经济特色的庭院生计（如图4-1所示）。农民的天职就是种地，由此也发展起一套与种地相适应的住房模式，即庭院。一般家家户户都有个院子，院子比较大比较宽敞，可以放置收割机、播种机、农用三轮车或四轮车等大小型农具以及摩托车、自行车等家庭交通工具，这些机器、工具比较占地方。而新

---

① 费孝通：《乡土中国　生育制度》，北京：北京大学出版社，2006，第10页。

社区的住房空间较小，既无庭院也无屋后自留地，庭院、街角等空间已经
完全消失。

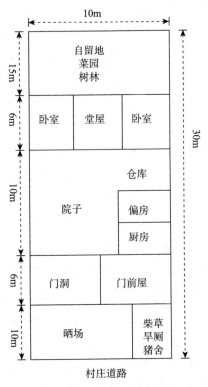

图 4-1 黄村老庄子农户庭院的布局

对于黄村的村民来说，世世代代在老庄子的生活已经为他们提供了大
量"习"的礼俗。村落空间也塑造了村民在熟人社会中行动的规则与观念，
获得了家户经济中不可或缺的生计补充，更使他们能够在"生与斯长于斯"
的熟人关系中找到在本乡本土的村落中安身立命的当地感和历史感。

从社会结构角度看，传统的老庄子构成了村民人际关系、社会性价值
的承载空间。同姓聚居是黄淮海平原村落的共同特性，世代聚居的特征也
使血缘纽带与地缘纽带高度重合，人情关系网与互助圈高度重合。而黄村
新社区所建造的居住样式是统一的联排别墅，这种空间设置完全遵从市场
规律，打破了村民长久以来的地缘关系。住进新社区之后，左邻右舍不再
是老庄子的成员。辛庄村民辛文江告诉笔者，自家所在的一排房子以及对

门一排房子共 24 家，原属辛家的只有 4 家，且相隔较远，自家左右邻居中有其他庄子的，更多的是外乡镇、市区过来购房的陌生人。潘寨的村民潘成峰的儿子与侄子都在外镇买了房子，自己与小儿子买的房子在本村新社区，相互之间已经不像在老庄子那样往来密切。新社区的居住格局将农民由熟人社会的村落单位转换到半熟人乃至陌生人的地缘单位。

（一）村落与庭院的意义

村落与庭院是与农耕文明的产物，村落与庭院的多功能性满足了老年人的多重需求。

通过劳动获得意义感，这是马克思主义理论中关于劳动意义最终形态的描述。对中国农村老人来讲，劳动的确是获得自身价值的重要途径。费孝通在禄村发现，中国农民"劳动是为了不劳动"，他称之为消遣经济[①]。传统经济中，老年人的劳动的确不同于马克思所探讨的大工业社会中的劳动，在很大程度上具有一种消遣的意味，更具有自我实现的意义。但在当前以老人、妇女为主要劳动力的"半工半耕"农业中，意义感是该种农业形态得以维系的必不可少的因素[②]。

这种意义感，需要置于代际关系框架中进行理解。完成"人生任务"才能获得圆满人生，但完成人生任务之后，并不意味着可以心安理得地"当老人"。在黄村，只要还有劳动能力，老人绝不会主动依靠儿子，只有在丧失劳动能力之后才接受儿子的赡养。由于本地早婚早育的习俗，黄村六十多岁的老年人在孙辈成家立业之时，还具有一定的劳动能力，老年人认为儿子还有他自己的儿子要养活，要承担盖房子、娶媳妇的任务，本身就不容易，自己就绝不能成为儿子的负担。

在村支部打扫卫生的严济民已经 65 岁，两个儿子两个女儿，大儿子在家搞建筑，小儿子在杭州开车，一个月收入一万元，按理说他已经不用再辛苦劳动。但严济民还在干活，而且做的是辛苦且报酬低的环卫工。他告诉笔者，自己没有想过要停下来享享福，而且对于儿子他的期望也比较低，

---

① 费孝通、张之毅：《云南三村》，北京：社会科学文献出版社，2006，第 110 页。
② 黄宗智：《制度化了的"半工半耕"过密型农业》，《读书》2006 年第 3 期；夏柱智：《论"半工半耕"的社会学意义》，《人文杂志》2014 年第 7 期。

也从没有主动问儿子要过钱。严济民认为，子女在外打工不容易，挣钱辛苦，不想给他们添负担，趁着自己还能动，就多干点，以后真不能动了再指望他们。沈圩 67 岁的沈仲文这样说：

> 现在自己还能动，等不能动了再说，庄里的老人大部分都是单过，单过有单过的好，自己想干吗就干吗，儿子还有自己的孩子要养活。这个地方没有不孝敬老人的，有的老人瘫痪几十年，几个儿子轮流养老，照样活得好好的，少数有扯皮的，但该养老的时候还是会养老。
>
> （沈仲文访谈资料）

不成为子女的累赘，通过自己的劳动，"能收一把是一把"，这种义务感构成了老年人获得劳动价值的体验途径。在沈仲文看来，老年人拼命劳动并不意味着子女不孝，黄村只有极少数人不赡养老人，在村民看来这些不赡养老人的案例并不是子女的问题，而是老年人太"不会当老人"。"当老人"不仅需要圆满地完成人生任务，遵守村落社会认同的有关老年人的行为规范，而且需要在多个子女之间保证一碗水端平，还要避免成为子女的"累赘"。为了不成为子女的累赘，就要避免使自己成为"无用的人"，劳动是老年人获得家庭存在感的方式。对大多数老人来说，土地成了他们避免成为"无用的老年人"的基础。

辛庄 72 岁的吴大妈属于被拆迁户，虽然她的旧宅院已经被拆迁，自己也搬出老庄子，但日常生活还是围绕老庄子运转。在一块被村委会划为"废地"的地方，辛庄农民开垦出了七八块零碎的荒地，每块 2~3 亩地，吴大妈在废地上建起了 7 个简易蔬菜大棚，每个大约 10 米长。这 7 个简易大棚成了她的收入来源，这份收入也使她在家庭里获得了较高的地位。棚里的日常活计由吴大妈完成，她每天骑着电动三轮车从位于蟠镇的新住宅赶到辛庄种田，11 点多的时候赶回去为孙子做午饭，下午再来忙活计。大棚中种植的是西红柿、豆角和辣椒等普通蔬菜，产出的蔬菜都由大妈自己骑着电动车到蕲镇、蟠镇等居民小区零售。依靠自己平日里的繁忙劳动，她可以获得相对较多的收入。

相对于村内一些土地被流转的老人，吴大妈的开荒和自耕能够保证她自己日常生活的粮食与蔬菜等需求，也能够依此赚取一定的收入。她承认这样劳动有些累，但能够有收入还不用花生活费，是比较划算的事，更重要的是，这证明了自己不是"废人"。

吴大妈说的"废人"，在鲍曼那里被表述为"废弃的生命"，指那些现代化的秩序建构（order-building）和经济进步（economic progress）制造出来的多余的、过剩的产物。因为每一种秩序都会使现存人口的某些部分变为"不适合的"、"不合格的"，或者"不被人们需要的"，而这种经济的进步必须要贬低一些曾经有效的"生存"方式，因此也一定会消解依靠这些方式生存的人的谋生手段①。遗憾的是，村落正是这样一些正在被废弃的（wasted）、不合格的人的唯一栖身之所。

（二）反抗"被废弃"的艺术

经济的进步为大多数农民提供了跳出农门的途径，城乡之间劳动力的流动已经非常顺畅，大量劳动力能够自由流动到城市就业，进而获得较高的收入。很多村民能够与这种经济的进步产生自然的关联，但总有一些人被排除在就业市场之外。

小李家50多岁的农民李金宇是黄村内为数不多的年富力强的留守者。同龄人常年在外打工，李金宇却坚持在农村搞生产，原因是他早年出过车祸致使左腿落下了残疾，无法在劳动力市场找到合适的工作，回村种地就成了唯一选择。虽然落下了残疾，但李金宇在农作方面毫不含糊，没法出去打工也坚定了他在家搞生产的决心。当前的农村并不是创造财富的最优地点，但李金宇的家庭生计完全体现了小农家庭多元经营的活力②。小农家庭经营的优势是可以通过各种措施降低生产成本。李金宇养猪15年，现在成了村里的养猪专业户。李金宇夫妻二人的繁重劳作足以承担养猪的活计，也能够有余力种田，还能经营一个蘑菇大棚，在其余时间还可以为本地的大户开联合收割机挣钱。一年收入20万元左右对李金宇来说不是难事。

---

① 齐格蒙特·鲍曼：《废弃的生命：现代性及其弃儿》，谷蕾等译，南京：江苏人民出版社，2006，第6页。

② 陈靖：《中国小农"多元经营的家庭生计"》，《南京农业大学学报》（社会科学版）2013年第6期。

船小好掉头，这是小农家庭经营的优势。小农经济中劳动力不计成本，家庭可以充分地利用边缘劳动力，通过性别分工实现多种经营，也能够很容易地规避家庭生计上的风险。现在李金宇养殖的50多头仔猪，都是自繁自养，怎样省成本怎样来，饲喂的是自家种植的20亩地产的玉米，不足的部分在本地购买，运输都是自己开的小卡车。猪粪经过处理后返田肥田，所以李金宇种植的小麦和玉米要比其他农民的亩产量高出200多斤，比国家扶持的种粮大户产量更高。玉米的废屑打碎后填充到塑料袋中，作为种植蘑菇的菌田，小麦玉米的秸秆还田，这种经过农民实践出来的循环农业，非常具体地通过李金宇夫妻二人的辛勤劳作实现了。

在家庭分工、多元经营的格局下，李金宇夫妻二人非常灵活地安排劳力和时间，利用各种机会寻找新的生计来源，敏锐把握市场行情，又不断在实践中增长经验。养猪、种田、种蘑菇、打短工、零售紧密而有机地组合，分工与多元经营构成了这对50多岁夫妻的全部生计内容，而他们的收入也远比外出打工要高得多，生活也更加随心。虽然李金宇夫妻二人现在的人生任务已经不再繁重，大儿子大学毕业后分配到薪资丰厚的中海油，二儿子大专毕业之后考取了公务员，小女儿考取了研究生，不过他们仍然不知辛苦地劳作，因为他们觉得，子女的婚姻、买房仍是他们的人生任务，在他们还年富力强的时候就该过实在日子，赚辛苦钱，尽管子女有出息而且体谅他们。这就是一个比较圆满的"过日子"的中国农民家庭。

边缘劳动力最终成了空心化村庄的"中坚力量"，残疾的李金宇、老龄的吴大妈，这些被现代市场经济定义为"劣质"劳动力的村民，依靠村落提供的多重空间，成为村庄经济的中坚力量，在空心化村庄获得了体面的生活。

五 "消灭"村落的过程

在黄村的土地改革试验中，留守人口与村落的关联正在被打破。近年来国家越来越倾向于认为，农村正在经历衰败，研究者们用"空心化"来描述这种变化，无论怎样理解村庄成员的流动，不可否认，仍有很大一部分人选择留守在村庄，并且有一部分人只能留守村庄，村落成为他们最后可以落脚的栖息地。

（一）"无理"的抗争者

不幸的是，"空心化"本身并不是一种积极的方向，村落被看作阻碍社会发展、不利于农民生活水平提高的原因。黄村出现的"腾指标"运动，正是实行土地增减挂钩的后果。在具体实践形式上，村落拆除、撤村并居与农民上楼成为地方政府土地改革试验的主要内容。在传统乡村向现代城镇的转型过程中，村落和院落仍旧是农村社会的载体。通过强制性手段消灭农村传统样态的实践，一定会对农民的生活造成巨大冲击，特别是对那些只剩村落可以依靠的"废弃的生命"来说。

因此拆迁也引起了激烈的抗争。辛家的养羊户辛学礼是抗争到最后的"钉子户"，老庄子拆迁意味着他生计来源的断绝。同样是依赖老庄子搞养殖的章朝会，没有冒头当"钉子户"。后章庄的章朝会靠养牛为生，家里养着70多头羊及20多头牛，羊是二儿子的，二儿子是憨子，牛是大儿子的，大儿子没什么文化，从没有外出打过工，章朝会需要留在村里照顾两个儿子。

后章庄的拆迁必然是要夷平章朝会的养牛场，但他没有当"反对派"，较早就自觉拆了老屋。这倒不是他迫于地方政府的压力，而是因为他大舅子是蟠镇的沈副镇长，章朝会再怎样也不能伤大舅子的面子，拖亲戚的后腿。基层治理中，遇到需要"做工作"的时候，亲戚关系往往是打破僵局、化解矛盾的万能钥匙。原本章朝会就在老庄子里养羊，虽然当时只有10多头，但村子的拆迁复垦意味着他将失去这一部分收入，因而他早已被列入预计的反抗者名单。"做工作"的办法是对症下药，软硬兼施[①]，沈副镇长就成为做通章朝会工作的钥匙。沈副镇长让章朝会搬到自己的老宅子去住，这样他能借用老宅子的院子开展养殖。沈副镇长到镇里工作后，沈圩的老宅子还在，现在成了做通章朝会工作的治理术（governmentality），章朝会父子同意了拆除旧房，搬到了沈圩大舅子家的空宅院，将养殖场也搬到沈圩。

土地征用与拆迁过程中的"支配-抗争"现象并不说明国家与农民之间的对立，实际上辛学礼的"抗争"在邻居们看来是没道理的。因为他多

---

① 参见孙立平、郭于华《"软硬兼施"：正式权力非正式运作的过程分析——华北B镇定购粮食收购的个案研究》，《清华社会学评论》特辑，厦门：鹭江出版社，2000。

年在村庄搞养殖，粪便污水难以处理，严重污染了村庄环境，邻居们早就心怀不满，村委会也以此为由要求辛学礼关闭养牛场。辛学礼的抗争被认为是无理取闹，因为他提出要村里赔偿自己的"经营损失"。严书记这样评价辛学礼，"这是个自私的人，从不从人家的角度考虑"。在基层治理中，辛学礼这样的属于"钉子户"，他不接受一种可替代的方案，延阻了其他人的福利实现。严书记的看法符合很多年轻人的观点，在他们看来，搬出旧庄子，迁入新的住宅小区是件值得期待的事，这是增减挂钩政策带给村庄的福利。

研究社会抗争的学者们认为，抗争源于利益冲突。中国关于土地的抗争，正是一种农民反抗的政治行动①。无政府主义者斯科特将那些一切与国家要求不一致的行为和言论看作对国家的抵抗。但在黄村的拆村运动中，我们看到了很多利益通约之处。对于那些过惯了城市生活的年轻人来说，老庄子基础设施不齐全，"晴天一身土、雨天一脚泥"，居住条件实在算不得舒适。当很多有出息的年轻人纷纷在蟠镇、浍市乃至合肥买了商品房，还居住在老庄子的农民就成了"没出息"的人，没有一栋像样的二层楼房，不仅没面子，甚至"连底子都掉光了"，连说媳妇都困难。

黄村的新村建设试图模仿华西村，修建整齐划一的联排别墅，配套崭新的基础设施，村里提出了建设的口号——农村不比城里差。农民的期待与村委会的计划是一致的，修造一栋漂亮的住宅是农民毕生的目标，过"好日子"的理想促使他们不断抛弃原有的生活习惯，城市生活为农民提供了关于"好日子"的想象。反过来说，正是农民的这种想象，推动着村干部试图改天换地的发展规划。

（二）老年房

我们也不能认为所有农民都期待"改天换地"，并不是所有人都愿意搬离老庄子。前文的吴大妈、李金宇、辛学礼等人的生计与老庄子密切相关，老年人习惯于老庄子的生活，特别是一些老年人已经主动地建立起了自己对"废弃的生命"的认同，不愿搬迁到舒适的新村里去。

---

① 赵鼎新：《西方社会运动与革命理论发展之述评——站在中国的角度思考》，《社会学研究》2005 年第 1 期；于建嵘：《土地问题已成为农民维权抗争的焦点——关于当前我国农村社会形势的一项专题调研》，《调研世界》2005 年第 3 期。

　　种田的娘是坚守村庄的最固执的一个人，甚至辛庄村民也觉得她不可思议。旧房拆除的时候，她怎么都不愿意走，她已经 80 多岁了，虽然已经不能劳动，但日常生活的饮食起居没有问题。种田在新农村买了房子，让她搬过去一起住，但她死活不愿意离开老房子，拆迁工作人员、村干部都说不动她，甚至她儿子儿媳拉她出老屋，她也不出来。种田娘的固执让拆迁工作一度停滞，儿子怎么说情她也不愿意，就反复一句话"让我死在老屋算了"。

　　种田娘的说法在很多拆迁工作中都能遇得到，老屋对她的生活来说的确意义深远。很多老年人在拆迁的挖掘机前表现出了极大的韧劲，不过这种行为也许不能仅从斯科特的抗争角度进行理解，也无法用祖宅的神圣性价值进行诠释，毕竟种田娘的老屋并非具有特殊意义的地方，实际上她的屋子早已开始漏雨，窗棂破损，居住条件堪忧，他的儿子也不可谓不孝顺。在黄村，愿意把老人接到新农村的楼房居住的人不在多数，当母亲坚持守在老屋时，种田并没有过多的埋怨，而是顺着老娘的意思，尽管有些不理解。这些年来种田勤勤恳恳地服侍老娘，村民知道他是个孝顺的人。

　　但村里的人又都非常理解种田的娘，特别是村里的老人，他们认为不让老人和儿子一起住，并不是说儿女不孝顺，而是说要想代际关系处得好，父母就不要和子女住一起。笔者就这个问题询问了一些村民，几位上年纪的人一致认为，能不和子女一起住就不一起住，住在一起长久不了。据笔者了解这几位老人同他们的子女关系都很融洽。来自蕲镇县的农民跃进在黄村新社区买了房子，装修非常不错，就把蕲镇老家的老母亲也接到了黄村，不过老母亲不是住在他装修一新的楼房里，而是住在跃进花了 1.8 万元买的老年房里。老年房是独立的一院小房子，老母亲住得非常满意，周围农民也不觉得这样有何不妥，反而觉得是最恰当的做法，儿子经常会从几百米外的楼房到老年房看母亲，大家觉得他非常孝顺。丘寨的鲁阿姨说，她不愿意到儿子的新家里去，因为房子里的地砖太亮了，自己的泥巴鞋踩上去会弄脏地砖地毯，虽然儿子肯定不会说什么，但自己会觉得非常不舒服。她提起有一次看到儿媳妇拿拖把拖地，地板非常光亮，这让她觉得非常不习惯。这种担心不无道理，生活习惯的确成了一种区隔。年轻人习惯宽敞明亮的客厅、高端先进的电器以及干净便捷的电气厨房，但这些对于长期居住在老屋、习惯烧柴的老父母来说是件头痛的事。鲁阿姨给笔者形容她到城里的女儿家，女儿女婿为了不让她感到窘迫，特意没有要求她换拖鞋，可是当鲁阿姨的鞋子从干净明亮的瓷砖地面上走过，留下了一串模糊的泥脚印，她感到非常丢脸，坐在女儿家的沙发上非常不自在，老想着找个拖把把那串丢脸的泥脚印擦掉。鲁阿姨的邻居董奶奶也说自己去城里儿子家住了几天，觉得在儿子家里非常不适应，她想着不能白坐着享福，要给儿子媳妇孙娃子做饭吃，但到了厨房发现那些电器锅具都不会用，她觉得真不如老屋里的柴地锅方便，抓把柴草就能生火做饭。

生活条件的改善反而加剧了老年人的生活难度，当他们发现自己的生活习惯和人生经验已经不足以应对基本的日常生活时，这种巨大的挫败感就会导致她们对自我价值的否定。黄村一位妇女告诉笔者，孙娃子过节回到家，将用过的一台过时的智能手机送给她用，结果她尝试了半天连电话也接不了，可孙娃子接过电话非常熟练地开机，打开软件并且玩起了手机里的游戏，她感叹道："这种日子是给你们过的，我们有啥用啊。"笔者想此时一些老年人面对新农村里便捷的生活条件大致都会有这种感叹。种田娘的固执也许源于面对变动的巨大不安，因为她不知道到了新的居住环境后自己的生活习惯将会带来什么后果，而那些生活习惯曾使她的生活舒适。

（三）窝棚秩序

小潘寨已经被划为了空心庄治理的重点区域，本村 90% 的村民早已在新农村买了房子，且有一片房子都是小潘寨的人，这让韩大妈（蠕镇韩寨人，1972 年嫁到小潘寨）非常高兴，因为周边都是老庄子的人。她的两个儿子都在新农村买了房子，但她和老伴还像村庄所有老人一样，觉得住在老庄子得劲，不愿搬到新区和儿女一起住。虽然儿子的房子都是空的，她也每天骑着电动车到新农村去遛遛，给儿子家看看门，打扫房前屋后，但非常不愿意住到新房之中。在老庄子，以前他们老两口住瓦房，儿子结婚就结在瓦房，儿子结婚后她在西侧的空地上修起了两间矮房子，老两口就搬到隔壁的矮房子里，一整院瓦房都留给了儿子儿媳。在黄村的老庄子里，那些低矮的类似窝棚的小房子，就是老人居住的房子。年轻人住新房，老年人住旧房，这已经成了当地的基本居住秩序，而且不光年轻人这么认为，老年人也觉得自己"该"住老房子。

　　老人家主动住矮房子，这成了村庄共享的规则，儿子结婚后就意味着老人家要搬出去自己住。窝棚秩序是本地分家与养老机制的必然后果，是当地代际关系变迁的直观反应。当笔者问起小潘寨的拆迁时，韩大妈和潘大爷几个人都表示没问题，只要补偿到位，到时候自己在新村随便找地方盖两间矮房子就管住了。

　　当了50多年村干部的潘维隆在黄村算是很体面的人，他的两个儿子在外经商，也都在新村买了新房子，两处房子的钥匙都在他手中，儿孙们许诺他，想住哪家住哪家，想住哪间住哪间，但他摇晃着两串钥匙对笔者说，哪家他都不想住，就住在老房子里，实在住不了了，随便扒些砖头在地头上盖间窝棚，凑合住着算了。"窝棚"这样的房子，一般在新房子不远处，是在新房子旁边搭建的简易房，一般一两间房，不大的小院里堆着柴草，有简易茅厕，有老人说"住一天少一天"，就不要住到儿孙的新房子里去了。实际上，老年人要住到新房子里，儿孙们也不会反对，但他们宁愿住在自己的老房子里，从子女的居住空间上把自己独立出来。"独立"对于老年人来说非常重要，首先是居所的独立，不管条件怎样，只要不漏雨就行；其次是经济的独立，只要能劳动，就不要子女供养。严书记的堂叔根仁67岁，他和老伴在两个儿子居住的楼房对面的废地上盖了一间简易房，院里有一间更矮的砖棚是他们的厨房，用的是地灶锅，烧的是柴火，水来自院里自建的压压井，不远处还用玉米秸秆搭了简易的茅厕，这片不到半分地的小宅子就是根仁的栖身居所。这间居所就在两个儿子新楼房的门口，根仁叔的两个儿子都在外边打工，他们的房子都是独门独院的二层楼房，并且都没人居住。房屋外表是由灰色瓷砖砌成的，外观崭新，在黄村非常显眼，屋里的装修也非常现代，水电气齐全，大理石的地板砖，现代化的卫浴。但这些现代的生活条件对于根仁老两口来说是个巨大的压力，黄村有很多老年人根本不会用儿女家厨房里的电饭锅，也用不惯抽水马桶。

　　生活习惯的区隔给老年人带来了压力，他们宁愿住在低矮的窝棚里。实际上很多搬迁到黄村新社区的大家庭，屋后狭窄的后院中总会搭建一间小屋，供家里的老年人居住。因为大家都这么做，根仁叔也不觉得自己住在儿子楼房前的窝棚有何不妥，村民也不因此而责难子女不孝，老年人坚决要住老房子，谁也不能逆了老人的意愿。黄村的老年人觉得，自己独立出来单住是个明智的选择。家庭要和睦，父子就要单住，根仁觉得虽然儿子家的房子足够大，但要和儿子儿媳、孙子孙媳住在同一个院子里，总免不了脸红拌嘴，最后影响家庭关系，而自己独住，生活条件也不是太差，自己能过得"舒心"一些。为了家庭的和睦，为了自己生活得舒心，老年人大多选择住窝棚，而且非常坚决。在铺了地板砖、配置各种电器的新住宅里，老年人的生活智慧、地方性知识完全没有了用处。

（四）被浪费的土地

老庄子里的庭院、圈场、菜园等土地对农民来说有重要价值，但在一些政策制定者看来，农民对土地的占用太过粗放。黄村共计 1110 户，老庄子面积约有 1370 亩，户均宅基地面积 1.23 亩，这远远超出了蟠镇制定的 5分地的标准。

法律对宅基地的定义是"农村的农户或个人用作住宅基地而占有、利用本集体所有的土地"，而实际上，农民所占用的土地并非仅仅用作住宅，图 4-1 就说明了农民在宅基地利用上的多功能性。以庭院为例，黄村人习惯独门独户地居住，农民的"成家立户"有一项重要指标，就是有一院独门独户的家宅，如此才能算作社区意义上的家户。庭院作为农户的私人空间，保护着农民家庭的隐私，但也作为公共空间，是村落的红白喜事等的举办地点，庭院中的仪式表达着主家的地位。这种功能在撤村并居、旧村拆迁之后显得尤为重要。8 月辛庄一位老人病逝，新社区中的住宅没有庭院，没法布置灵堂，也没有地方设摆筵席，就只能摆到刚被夷为平地的老庄子，在废墟上清理出一块空地办了白事，场面颇显凄凉。

庭院也具有生计功能，黄淮海平原的农作物一般一年两熟，农民的庭院大多是水泥硬地，用于晾晒新收获的小麦、玉米，老式的房屋布局中也有仓库的设置，以作为粮仓之用。当搬到新村之后农民才发现，传统的农作方式、生产方式受到很大限制，新社区没有可供使用的晾晒场，更没有足够的空间作为粮仓，甚至没有地方摆放农具，新社区的住宅方式与小农经营方式格格不入。如果住进新社区，耕种所需的小型农具无处储藏，农民只好将小四轮贱卖掉。没有了足够的储存空间，也没有了晾晒粮食的场所，农民收获后的小麦、玉米只能在大田里晾晒。本村种植大户李学希承包了几千亩地种玉米，因为缺乏晾晒场地而导致上万斤玉米堆积发霉，损失惨重。对于普通农户来说，无处存粮，也就不再存粮，所有的食品都需要从市场购买。

村落中的土地在何种意义上被浪费？国家政策与地方政府的规定对农民的宅基地用途做了严格规定，将其用途设定为农户自用住宅建设，既然是住宅建设，面积就绝不能超过 5 分地。而无论在哪个村庄，土地利用方式、土地占有习惯都是在生活与实践中生成的，它们往往是地方性的、嵌入性和适应性的，具有实践弹性、满足多重功能的惯习，可以用斯科特意义上的米提斯来指代①。

但从国家管理角度看，一项全国性的土地管理法规必然是简单化、追求一致的，这也意味着对地方习惯的无视。因为简单、清晰且一致的土地制度，国家可以自上而下地操作实施。

反过来讲，简单化、清晰化的土地管理制度也是当地人的噩梦，他们习以为常的土地惯习会被定义为违法，宅基地之上附加的功能被认为是多余的、不必要的。乡村宅基地与城市建设用地需要同时纳入国家土地管理体制，在这种管理体制中，二者同属"建设用地"，用途在于房屋建设。如此，两种土地就可以产生共度性（commensurability），"增减挂钩"制度之所以成为可能，基本理念就是两类土地的共度性。

小　结

将农村宅基地化约为建设用地，意味着寻找到了打破城乡之间土地使用壁垒的金钥匙。实际上在土地制度的城乡二元设置中，农村土地本就具有与城市建设用地不同的功能和属性，其中最需要关注的就是农村宅基地所具有的社会保障属性②。除此之外，还有人类学家所认为的土地的文化、象征功能。

---

① 詹姆斯·C. 斯科特：《国家的视角：那些试图改善人类状况的项目是如何失败的》，王晓毅译，北京：社会科学文献出版社，2004，第 423～470 页。

② 温铁军：《中国农村的基本经济制度——"三农"问题的世纪反思》，北京：中国经济出版社，2000，第 289～291 页。

城市土地与农村土地本来就不是同类性质的，这在一部国家性的法典中得到了规定："土地分为农用地、建设用地和未利用地。严格限制农用地转为建设用地，控制建设用地总量，对耕地实行特殊保护。"这部 1988 年颁布的法典确定了国家对于土地的一个管控原则——土地用途管制。

一位官员曾指出，这种"增减挂钩"的政策突破是有违法律的，而一些赞成"增减挂钩"实践的人不同意这种用途管制政策，"打酱油的钱不能买醋"，以此批评土地用途管制的僵化、死板和不可变通性。赞成者如周其仁等认为，通过"增减挂钩"的政策将城市稀缺的建设用地指标与农村闲置的集体建设用地指标贯通起来，促进了资源的流动与配置，增加了城市发展的空间，也提高了农民的财产性收入；而反对者如张曙光等认为，这种政策实践造成了对农民土地财产权的剥夺，未能实现农民土地财产权利①。

笔者认为，具体的土地"指标化"过程消灭了村落中土地的复杂用途，消灭了农民与土地之间丰富的米提斯，而这些都是农民赖以安身立命的东西。"指标化"机制提供了两类土地通约的可能途径。将城市土地与农村土地抽象化为"指标"或更具物质形态的"地票"，客观上将性质迥异的事物夷平化，质的差异不复存在。而在"腾指标"的运动中，千百年来形成的村落文化和居住习惯通通需要让位于虚拟出来的"多占"之地，指标消解村落之于农民的意义。被夷平化的不只是土地的不同性质，更重要的是自土地之上形成的乡村文化、风俗以及观念意识。

在城镇化发展的线性观念下，中国的"城乡二元"观念塑造了城乡之间的巨大差异，且这种城市与乡村的差异被附加上了级序的色彩，即将城市看作"更高一级的社会存在"，乡村通常被"落后""贫穷""土气"等词语所描述，乡村也因此成了中国走向现代化的一块绊脚石，城乡之间存在很大的落差。20 世纪 30 年代曾引起广泛争议的"农村破产说"，到今天有了新的内容。

在强调土地差异性的"二元"结构中，农村土地与村落人群结构密切

---

① 周其仁：《还权赋能——成都土地制度改革探索的调查研究》，《国际经济评论》2010 年第 2 期；周其仁：《缩小城乡差距要让农民分享土地收益》，《农村工作通讯》，2010 年第 21 期；张曙光：《博弈：地权的细分、实施和保护》，北京：社会科学文献出版社，2011，第 99 ~ 138 页。

相关，特别是在当前"生产主义"的逻辑中，农村土地已是被"废弃"的老年人最后的栖息地，人与地的妥协与适应，这已是农村土地特有的生命特征。

而在强调土地等级性的"二元"结构中，"生产主义"宣称土地应朝向更高的生命形态演进。在这种理念之下，牺牲乡村保证现代化，提取乡村资源以服务城市化就成了颇能达成共识的发展理念。从这种颇具进化论意味的文化标准看，现代工业社会是社会进化的方向，而工业社会主要发生在城市，因而乡村就被建构为更低一级的形象，"城"与"乡"作为两种对立的象征，在国家发展甚至文化转型中被赋予了进化论的意义。

第五章　开发

在推动乡村社会发展的意愿上，国家、村庄领袖以及农民可以达成共识，国家推动"现代化"的目标与农民希望"过好日子"的期待具有某种共性。在"生产主义"逻辑中，这种发展方式被限定在土地利益的实现上，这种褊狭的发展方式将对土地的生命形态产生影响，进而对乡土社会的形态产生影响。本章通过黄村的土地开发来展现此种影响。

土地贯穿着黄村人关于国家与自我的观念。在有关土地的调查中，我们很难回避这样一个问题，即农民有关地权的主观认知。黄村在土地上做了很多文章，且这些做法的主旨是将农民土地移作他用，这显然是有损农民利益的，但很多黄村村民这样对笔者说："土地是国家的，你个人又能怎么样？"一些学者认为无论是国家还是集体都是"模糊产权"，容易造成不清晰的权属界定，进而会成为侵害农民利益的根源，解决的办法就是清晰地划分权利主体，将土地划归农民所有。但从主观认知来看，仍有很多农民坚持土地的"国家"属性，有研究者将之称为地权的"文化建构"[①]。"普天之下，莫非王土"正是这种"大传统"塑造"小传统"机制的生动表达。有关地权的问题本书将在下一章深入讨论，农民对附着在土地之上的国家的认识与观念，是理解国家与农民关系乃至国家治理文化的关键，回归到土地自身的问题上，也意味着我们需要对土地的政治性有更深刻的理解。

一些二元论式的分析框架，成为我们理解土地政治性潜在的前提，如

[①] 张小军：《象征地权与文化经济——福建阳村的历史地权个案研究》，《中国社会科学》2004年第3期；张佩国：《走向产权的在地化解释——近代中国乡村地权研究再评述》，《西南民族大学学报》（社会科学版）2012年第3期；余练：《产权的地方性形态及其表达逻辑——基于对W村土地纠纷的考察》，《中国农业大学学报》（社会科学版）2013年第1期。

"大传统－小传统"所暗含的一种源于国家正统与民间小传统的交锋，"国家－社会"的二元区分暗含了一种假设，即村庄作为社会的单元，是处于国家对立面的社会实体。在这种二元框架下，农民的抗争行为是最能体现国家－社会二元对立的现象，前文辛文俊与挖掘机的对抗在村干部那里被阐释为"和国家政策对着干"，这种对立可以进一步被描绘：传统的、保守的农民辛文俊，对抗激进的、现代主义的国家政策。人类学的"深描"手法可以改变我们对这一"抵抗"事件的认识，辛文俊的动机、行为方式和抗争后果都深受彼时的情境限制，包括辛文俊在内的很多村民，都没有想着去"抵抗国家"，而是觉得某些干部行事"不公"。

　　仅仅通过"国家－社会"的框架来理解土地政治是不充分的，但也很难将国家排除在土地政治之外，中国历来不是无国家社会，有关土地的人类学必须正视国家在其中的作用。张宏明对禄村的回访研究深化了对土地的认识，提出了与国家密不可分的土地"再分配"体制[1]。社会主义国家对土地的改造确定了国家在土地"再分配"中的主导地位，但从土改至今，没有确凿的理由相信农村土地曾经是属于"国家所有"，无论是公社时期的"一大二公"还是之后的"三级所有"，以及土地承包到户后的"统分结合的双层经营体制"，国家都没有宣称对农村土地具有所有权。附着在土地之上的"国家"是以其他形式而存在的，这些形式包括赋税、用途管制、农业规划等，换言之，国家更多地呈现为具体的治理形态。反过来看，乡村中也很难发现"社会"这一范畴，宗族、村落、人情圈等结构都很难被视为超越"初级关系"的社会结构，也很难被视为"国家/社会"框架下与国家绝缘的自成一体的。很多研究者在运用这一框架时，不自觉地将"社会"替代成"农民"，"国家/农民"的框架更加凸显了政治力量的悬殊。一些有关"抗争"的研究也在有意地强化这种强大的国家与个体主义的农民之间的对立，强调国家权力对农民社会的穿透。在黄村的田野工作中，笔者时常觉得自己身处一个具象的小单位中，很难察觉到"国家"这一飘忽不定、难以把握的主体，虽然这个词经常出现在各色人等的口中；也很难将农民的日常行动与"遥远"的国家贯通起来，与农民日常生活关系密切的是集

---

① 张宏明：《土地象征：禄村再研究》，北京：社会科学文献出版社，2005，第69页。

体这一组织。

一　集体

在土地问题上，"集体"是很难被理解的概念，研究土地的经济学家经常将"集体"等同于模糊的产权主体，给出的解决相应问题的药方即产权主体的清晰化，即赋权于农户。但从历史来看，无论是中国传统社会时期还是社会主义时期，中国乡村都曾被冠以"集体主义"而被阐释和分析，且这种"集体主义"被作为与西方社会相对比的社会特征。中国乡村经历了近30年的集体经济阶段，这一经历深刻地塑造了土地的集体主义特征，而当前对于土地"归属集体所有"的法律定义，可以看作集体主义的一个缩影。

（一）土地与集体

集体主义可以通过土地这一物质性要素获得理解。虽然在很长的历史时期之内中国的农业经营都是通过单家独户来完成，但仍有很多公共性的任务需要超越家户的力量来完成，如水利。黄村所处的黄淮海平原历来遭受涝灾之患，平原地区缺乏排涝的自然条件，开掘沟渠、贯通排涝网就成了黄淮平原水利的主要特征。皖北处于中国梅雨带的最北端，每年9～10月是梅雨季节，也是当地秋茬庄稼拔苗的季节，这段时间往往阴雨不断，由此雨水大面积阻滞，淹没了低洼地带。

土地占有结构与当地土地、自然条件息息相关。当地地下水位高，不会出现干旱，每年的小麦是稳产，因而保证了自耕农数量的稳定；但每年秋季是梅雨季节，雨水较多，极易出现涝灾，秋季庄稼的收成很不稳定。这种自然条件使得当地收获呈现"午季稳产、秋季靠天"的特征，这也成为近年来土地流转时地租确定的基本考虑因素。秋季易涝，中华人民共和国成立前水利设施不发达，黄村以北韩漪湖水位一涨，洪涝就会一直向南到达地势较低的黄村，秋季绝收是常事。一旦玉米发生涝灾，当地农民就会补种高粱、荞麦等杂粮。

气候原因造就了当地易涝的风险，这使得排涝水利建设成为农民的头等大事。中华人民共和国成立后当地集体化运动的一大内容就是挖掘河渠，建设排涝网络。20世纪60年代挖掘的运粮河、6号渠和黄沟，使本地生产条件大大改善，一旦下暴雨或者阴雨连绵，雨水就会进入平原上遍布的河渠，然后排到周边大河再汇入淮河。但要完成这样跨地域的水利工程，必须有超越于村庄的力量来进行组织，从历史上看，国家对农民的组织化是本地排涝水利网建成的动因。水利与国家的关联使笔者想起魏特夫对中国社会的"专制主义"定义①。虽然"治水社会"理论因遭受过多批评而鲜有人追随，但关于水这一物质性因素与国家的关联仍启发了不少政治学的想象力，水利与国家政治的关联不可割裂。戴维·艾伦·佩兹关注的淮河流域治理揭示了水利建设引发的国家体系内部争斗②。实际上，与农田水利关系更密切的是村庄以及同一水系下的"水利社会"，这是关于山西泉水灌溉的一种社会组织形式的表述，凝结这一"泉域社会"的文化纽带即分水秩序③。而黄村的排涝任务则更加需要不同地块所有者之间的协作，这一组织要比家户大得多，但比水系、村落的组织小得多。而从水利建设与运营成本的分摊角度看，排涝工程依托于村落组织。水利事业的公共性来源于水利设施对土地的"嵌入"，水利渠系必须依附于特定的土地格局，依附于土地的空间分布，水利"嵌入"土地意味着土地的集体属性决定了水利的公共性。

与这种公共事业的"硬件"功能相对的是一种因地缘临近而产生亲近感的文化的"软件"功能。产生自土地之社会功能性的需求，使得有关"地缘"的解释有了更加实在的起源与基础，土地的不可移动促使附着于土地上的人们因不断的交往、磨合而产生一种共享的记忆、规则与情感，并由此产生了一系列社会互动方式，如人情往来、社会互助以及礼物的流动等。

---

①　卡尔·魏特夫：《东方专制主义：关于极权力量的比较研究》，徐式谷等译，北京：中国社会科学出版社，1989，第31～32页。

②　戴维·艾伦·佩兹：《工程国家：民国时期（1927～1937）的淮河治理及国家建设》，姜智芹译，南京：江苏人民出版社，2011。

③　王铭铭：《水利社会的类型》，《读书》2004年第11期；行龙：《"水利社会史探源"——兼论以水为中心的山西社会》，《山西大学学报》（哲学社会科学版）2008年第1期；张俊峰：《超越村庄："泉域社会"在中国研究中的意义》，《学术研究》2013年第7期。

（二）集体与公私

黄村曾经历过一段为时不短的"集体"时期，这一历史阶段是由国家自上而下的制度性供给在皖北既有的社会结构之上重新构造了一项服从于中央权威的基层治理体系。一些研究说明了这段时期的农村体制对于传统村落文化的冲击，特别是对传统"家族主义"的集体的清扫①。如果从"集体-家户"的二元对立来看，两段历史不过是用一种"集体主义"代替了另一种"集体主义"，而两段"集体主义"却被赋予了不同的评价。

如果从社会体制上看，两种"集体主义"所指代的对象显然是不同的，家庭与村落两种共同体类型是不同的，但两者内部也有很强的一致性。表现在土地上，首先就是因地邻而产生的共同生产需要引申出来的集体主义文化，换言之，一种共同体的文化。

费孝通的"一圈圈推及出去的波纹"有助于我们理解这种共同体文化，既然是可以推及的、具有伸缩性的，是以"私"为核心向外延展的，那么以"公"为底色的"集体主义"也就具有了共度性。

> 在差序格局中，公与私是相对而言的，站在任何一圈里，向内看也可以说是公的②。

公与私如此重要，是因为它不仅是中国农民行动的基本逻辑，也是生命价值的归属。无论中国人如何谈论私，都会停止在家庭这一层面，而不会落到彻底的个人。虽然费孝通解释说中国人是"自我主义"而非"个人主义"，但二者都有低度社会化、过度原子化的嫌疑，无论是个人还是自我，都在家庭中得到定位和实现。家庭，具体地说是核心家庭已经成为中国农村最基本的社会单元。农村土地也是以户为承包单位，以农民家庭作为经营单位。核心家庭作为"私"的起点，即使在当前不断强调私权化的

---

① 韩敏：《回应革命与改革：皖北李村的社会变迁与延续》，陆益龙等译，南京：江苏人民出版社，2007，第261页；卢晖临：《通向集体之路：一项关于文化观念和制度形成的个案研究》，北京：社会科学文献出版社，2015，第156～161页。

② 费孝通：《乡土中国　生育制度》，北京：北京大学出版社，2007，第24～25页。

时代也在不断得到确认和加强，在土地确权的政策实践中，每项政策条文都在重复论述"确权到户"。

户（核心家庭）构成了由私到公的起点，从土地上尤其能看到这种公私的伸缩性。黄村农民在意识上将土地视为"集体的""国家的"，但不能由此认为农民的地权观念是混乱的，从家庭到集体再到国家，一以贯之的是农民之于"公"的伸缩性认知。相对于国家之"大公"，落脚于村落共同体的"公"只能算作"小公"①，而这种"小公"的重要性在于，它是农民之私与国家之公连接的中介，村社组织是这一观念的落脚点和执行者。中介功能在差序性的权力谱系与伦理谱系之中具有的弹性空间，可衍生为不同方向上的平衡力量，一方面是能够作为照顾农民私利的保护型经纪，另一方面则可能是偏向国家权力而损害农民利益的破坏型经纪。这两个概念暗含了一种农民利益本位的假设，由此假设来看，黄村在公与私的实践上完全偏向了国家之"大公"，未能起到平衡农民诉求与国家利益的作用。

黄村能够成为"示范村"，正是由于对国家各种新政策的积极执行，特别是作为村庄一把手的严书记，在地方政府眼里是"政治立场坚定、具有开拓能力"的典型人物。严书记有句名言："农民有农民的小道理，国家有国家的大道理，大道理要能管得住小道理。"而这"管得住"正是由村社组织和党员干部来完成的，这也是黄村能被树为"示范村"的原因。市长曾在诸多参观者面前称赞严书记，"我包的村就得有这样的干部"。

（三）"公"与干部

市长需要的干部，指的是具有"损私利公"能力的干部，这里的"公"指的是满足政府治理的需求。实际上，公的观念在村落社会中长期存在，不仅是一种文化观念，更是一种实践。这种"公"在黄村被表达为"讲公心"，讲公心、讲道理的村庄不容许有违规者存在，因为良心和道理是村庄的公共规范，违规者不仅在道德上立不住脚，在行动上也会受到村民的反对。但"林子大了什么鸟都有"，一些违规者不仅存在，而且会严重挑战村

---

① 贺雪峰：《乡村社会关键词：进入21世纪的中国乡村素描》，济南：山东人民出版社，2010，第159页；赵晓峰：《公私定律：村庄视域中的国家政权建设》，北京：社会科学文献出版社，2013，第34页。

庄共识，村庄舆论不仅要在合法性上对其进行压制，更要有实际行动来制裁违规者。

从20世纪80年代到2005年的税费征收历史来看，国家从农村提取资源显然与农民利益有直接冲突，当地提留任务虽然较重，但村民不至于不堪重负，因此税费征收工作不算难做。但即便如此，每个庄子总有一两户"难缠头"抗税不缴，以各种理由搪塞。有意思的是，其他村民一致批评"难缠头"不讲道理，给村庄丢人，村民不会学钉子户抗税不缴，反而对"难缠头"持蔑视态度。在这里，村庄舆论的"公"对违规者产生了压制效果。近年来也有同样的案例，黄村南部五个庄子集资硬化水泥路，按照总成本核算下来平均每人需要摊派100元，并且需要出义务工垫路基。五个庄子绝大部分农户都按时集资并出工，有五六户既没出钱也不出工，并以各种理由推脱敷衍。这样的村民不仅被村干部称为"难缠头"，村民也称之为"刁民"，村民对"难缠头"是非常反感的："就你能，和别人不一样！"在黄村，刁民所做的事情是没有合法性的，因为这是公共事务，大家都出钱出工，你为什么不出？这些"难缠头"也并非理直气壮地当刁民，必须找些貌似合理的理由，如嫌自己门口路铺得不好或村干部曾对自己不公平等。在村民舆论中，这些刁民是没有道理的，是胡搅蛮缠的。正因为"刁民"和"难缠头"缺乏合法性，受到村民的舆论压力，他们就很难理直气壮，必须找各种理由来为自己辩护。由于刁民是被村落社会排挤的，因而村干部在治理刁民时便具有合法性。在村庄舆论的形成中，村民服从传统伦理道德和村庄"公"的规则，不讲道理的是极少数，由此村庄舆论才具有较强的约束力，由舆论生发出来的行动也便合情合理。

黄村存在强力的公共舆论，且这种舆论能够转化为直接的行动，以干预那些违规行为。公共舆论的存在维系着村庄的伦理道德和规范共识，也使得村民的私服从村落公共性。具体来讲，村落社会服从的公共性对村民有哪些约束力，村民的公正观可以体现哪些对公共性的期待？

在村落社会中，公正的首要要素是平等，即村民受到均等的待遇，这在当地话语中被表述为"一碗水端平"，需要端平的不仅是村干部，还包括互动中的村民。村民对村干部的平等观不仅代表着对村庄公共性的期待，更预示着对国家的期待；而与普通村民互动中期待的"一碗水端平"，是期待平等的交往和均衡的关系。

黄村存在大姓（严、丘），但长久以来主职干部并非来自大姓，最小的姓氏——李姓和任姓——反而出过多位干部，村民并不在乎哪个姓的人当村干部，只关心村干部能否办实事，能否"一碗水端平"。特别是在税改后国家资源进入乡村的背景下，能否做到分配平均十分重要。在熟人社会中，任何偏袒和徇私都会立即暴露在公共视野中，因此村干部要想做得长久，就必须不偏不倚。偏私的村干部不仅会被村民群起向上反映，其形象与口碑也会在村庄中迅速下滑。如严姓当书记，如果其为自家姓氏、门子谋私利，其他姓氏和门子立即会有反对声音，舆论也会立即爆发，"一碗水端不平"的村干部立刻失去合法性，村民可以理直气壮地当"难缠头"。正因如此，黄村的历任村干部在村民中口碑均不错，即使干不出政绩，也会因"一碗水端得平"而被称赞。但这种不偏不倚并不意味着绝对的平均，而是要面对事实不偏不倚。如在低保分配中，必须要符合条件才能获得，村干部与村民得讲道理，有道理才能端得平。因此在涉及公正的公共事务治理中，村干部也不能做"老好人"，因为村民所鄙斥的"钉子户""刁民"必须由村级组织来治理，"一碗水端平"并不是要求村干部左右逢源，当老好人。

"一碗水端平"不只是要求村干部，也会在村民日常互动中体现出来。村民日常互动会对对方有所期待，这种期待就是遵循村庄行动规范。如在分家时，父母必须尽量为每个儿子建房，一旦父母在儿子中无法"一碗水端平"，就会直接影响到儿子的养老行为。公正观在各个层面上是互通的，是为了保证村民遵守共同的规矩。而一旦违规者，就需要村干部或村落长者来调解。调解能够集中地体现出村民的公正观，要求调解者"一碗水端平"。无论是对长者、第三方还是村干部，村民的期待都是一致的，即公正公平，这种可通约的公正观直接联系着村民对国家的认同，在这种意义上村落的"公"和国家的"公"是一致的，讲的是同一种理。

二 公共性、国家与土地治理

公、集体、村社组织、干部，这些具有内在一致性但同时存在张力的概念构成了村落政治的基本图像。村民的行动不是从先验的价值判断出发，而是看能否实现村民之间的"互惠、共赢、均衡"。村里的大姓小姓实力差不多，大姓没有赢得绝对的优势，大姓在国家力量的制约下，要谨小慎微地与小姓相处，彼此相互制约，互帮互助。而且，村民之间对彼此有长期的预期，村民们都很明白，彼此之间要长期生活在一个村庄，能不产生矛盾就尽量不产生矛盾。村民们明白，倘若产生矛盾，姓氏与姓氏之间出了问题，谁也没有压倒谁的绝对力量。只能靠村庄规范或是村级组织的力量来协调不同姓氏之间的矛盾。在黄村，即使同一姓氏之间，因为血缘纽带的逐渐衰弱，也因村社力量的强力渗透，逐渐也需要村级组织来协调矛盾和利益。

（一）土地的治理秩序

村民之所以依赖村级组织，一是源于对村级组织协调矛盾的依赖；二是村里有很多小姓村庄，它们无法单独完成农业生产、共同抵御外敌等任务，需要村级组织来带动集体行动，实现合作。村民没有形成强大的联合力量，门子之间、不同姓氏之间不能联合起来打群架，因此很少出现打架的情况，如出现问题，只能依靠第三方力量——村级组织来协调矛盾。黄村小严家 64 岁的村民严仁怀说：

> 老一辈人，一家子若是有吵架的就找掌门人，现在如果有事情，吵架会去找严书记给调解。姓衰的有什么麻烦事，严书记也能去处理好。有能力，也没人说他坏的。　　　　　　　　　　（严怀仁访谈资料）

村干部的行为，必须要符合村庄的公共规范。不管你是大姓小姓，你的行为要符合村庄的公共规范，能满足人们对公平正义的期待，解决村民之间的矛盾纠纷，使村落社会势力均衡，和平共处、和睦共赢。

村民对基层组织的依赖，也使国家的权利话语容易和村庄的规范结合起来，成为制约基层组织行为的规范。国家的话语体系强调政府的执政宗旨是为人民服务，这与村落社会中的公共需求、村庄的公共规范在很大程度上是契合的。基层政府与村级组织是否做得好、有没有合法性取决于其代理人——村干部如何行为。一旦村级组织与村干部的行为不符合国家的话语体系，没有维护村庄的公共规范，其治理的合法性就会受到质疑，农民上访就成为有理行为，这种时候基层组织就很难治理钉子户。在公共性较强的村庄中，村干部的形象必须迎合村民对"公正"的要求，必须符合国家话语宣传的要求，村干部要积极主动地保持村庄稳定，带领村民致富。

村干部积极行政，大部分时候能做到公正无私，为民着想。除分田单干的时候，姓氏内部有利益纠纷，有小规模的打架斗殴之外，近几年村庄基本算是平静，也没有上访的。总体而言，黄村有很强的地方性公共规范约束村级组织的行为。村干部必须有大公无私、为民服务的行为。黄村会计袁春强调了这种地方性规范的约束：

> 都是党员，有点自尊心，为人民服务，要不然别人怎么看你。

在国家力量介入比较深的村庄中，基层政权必须跟国家保持高度的一致，但也要协调好与村民之间的关系。村干部对村民必须采取灵活的工作策略，在执行政策的时候，既要遵守国家政策，又能保护村民的利益，才能受到村民的拥护和爱戴。在村落社会，要成为好干部，这种"公心"首先不是紧紧跟随国家脚步，而是能调解不同家户、姓氏之"私"，公正讲理。村社干部不管来自哪一姓氏、哪一庄子，只要能够做到公正无私，一碗水端平，就能令人信服。

村落社会的道德话语给干部、官员赋予了某种伦理性色彩，这种伦理期待经由共产主义传统而越发深厚，只不过经历了30多年市场经济的打磨之后，这种期待更加深切。国家也在不断强调"法治"，试图以法治代替人治，淡化寄托在基层干部身上的个体性色彩，用法理型的权威主体替代传统型的、卡里斯马型的权威主体。但若片面强调规则之治，而忽略中国源远流长的礼治、德治传统，将国家之"法"切入民间社会，可能会适得其反。

（二）借地发展

公共性的维系必须依赖于法的权威的稳定性。近年来有关土地改革的呼声不绝于耳，而如何改革则莫衷一是，中央政府层面也表现出动摇，甚至出现部门性政策与国家法律相抵触的现象，出现围绕土地的多元规则与规则的不确定性现象①。在城镇化的大政方针之下，城市建设涉及对农民土地性质的变更，而从中央政府颁布的政令来看，并未对"城镇化"提出具体细则，而是表明某种态度、强调某项原则，具体做法则由地方政府自主实践。

当前地方政府试图通过"盘活"土地的方式来推动城乡发展，"盘活"土地也意味着改变既有的土地利益格局，不免会因激化农民的抗争行为而触碰维稳这条红线。农村依靠什么获得发展的资源？税改后国家资源的不断转移并不意味着基层财政的改善，国家惠农资金以"一卡通"的方式直接下放到村民户头；国家支农资源则以专项资金和项目制的方式转移到基层，并对发展方式、资金的使用范畴进行了明确规定，而项目资金主要用于基础设施建设和发展社会民生事业。村社组织若要承担发展的任务，首要的矛盾就是资源约束，特别是在蟠镇这样远离城市，既无区位优势也无资源优势的地方，要寻找村庄内生资源完全不可能。城镇化与农业现代化的政策性引导为村庄发展提供了可能，两种发展思路均指向了村庄唯一可用的资源——土地。要使村庄土地转化为发展的资源，需要村社组织发挥公司主义的特性，成为土地开发和土地经营的主体，进而推动村庄产业和村容村貌的发展。"公司主义"（local state corporatism）指的是地方政府在推动经济发展过程中，通过直接开办或管理企业，或者通过庇护手段支持"戴帽"企业的发展来实现经济起飞②。在近年来的中国城乡发展中，基层政府积极通过"公司主义"的逻辑，以各种方式开发土地、大兴土木，实现农地利益的转化③。农地转化为市场要素的途径有两种，一是通过与上级政府的增减挂钩政策建立关联，

① 张静：《土地使用规则的不确定：一个解释框架》，《中国社会科学》2003 年第 1 期；朱晓阳：《"语言混乱"与法律人类学的整体论进路》，《中国社会科学》2007 年第 2 期；熊万胜：《小农地权的不稳定性：从地权规则确定性的视角——关于 1867～2008 年间栗村的地权纠纷史的素描》，《社会学研究》2009 年第 1 期。

② Jean C. Oi, *Rural China Takes off*, London：University of California Press，1999；"Fiscal Reform and the Economic Foundations of Local State Corporatism in China," *World Politics*，Vol. 45，No. 1，1992；"The Role of the Local State in China's Transitional Economy," *The China Quarterly*，Vol. 114，1995.

③ 周飞舟：《生财有道：土地开发和转让过程中的政府与农民》，《社会学研究》2007 年第 1 期；周飞舟、王绍琛：《农民上楼与资本下乡：城镇化的社会学研究》，《中国社会科学》2015 年第 1 期。

将农民自有自用的宅基地节省出部分指标，获得政府返还的资金；二是通过大户承包村庄耕地发展规模经营，流转土地的农户获得租金收入。宅基地与耕地成为村庄治理的主要资源，土地的要素化也成为村庄发展的唯一出路，这种发展思路可被称为"借地发展"。

（三）村庄中的"四化同步"

黄村土地改革试验所呈现的发展方式，无论是平坟、农民上楼还是正在全面铺开的土地流转，其本质都是试图通过让土地发生某种方式的变革来撬动中国农村的发展，使村落朝着"去乡土化"的方向演进。这种发展思路不仅贯穿在中央到地方自上而下大力推行的政策实践之中，也贯穿在普通民众追求"好日子"提高生活质量的努力之中。在这种话语之下，土地成了达成这一切政策期待的潘多拉魔盒。凡属小农的，都是落后的，推动乡土中国向城镇化方向发展，无论是从政者还是农户，共享这一具有远景性的发展思维。

只不过，这种城镇化的发展主义话语在实践中并不总能以总体性的关怀来看待土地这一关键要素。黄村的发展实践被地方政府作为"示范"，黄村不仅申请了省级的示范点建设，而且是浍市市长亲自挂点，要求当地各乡村来观摩学习的典型，也是省委书记曾视察过的示范点。但从地方政府的角度来看，黄村的主要贡献是因旧村拆除、合村并居而进行了土地置换，为浍市的城市化发展腾出了宝贵的 700 亩建设用地指标。对于村庄而言，新型住宅小区的建设使得农民享受城镇的生活条件，这就是地方政府推动的农民市民化；集中居中后，由于耕作距离的扩大、小农经营的难度增加，适时推动土地经营权向大户流转，形成规模化经营的"现代"农业，可称之为"农业现代化"；新区建设同时配套一定面积的工业园区，再通过招商引资的方式引进工商业企业，以安置土地流转后的剩余劳动力，可称之为"农村工业化"；由于工商业的发展，农民就业面向工业部门，城市与乡村之间的物资、信息流动更加频繁，推动农村的"信息化"。这种通过撬动土地随之而来的农村工业化、城镇化、信息化和农业现代化的共线发展模式，就是当前地方政府孜孜以求的"四化同步"（见图 5-1）。而所有的"四化同步"的发展实践，首先就是推动农村土地的变革，如浍市通过黄村土地置换项目所总结出的方案，由 700 亩建设用地指标的交易而产生土地出让金，返还到村庄以完成拆除旧村的"空心村治理"项目。旧村拆除之后，整合部分新农村建设资金，兴建新式的农民小区，实现居住的城镇化，再通过村级组织的行动招商引资，吸引工商业资本下乡承包农地，由此推动村庄的连锁发展。

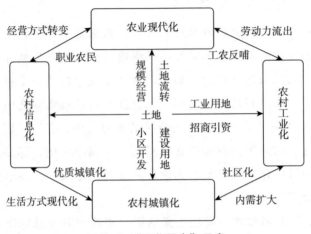

图 5 - 1 "四化同步"示意

这种以土地促进的发展，完全改变了农民的生存状态，忽视了土地所牵引的总体性社会事实。一方面，在"土地制度改革"的政治正确的话语下，由土地所生发的传统农业生产、农村社会结构以及乡土文化，都被视作阻碍社会现代性发展大计的因素，而土地的性质以及使用方式被认为是造成这种落后状态的罪魁祸首。与作为发展目标的"社会主义新农村"以及城镇相比较，地方政府想要维持传统农业、农村和农民的存在状态就成了逆历史之潮流，发展主义在此建立了不容辩解的合法性。消灭土地与小农之间的纽带，被作为推动"四化同步"的理所当然之策。既然现行土地制度是造成"三农""前现代"的渊薮，那么改造土地就成了破解这一切发展困局的金钥匙。特别是浍市申请了"国家级新型农业示范区"，主要探索能够实现农业现代化的"新型经营农业主体培育"项目。对于农业部门来说，小农经营是旧主体，而新主体必然要打破小农的小规模经营，消灭小农经营方式，在土地制度方面的探索就是确权，推动经营权向大户、工商业资本、龙头企业流转。

　　另一方面，黄村的发展方案并非完全遵循农民意愿，而是基于地方政府与部门的利益。浍市已经建立的 6 个示范村，无一不是通过土地置换方式赶农民上楼，浍市这种政策实践的原因在于土地置换能够为当地城市化提供建设用地指标。由建设部门下拨的建设用地指标中，农村建房的指标绝大部分被挪用到开发区，黄村所在的蟠镇已经 5 年没有得到过集体建设用地指标，这意味着 5 年内村民没有获得新批宅基地。对于地方国土部门而言，在国有建设用地和集体建设用地之间打个擦边球，就能将本属于农民建房的指标用在城郊开发区。而对于浍市政府而言，能从经营土地中获得土地财政，这使得市政府突破中央政策划定的城市发展范围，他们需要将宝贵的指标从国土部门上收，为此市政府专门成立了专事专办的"土地置换办"，专门从事集体建设用地指标的"生产"。在一次非正式访谈中，市国土部门某位干部告诉笔者，"腾出的指标 1 亩地的交易价格大约是 15 万元"。对地方政府而言，借用"土地增减挂钩"、"空心村治理"、"农村土地整理"与"新农村建设"等名目腾出一定数量的建设用地指标，既推动了地方城市化，又改善了农民的居住环境，还增加了基本农田的面积。看起来，这一政策体系似乎有百利而无一害。但对于农业部门来说，推动农地的流转，培育新型农业主体（只要不是小农经营，都可算是新型经营主体），推动农民上楼，进而迫使农民将土地流转给大户或下乡资本，这足以构成农业部门积极追求的"农业现代化"的亮点工程。在发展的话语之中，地方政府、村级组织以及各部门的利益使它们达成了推动农村土地（包括农地、建设用地以及四荒土地等）变革的共识。而这种共识，在中央政府号召的"土地制度"改革之下获得了合法性，各方利益在推动土地变革方面达成了高度一致。

（四）谋地型发展主义

　　笔者将当前这种试图通过土地谋求城市化、城乡一体化与农村现代化等一整套做法所遵循的理念称为"谋地型"发展主义。在浍市轰轰烈烈开展的"四化同步"是这种发展主义逻辑之下颇具时空特色的实践形式。城市化所产生的巨额土地收益使建设用地指标陡然增值，使农村集体建设用地变得有利可图，在地方政府及部门利益的驱动下，黄村出现了腾指标的土地运动。同样的逻辑也发生在农地领域，培育大户是农业部门的主要业务，国家补贴、政府项目支持都专项扶持大户。在"谋地型"发展主义的逻辑下，农村土地是破解当前中国发展难题的突破口，是激发各种发展要素的活化剂，因而也是政府部门的中心工作。从发展的原因看，既有的土地存在状态决定了当前乡村的社会事实，阻滞了乡村发展的路径，因而推动土地变革就成为理所当然的共识。从发展策略上看，要推动农地的平整和流转，推动土地的集约利用，杜绝土地滥用和浪费，土地置换与土地流转就成了既符合大政方针，又符合地方与部门利益的举措。从发展成效看，实现"四化同步"正是新型城镇化的题中之义，因而通过"谋地"推动发展，就成为具有里程碑意义的改革。

"谋地型"发展主义借助发展之名，但其实质是通过激活农村的土地流动，使土地具有商品性质，进而通过实现其市场价值而获得利益。但问题在于，这种利益并非为村民享有。对于地方政府而言，在土地上大做文章，可以实现经济指标的增长，对于参与到土地置换与土地开发过程中的其他主体来说，则意味着数额不菲的经济收益。这种以地谋利的做法，必然触及村庄既有的社会结构与利益格局，对基层治理造成巨大的压力。

三　土地开发与分利秩序

黄村通过"增减挂钩"实践腾出土地指标之后，能够获得地方政府一定额度的资金返还。村庄新型住宅小区规划建设需要完成征地任务，需要由开发商垫付征地补偿，房地产开发、公墓开发将为开发者创造巨大的利润空间。总而言之，以地谋利的后果，将会造成村庄中的利益密集。贺雪峰等认为，土地用途转变形成了密集的经济利益和经济机会，密集的经济利益如何分配，各方会展开激烈的博弈，由此形成一种利益分配的政治①。由土地用途转化、土地占有关系的变化而产生的利益，将与原有的村庄社

---

① 贺雪峰：《论利益密集型农村地区的治理——以河南周口市郊农村调研为讨论基础》，《政治学研究》2011 年第 6 期；王海娟、贺雪峰：《资源下乡与分利秩序的形成》，《学习与探索》2015 年第 2 期；陈锋：《分利秩序与基层治理内卷化：资源输入背景下的乡村治理逻辑》，《社会》2015 年第 3 期。

会结构与利益格局相冲突，在基层社会引发大量的利益矛盾。

（一）富人治村

土地征用与旧村拆迁，不可避免地要触及普通农户的利益。特别是涉及补偿问题的，往往很难在政府与农民之间达成平衡，农民的分化同时也伴随着对补偿的不同期待，如何与分化的农民进行协商，考验着基层治理者的智慧。征地与拆迁中不可避免地要遭遇"钉子户"的问题。钉子户不同于普通农户的地方在于，他们会要求额外的、更高的补偿，且会通过闹、缠、赖、访等多种途径满足不合理诉求，如何应对此类不合理的诉求，也挑战着基层政权的治理能力。密集的利益同样可能伴随着基层干部的寻租行为，基层干部很有可能依靠自己的体制身份谋取私利，这种行为必然会引起村民的不满。蟠镇已经出现了因征地、矿区塌陷等补偿款而出问题的村干部。房地产、公墓等商品化的土地开发由谁来操作、产生的收益如何分配，黄村因此已经出现了明显的利益结盟，村书记家族及其朋友圈成了开发的主力，普通村民无法参与开发，因而村民对村级组织产生了敌对情绪。

村社组织如何开发土地以开拓发展之路，高度依赖村社干部的治理能力。富人群体经营能力强、市场信息广泛、人脉关系丰富，在开发与经营土地上具有优势，其企业和财产也能为土地开发垫付初始资金，因此富人群体成为上级政府青睐的干部来源[1]。从富人群体的角度讲，城镇化与土地流转能够使土地产生额外的收益，这也是当前乡村中最有利可图的领域，因此富人群体也愿意"借地发展"。而"借地发展"会调整村庄利益结构，这必然会导致村民之间的利益纠纷，进而产生社会不稳定因素。乡镇期待"富人治村"能够为匮乏的乡村治理提供新的资源来源，富人的个人性资产可以作为摆平村庄中利益纠纷的砝码，而其社会关系则成为纠纷调解的民间资源，相对于其他非富人治理，富人在处理利益纠纷时似乎更有办法。比如，就新农村建设工作而言，那些有钱的村支书就推动得快，他们有能

---

[1] 贺雪峰：《论富人治村：以浙江奉化调查为讨论基础》，《社会科学研究》2011年第2期；欧阳静：《富人治村：机制与绩效研究》，《广东社会科学》2011年第5期；袁松：《富人治村：城镇化进程中的乡村权力结构转型》，北京：中国社会科学出版社，2015，第7页。

力自己先垫资建设，有的村干部自己就把相关的建设工程承包下来，他们也有办法对付上访的钉子户。对于乡镇而言，无论村干部用什么方法，只要能保持基层稳定，就是好干部。

地方政府愿意采取"富人治村"策略的题中之义就是，希望依托富人的个人能力让其发挥致富带头作用，特别是通过他们的产业助推村庄的公共设施发展。在"借地发展"的模式中，富人要成为土地开发与经营的推动者、主导者和裁决者，富人的企业和财产成为土地开发与经营的初始资本。浍市夏村村书记华同从1999年开始承包本村土地500亩种植粮食，被政府评为"种粮大户"，近两年他陆续承包了周边村3000多亩土地，并成立了专门的农业公司；2012年华同跑来了增减挂钩项目，在自己的农业公司中扩大了新村开发和项目建设业务，先期垫付了旧村拆迁、宅基地复垦和新村建设资金。黄村书记严化新自己付钱将本村4000多亩土地流转到手中，再通过招商引资方式将土地发包给城市工商业资本；黄村的"增减挂钩"项目也是由严化新及其叔侄出资组建开发公司来承担工程建设，为村民垫付土地补偿金和住宅小区建设资金。

在地方政府强调"动员民间资本"参与社区建设的号召下，富人村干部及其朋友圈成为垫付资金、民间资本注入的主要来源。实际上，无论是工商业资本还是"民间资本"，其盈利本能并不会因社区建设而改变。民间资本进入的领域一般为房地产开发、公墓开发、道路绿化、土地流转等，投资的目的在于获取利润，而道路建设等公共事业无盈利可能，"民间资本"便绕道而行。

（二）村社私化

土地开发与经营是当前促进村庄发展的主要方式，但"借地发展"不可避免要与民争利，土地纠纷因此成为乡村治理的核心内容。上文中提到了富人群体积极参与村庄发展，并提供了一些条件。实际上，当农村以"借地发展"的模式参与城镇化的进程时，富人治村就会伴随而来。在发展与维稳的双重结构中，村庄治理的主要任务是寻找更有效的发展模式，同时摆平发展中的各种问题，富人治村可以通过一种私人化的方式破解基层治理的难题。在发展主义话语下，通过土地开发进行村庄建设和农业现代化在各地蔚然成风。蟠镇的四个示范村均开展了借地发展"运动"。在新的制度架构中，村庄发展与土地、富人群体通过"富人治村"顺利地耦合在一起，形成了以富人村干部主导，以土地开发与经营为内容，以村庄发展为目标的发展模式，新农村建设、农业现代化的政策表述为这种模式提供了话语合法性，"双培双带"为富人治村提供了制度合法性。

1. 私权治理

在基层治权不断弱化的条件下，富人群体的丰富资源不仅能为乡村治理提供额外的资源与权力，也能更有效地解决基层的维稳问题，富人成为乡镇政府最青睐的村干部。在农村当村干部，"没钱说话都不大声"，致富能力强、社会关系广的富人治理村庄成为趋势。当乡镇遭遇工作上的阻力时，这类村干部能调动其丰富的资源，运用各种"摆平术"使乡镇高效率地完成各项任务。乡镇比较喜欢做点生意的人担任村干部，在于他们与各种人打交道，社会资源广泛，许多事情无须乡镇出力就可以推动。商人做村干部，不仅对乡镇有利，对商人自己更有利。现在不用收税费了，硬性的工作任务也不多，做干部无须费太多的时间。许多做生意的人愿意做村干部，他们为的不是那点工资，而是那些因村干部身份而带来的各类有形与无形的收益，比如社会关系网的拓展，投资项目和相关政策的信息等，这些有利于壮大他们自己的生意。当私人性的关系资源被纳入公共治理之中时，村庄政治关系就会发生异化，个人的权威性就容易凌驾于村庄公共性之上。从组织关系上讲，"去公共性"表现为对具体个体的高度依赖，特别是对"富人"的私人资本、私人社会关系和经营能力的高度依赖。村庄发展意在推动共同发展和增加公共福利，应依托村社组织的公共权威和组织关系来运作，而"借地发展"却要求土地开发的机会由资本推动，私人资本投资、招商引资和项目资源是主要内容，而这三者均要求村庄的治理者具备较强的社会关系资源和经营能力，"富人群体"成为被高度依赖的、不可替代的村治主体。这就意味着村社治理的基础变为富人村干部拉关系的能力、垫钱的积极性、利益获取的能力和与上层干部的私人关系。

2. 发展动力的私人化

"富人治村"将村庄发展的资源与权力绑定在富人村干部的个体特质上，如其社会关系网、丰厚的私产以及依赖关系运作产生的非制度性权力，这就使得私人性成为村庄发展的驱动力量。后税费时代的农村政策从之前的"资源汲取"转变为"资源下乡",国家不断增加支农资金试图推动乡村发展,项目制是支农资金发放和使用的主要形式①。村社组织需要"眼光向上"跑项目,或者说"抓包"项目,有了项目支持,村庄发展才有资金。

村级组织跑项目,从行政程序上看,基本上都是通过县级职能部门对外招标,然后包给开发商实施的。项目款会预拨一部分,其余的需要由村级组织或承包商先行垫付。"垫付"制度使得缺乏公共财政的村级组织必须依靠个人财力。

项目制的推动使得村社组织产生了截然不同的两种行为逻辑,第一种是消极治理,即不主动"跑项目",村干部能做好稳定工作、能不犯错误就可以,因为做事情就可能犯错误,不做事永远不会犯错,而做事就意味着"跑项目,搞发展"。第二种是主动搞发展,向上跑资源,获得项目支持以推动村庄发展,或者村干部"招商引资",或"垫钱",村社的积极治理需要村干部较强的进取心,更重要的是村社主要干部的关系资源和私人财富。项目制之下,若要搞发展,就得积极跑项目,而是否能成功取得项目,就要看村干部"跑项目"的能力。严化新的能力就在于,他与市、县诸多部门都有密切的关系。严化新是省人大代表,据他讲,他在市县认识的人多,经常一起吃饭,有什么项目也就比别人更早知道,也更容易争取。当私人性的关系资源被纳入公共性的制度运行中时,某个具体的"大人物"便成为不可替代的角色,村庄发展也更多地依赖于这种私人性。

3. 公共物品的私人化提供

村民对"富人治村"的期待是其能为村庄提供较多的公共物品,而这也是富人村干部在治理过程中快速建立威信、出政绩的有效方式,私人提供公共物品由此成为"富人治村"机制下的普遍行为。"农民上楼"需要村庄首先建设集中的新型住宅区,配套的基础设施与公共工程谁来提供,这是基层治理面临的大问题。无论是兴建公共工程还是扶持村庄贫弱,能"反哺"村

---

① 折晓叶、陈婴婴:《项目制的分级运作机制和治理逻辑——对"项目进村"案例的社会学分析》,《中国社会科学》2011年第4期;渠敬东:《项目制:一种新的国家治理体制》,《中国社会科学》2012年第5期;周飞舟:《财政资金的专项化及其问题——兼论"项目治国"》,《社会》2012年第1期。

庄的人是被大家认可的"有德行"的人。与其他村级组织相比，黄村村级组织虽无集体收入，村干部却积极作为并使得一个既无区位优势又无资源优势的村庄在短时期内发展成为远近闻名的"明星村"，这些"政绩"与村书记乐意"垫钱"息息相关。

近三年来黄村试行的"新农村建设示范工程"共花费1100多万元，上级拨付的建设专款及项目资金700多万元，严化新个人垫付了400多万元。在任务完成后，严化新希望通过历次国家拨付和村级收入返还部分"垫款"，目前尚有300多万元垫付资金未到账。为迅速推进村庄建设和村庄发展，村干部垫钱已成唯一的方式。村主任丘某是另外一位垫钱较多的村干部，不过他说"自己只是垫小钱办小事，大事大钱还是要书记垫"。目前村书记严化新在新农村建设中垫钱300多万元；在推动土地流转和大户经营过程中又有垫付；村庄建设规划兴办养老院、保障房等，还需要他垫付资金。"垫钱"是村庄发展资金缺乏这一结构性约束下的唯一选择，发展主义话语下村干部要出政绩，就必须自筹资金搞发展，"富人治村"只能依靠私人投资。对于群众来说富人"垫钱"是理所应当的，否则选举富人有何用处？乡镇政权推举富人治村既能较快推动乡村发展，又能为乡镇节省资源，何乐而不为？在"富人治村"的机制下，私人投资提供公共物品、推动村庄发展也成为普遍趋势，甚至成为治理逻辑的内在要求。这种逻辑造成了两种不可逆的趋势，一是私人提供公共物品可能会破坏村庄治理的公共性，将公权力的公共性转化为个体性；二是对以后的村庄治理机制产生固化作用，即富人才具有治村的资源和资格，非富人不能成为村干部。严化新也承认自己培养下一任村书记的标准是，资产必须过千万元，否则根本垫不起钱。这种"富人治村"机制表面上看达到了多方共赢，实际上维持机制很脆弱，一旦走进"富人治村"的轨道，也会成为乡村政治不可逆的趋势。

4. 资源私化与村庄派性

"资源私化"指推动村庄发展的资源具有了私人特征。"项目制"下的资源进村并不完全呈现为私人性，但私人因素不可忽视，因此也具有"私化"特征，而"垫钱"明显地体现了"资源私化"特征。

乡村社会将那些分派斗争的政治现象称作"派性"，特别是将那些无原则的利益斗争称作"派性政治"①。村庄发展资源的来源及其构成，塑造了围绕资源分配的村庄派性，而派性成为支持富人村干部发展思路的社会力量。黄村的派性体现为围绕村书记严化新的治理力量，村主任丘某是严化新的堂姐夫，外出跑项目经常是严、丘二人。在新村建设中，黄村采取"本地开发，本地建设"的办法，即让本村有钱人成立开发公司，雇用本村建筑队修建。而黄村的四个开发公司中，三个是由严化新的侄子成立的，严家因为有家族的面粉厂而成为本村最富裕的家族，其他村民不具备村庄公司开发的实力（见表5-1）。

表5-1　黄村新社区建设开发主体分布

开发商	开发项目	开发商身份	开发商来源	投资总数
湖州恒星集团	联排别墅一期	专业开发商	镇、村联合招商引资	2000多万元
雪禾有限集团	联排别墅二期、三期；独栋别墅	村书记家族	民间资本	3000多万元
沈言（合股）	独栋别墅120套	商人、本村人	民间资本	4000多万元
茂高（合股）	四期安置房、一期别墅装修	商人、本村人	民间资本	4000多万元
周正	三期联排别墅；四期安置房	本市商人	民间资本	9000多万元
许龙（建筑商）	敬老院、文化站、农民大舞台	商人、本县人	民间资本	600万元

从土地规模经营到新村建设，围绕严化新的派性成为村庄发展的核心力量，也是村庄治理不可替代的力量。与黄村临近的吕村形成了支持村书记王容和支持副书记明升的两大派系，王容依靠私人关系跑来了商业区建设项目，准备以房地产开发为契机，搞土地开发、工业园区建设和基础设施建设，这一举措受到占地规划区内农户的支持，而未被占地的农户因无法获得赔偿款和回迁房而支持反对派——副书记明升。由于占地补偿是赔偿给农户家庭，村庄因补偿款、安置房的机会不均等而产生派性，两大派性之间充满了上访和斗争。

富人村干部在土地开发中具有普通村民所不具备的优势，首先是有雄

---

① 派性政治是指精英群体在村庄政治过程中因利益而发生的分派与竞争行为，而这些因利益关系而结盟与分派的行为是不稳定的，其目的是争夺村庄公共资源。参见孙琼欢、卢福营《中国农村基层政治生活中的派系竞争》，《中国农村观察》2000年第3期；贺雪峰：《乡村选举中的派系与派性》，《中国农村观察》2001年第4期。

厚的资金实力可以"垫付",以推动土地流转和宅基地退出,特别是在土地流转中,可以不依靠"资本进村"来操作,而是将土地流转到自己手中,加快流转速度并降低流转成本。其次是企业和财产有效规避了土地经营的风险,严化新成为承包大户,村民不必担心拿不到租金。再次,富人村干部的社会关系网成为与政府、市场建立关联的不可替代的途径。"借地发展"的模式剥夺了普通村民对发展的主导权,富人群体成为村庄发展与基层治理中无可取代的决定性主体。

(三) 私地与私化

自 1982 年以来,黄村的土地分配遵循国家的统一规定,由集体进行发包,农民称之为"增人增地、减人减地",这在农民看来是一种由公到私的分配。在一个存在以"公"为底色的集体主义传统中,过度的"私"是受到约束的,原因在于过度的"私"将损害公共利益。在土地问题上,可以明显看出因权利私化而导致的"反公地悲剧"现象。倡导私化产权的学者常提及哈丁的"公地悲剧",预言非排他的公共物品将会被滥用,因而设置清晰的、排他性的产权就非常必要。当前有关土地的诸项争论都与"公地悲剧"理论有内在关联,即未设置清晰产权的中国农地将会被滥用,私权利得不到有效保护。

清晰的私化产权是否为解决一切问题的良药,是否能作为发动财富创造的一扇"破窗",目前还不能做出有效论断。从土地上生发出的公私逻辑来看,过于强调"私"的观念恰恰是需要改正的。

在黄村,对私权的过度强调并不能有效解决"公地悲剧",反而会触发一种"反公地悲剧"。在赫勒看来,边界清晰的私权会导致资源的未充分利用。若某种资源被若干拥有者所掌握,而每个拥有者都有正式的或非正式的权力为其他人使用该资源设置障碍,每个拥有者又都无法完全排除其他人的干扰,就会导致资源的闲置或使用不足,于是出现"反公地悲剧"[1]。黄村的农田水利设施已经出现了这种"反公地悲剧"。

---

[1]　Michael Heller, "The Tragedy of the Anticommons: Property in the Transition from Marx to Markets," *Harvard Law Review*, 1998, 111 (3): 621-688.

前文讨论了一种基于土地的"公",对灌溉、田间道的公共需求往往因被细致划分的私有产权而受阻。多年以来,黄村春寒灌溉都是从村内的三条大渠中引水,特别是横贯南北的黄渠串联着全村一千多亩地的灌溉。自取消农业税费、取消义工制度后,渠系疏浚与维护缺乏经费,一直处于破损失修状态。为了解决这一难题,雍县水务局颁文规定,可以将渠道承包给私人开展经营,承担维护责任,渠道同时兼顾农田灌溉与排涝之责。黄渠的一段承包给了严书记的本家哥严化余,承包期为 10 年,他可在渠中养鱼,但要承担疏浚和维护的职责。而自他获得承包权之后,农民的灌溉却成了大问题,严化余以有损经营之名,禁止村民引水灌溉,提泵引水者需补偿鱼苗损失。村民无法引水灌溉,只能自己在地头打机井。一种倾向于私人的地权设置,最终阻碍了水资源的分配,这是一种形式的"反公地悲剧"。

另一种形式的"反公地悲剧"不在于阻碍分配,而是无法形成合作。机械化的大规模普及对田间机耕道的质量提出了要求,扩建机耕道的议案被提交到了村委会桌案上。此工程的难度在于,要开拓出 4 米宽的机耕道,势必要占用某些农户家的耕地,损害部分农民的利益。在一些能够产生合作行为的地块上,田主们或因血缘关系,或因私人关系而相对容易商议,他们自发扩建了机耕道。更普遍的情况是,由于土地承包到户并长久不变,如果不给予足够补偿农户是不肯的,而无论是地邻还是村集体都无法支付这笔补偿,因而被占地户成了反对扩建机耕道的"钉子户"。严书记多次向笔者抱怨这些"钉子户""自私、恶勒污",不顾大家的利益;而这些被占地户也并非无理取闹,在私化权属的设置下,争取个人利益是受到鼓励的。对于公共利益而言,机耕道无疑能够为每块田地带来便利,但由于壮大的私权很容易成为公共利益的绊脚石,农田水利设施建设中就经常出现"反公地悲剧"。

改革开放之初,国家对农村土地的产权体系设定了一项原则——"统分结合",在"统"的层面强调"集体"作为土地所有权人的地位与统筹作用。而当前关于土地的观念中,市场拜物教仍支配着人们对土地的认识,强调清晰化的私有产权。关于土地的问题,也存在"一统就死,一放就乱"的怪圈,人民公社时期集体权属过强而出现外部不经济现象,而当前私权过盛同样出现外部不经济现象。统与分如何结合，未见有成熟的经验，政策原则很难有效落地。

统与分的集合，公权与私权的结合，乃至国家主义与市场主义的结合，在当前的国家与农民关系之间造成了一种不稳定感。有关土地的改革论争，往往是中央政府提出某项"结合"的原则，由地方政府进行实践，中央政府随时总结各地的实践经验，并推出某项成功的模式，设置为"示范"或"样板"，由其他地方进行观摩学习，这是当前国家政策实践中的示范逻辑。

小　结

本章通过土地开发过程分析了土地所具有的集体特征，也发现了基层政治文化所具有的公共性特征。土地与政治文化总是相互建构的，由土地的共同生产功能衍生的公共需求，在村落这一经济共同体中产生了"公"的需求。经由传统时期、集体主义时期以及一些学者所称的"个体化时代"，农村地权虽经历多次变革，这项公共需求总是顽强存在，这也决定了在私有产权时代无论如何也不能忽视"公"的存在。"公"构成了中国村落文化的基本逻辑，特别是加入了社会主义传统之后，如何实践"公"的意涵就成了村落政治的核心课题。集体时期试图通过"共有"来落实"公"，而后集体时期重新分配到户，试图重构一种基于私权的"集体"，强大的私权却意外地催生了"反公地悲剧"。

村落共同体中，这种"公"的观念在日常政治中被寄托在国家和干部身上，农民总是期待国家的政策和干部的行为"公正"、"公道"、"公平"，一些意图实践"公"的政策也在不断实验并推向村落。在一个以血缘认同为单位、多姓聚居的村庄，对"公"的需求直观地体现为做到"一碗水端平"，以及舍私为公的"公正"，基层干部直接承载着这一期待。社会主义国家对"公"的强调也体现在土地上，执政者多次强调土地改革的原则之一即"公有制原则不可突破"，但在实际政策实践中，往往需要地方政府与乡村干部的探索，寻找先进经验，建立示范点。如果无法有效约束私利对公利的侵犯，就会出现对土地的破坏，进而出现基层政治的私化现象。

第六章　地权

在当前有关土地制度变革的讨论中，土地权利的改革是最主要也是最热门的议题，而所有志在改造农村地权的意见都暗含着中国地权设置出了很大问题的预设。在"生产主义"逻辑下，土地的权属设置不清，缺乏清晰的产权边界与明确的产权主体，因而导致要素配置效率低下，集体的所有权设计导致了"公地悲剧"。近年来土地撂荒、征地冲突以及征地中的贪腐问题成了这些论断的佐证。相应的，土地权利改革的方向就应是明确产权边界、确定产权主体，在此基础上引入市场机制，推动土地自由流转，以形成资源的有效配置。本章将通过黄村的土地确权与地权流转现象，分析这种政策导向产生的社会影响。

一　权利

以市场为导向的地权改革，借助的是产权学派有关权利的讨论。权利（Right）是一个外来词，一个外来的概念用以阐释地方社会事实，总会遭遇一种文化的儒化。因而有关地权的讨论，不能忽视地方性习俗、社会关系以及文化观念的作用。"嵌入性"是解释这种关系的经典表述。波兰尼首先提出经济行为是牢牢附属于社会关系的，并且是"整体性"地嵌入社会关系，"嵌入性"表达了经济与社会两类不同的系统之间的位置。批评者争辩说，波兰尼夸大了经济与社会之间的截然对立，经济行为、经济团体本身也是社会构件，更有理论从反向扩充了"嵌入性"的内涵，社会也是"嵌入"经济系统中的，二者关系应是"双重嵌入"的。如此来看则可以认为，"权利"的界定与实践是受到乡土文化建构的。建构论更偏向实质主义的经济人类学，认为市场及其产权体系并非唯一的经济制度，一个社会的经济，总是在一种总体性的结构范围内运转。中国农村地权的独特性在于，由于社会历史和土地政策的持续作用，地权实践呈现一种为经济学理念所无法理解的"残缺""模糊"的图景，如人情原则与象征地权，以及由此衍生的有关"祖业"的权利实践①，而且这种残缺地权长期存在。按照建构论的解释路径，这种"残缺"地权源于某种特殊的社会建制（Social institution）的影响，特别是具有乡土特色的社会建制。

由国家法律条文、政府政策所代表的制度化原则，以及市场经济深入渗透而带来的某些市场方式，如股份制、合作制、信托制等也在影响着地权的实践。在快速变动的社会背景下，"残缺"地权的实践就表现出了某种表述困境。张静、朱晓阳分别就征地、牧场分配发现了三项不同话语来源之间产生的"语言混乱"，在语言混乱、主导性规则缺乏的背景下，地权实践就成了各个权利主体角力的舞台，"谁的力量大，谁就往往能在规则的选择中占据优势"②。地权的分配秩序受到社会主体地位与力量的制约，社会学研究者关注社会资本的作用，认为产权主体拥有的关系资源的多寡和势力的大小决定了其在地权配置中的地位③。

如果我们关注这些产权主体所具有的共同特征，就可以从另一层面理解乡村地权，即地权不仅仅是由社会所建构的，而且嵌入在某种社会结构之中。如果说建构论能够使我们理解地权定义的话，结构论则有助于我们理解何种社会形态造成了这种地权属性，阶层分析有助于我们认识地权配置的社会分布。

地权在不同社会主体之间的分布，曾是阶级理论研究的重要课题，是共产主义土地革命的理论源泉。传统中国地权配置的趋势是集中还是分散，

---

① 张小军：《象征地权与文化经济——福建阳村的历史地权个案研究》，《中国社会科学》2004年第3期；陈锋：《"祖业观"：嵌入乡土社会的地权表达与实践》，《南京农业大学学报》（社会科学版）2012年第3期；徐嘉鸿：《祖业抑或私产：论农民的土地产权认知——对赣北Z村征地纠纷的个案解读》，《广东社会科学》2014年第3期。

② 张静：《土地使用规则的不确定：一个解释框架》，《中国社会科学》2003年第1期；朱晓阳：《语言混乱与草原"共有地悲剧"》，《西北民族研究》2007年第1期。

③ 臧德顺：《臧村"关系地权"的实践逻辑——一个地权研究分析框架的构建》，《社会学研究》2012年第1期；田先红、陈玲：《阶层地权：农村地权配置的一个分析框架》，《管理世界》2013年第9期。

经济史学者针对两种截然对立的观点提出了各自的论据①。黄村的阶级结构与地权分配格局并不能充分支持"集中说",在黄淮海平原土地上自耕农占主要部分,但这并不意味着不存在分化,韩敏在皖北李村的研究表明地主、富农与贫农的比例大致相同②。

在社会主义革命之初,采取阶级分析观点的革命学说提出"耕者有其田"的政策主张,与这种思路相关联的是另一具有社会主义特色的"劳动人民"概念。土地改革与分田到户都贯彻了"平均地权"的思想,抑制地权的两极分化是"统分结合的双层经营体制"的首要目标。在"统"的层面坚持集体所有制,一旦出现分配不均,调地就成了解决地权纠纷的关键机制。

"三年一小调,五年一大调"在黄村各村民小组成为共识,一项地方性政策很容易在村民的相互比较中制度化为普遍规则。调整土地试图解决因生老病死而出现的人口变动以及由此引发的分配不均问题。按照"增人增地、减人减地"的调整规则,每隔三五年就会有一次小型的均平运动,由此不仅制造了土地的绝对公平,不断重申土地之集体所有观念,而且强调了"公平"这一村落价值。沈圩 66 岁的农民沈仲民说:

> 1995 年调地,分一二三等地,好、中、差地抓阄。我原有 10 多亩地,分四块,最大的一块是 10 亩的中地。最小的一块是 1 亩多的好地,到 1995 年调地的时候,女儿出嫁需要退地,我就把这块好地给退了。要是把坏地退掉了,别人怎么耕种呢?你得讲道理,方便别人耕种。

> （沈仲民访谈资料）

---

① 赵冈:《传统农村社会的地权分散过程》,《南京农业大学学报》(社会科学版) 2002 年第 2 期;赵亮、龙登高:《地权交易、资源配置与社会流动——以 19 世纪台湾范家土地交易与家族兴衰为中心》,《中国经济史研究》2012 年第 3 期;刘克祥:《1927～1937 年的地价变动与土地买卖——30 年代土地问题研究之一》,《中国经济史研究》2000 年第 1 期;刘克祥:《20 世纪 30 年代地权集中趋势及其特点——20 世纪 30 年代土地问题研究之二》,《中国经济史研究》2001 年第 3 期;刘克祥:《20 世纪 30 年代土地阶级分配状况的整体考察和数量估计——20 世纪 30 年代土地问题研究之三》,《中国经济史研究》2002 年第 1 期。

② 韩敏:《回应革命与改革:皖北李村的社会变迁与延续》,南京:译林出版社,2007,第 91 页。

频繁的调地也影响了另一些社会建制。沈仲民家的女儿出嫁，意味着女儿的一份土地必须交出去，按照调整原则，女儿在夫家有权获得一份土地，女性必须依靠"从夫居"来获得安身立命的土地。这也促使另一种现象的出现，即对上门女婿的排斥，纯女户可以招赘一名养老女婿，其他形式的"从妇居"是不被村落社会认可的。

黄村的调地也间接地解决了细碎化经营的问题。一等地不动，只在二等地上"抽长补短"，农户的耕地在一定程度上集中，便于耕作。"细碎化"一向是小农经营被诟病的问题，细碎化的土地不适用当前机械化耕作的需要，这也是地方政府倡导大户经营的理由之一。

辛庄采取了与其他村民组不同的方式，"增人不增地、减人不减地"的制度借鉴了贵州湄潭的经验，其理由是每次调地只涉及为数不多的农户，调整的只有为数不多的地，太耗费精力，还容易引起村落纠纷。自 1981 年分地之后，辛庄再未调整土地。现在来看已经出现了占有不均的情况，一旦涉及拆迁，关于土地利益分配的不公平问题就显得非常尖锐。

土地征迁将带来密集的利益，以何种原则来分配成了社会纠纷频发的主要原因。但在媒体报道的诸多案例中，集体原则与公平原则重新被提及。严化新的面粉厂建设项目从市里申请了 30 亩地的工业用地指标，他可以在本村范围内征用 30 亩耕地，每亩补偿 3.5 万元。30 亩地选在了李垸庄靠近国道的地方，涉及 19 户农民。如何分配这一百万元的补偿款，李垸组村民形成了尖锐对立的两派，一派由未被占地的农民组成，他们强调土地是集体的，农户虽然耕种多年，但只有承包权，补偿款应属全体集体成员；另一派主要由 19 户农民组成，他们强调土地早已是自己的，补偿款也应当是自己的，他们从物权法中得到了法律支持。这样针锋相对的观点在诸多征地事件中可以见到。从征地事件的处理来看，前一种意见受到广泛批判，在现实中也很难操作，均分补偿款涉及对集体成员的资格认定，这是一项复杂浩大的工程，而且涉及重新调地，不可避免地要引发村落矛盾，村社组织不愿意去触碰多年累积的矛盾；后一种意见或多或少地受到"财产神圣不可侵犯"观念的影响，媒体的聚焦点在于推动建设一道免受国家权力侵扰的私权屏障。

实际上这道屏障通过私有权来建立是不充分的，黄村的房屋拆迁就显现出一种无法阻挡的地方发展主义实践。一些媒体报道了某些私有权扩张的极端案例，私人利益诉求过高而导致公益事业无法推进，这是前文中"反公地悲剧"的又一例证。由土地生发的"共有"还是"私有"的尖锐对立，使得偏向任何一端都会受到法令和道义的指摘。这也是社会转型过程中围绕土地权利出现的"语言混乱"现象。朱晓阳指出，权利来自国家的"给予"，来源于一种国家可靠或国家本位的观念①。

由集体所有而衍生出来的公平思想，在自由主义的市场观念中被认为是不合时宜的，"集体无效率"被认为是公社时期农业落后面貌的原因。而如今农业产值不断缩减，农民离土已成主流，这更使人们相信，造成"乡村凋敝"的原因是坚持了集体所有权，农民的平均观念阻碍了个体的创造力。

二　制造"大户"

小农经济因其传统性而无法被纳入农业现代化的谱系，长期以来被视为需要加以改造的"怪胎"，吊诡的是国家粮食安全正是由这样落后的小农经济来维系。近年来农村劳动力快速流动，很多地方出现了老人农业、撂荒以及土地自发流转等新现象。一种观点认为，这些农业经营现象威胁着国家粮食安全，因此需要提倡规模经营，将其作为改造传统农业的政策方向。规模经营试图突破小农分散经营的限制，以土地经营权流转来实现集中经营。目前存在两种主要的规模流转形式，一种是小农村社中的自发流转，通过亲属熟人之间的经营权转换构成适度规模经营的"中农"②，但这种自发流转时效过慢、进展过缓；另一种流转模式就是在地方政府的推动下，以高速高效的方式实现的规模化路径，通过工商业资本下乡来流转土地形成超大规模经营，以此实现农业的规模化与集约化，意在推动农业发展并保证粮食安全。

资本下乡的大户经营符合人们对现代农业的想象，如美国农场可以通

---

① 朱晓阳：《小村故事：地志与家园（2003～2009）》，北京：北京大学出版社，2011，第106页。
② 杨华：《"中农"阶层：当前农村社会的中间阶层——"中国隐性农业革命"的社会学命题》，《开放时代》2012年第3期；贺雪峰：《新"中农"是今后中国农村社会的中坚力量》，《农村工作通讯》2014年第7期。

过规模化、机械化与集约化经营来获取超额利润。但农业经营的"大户想象"附带的问题同样重要：经营权流转带来的小农"离农化"产生的外部性与社会成本如何消解，新型农地制度具有何种特征？资本下乡形成的公司化农场能否产生预期的效益？近年来地方政府充分发挥"公司主义"特性，以行政力量来"招商引资"，招引外来工商业资本下乡进入农业领域，并将这一举措作为农业现代化经验来推广和宣传。土地流转与规模经营虽可通过行政力量来推动，但从根本上讲，资本下乡依然主要服从市场规律和企业逻辑，而非行政逻辑，进入农业经营环节的工商业资本会产生何种机制与功效则需要通过实证案例加以分析。

黄村由村级组织集中土地首先流转给书记严化新，但严化新只是作为集中土地的中介，虽然他是名义上的"流转大户"，但实际上他是中介和担保者，他将土地作为招商引资的基础，吸引承包人再次承包土地。在土地二次流转中，黄村要求承包者必须大规模承包，而要承包大面积的土地，意味着每年仅租金就要达到几十万元，本村普通农户没有如此的资金实力，有能力承包土地的就是富人严化新，而有能力经营的是外来工商业资本（参见表6－1）。

表6－1　黄村承包大户状况

单位：亩，元/亩/年

承包人	承包人概况	承包面积	用途	租金
李良	市电力局干部，浍市经商，市知名企业家	1200	蔬菜种植	1000
赵民	县城建局干部，搞房地产开发，资金雄厚	240	蔬菜种植	850
李余	市技监局干部，浍市丰大种业公司	2400多	良种种植	800
齐泰	市绿农种业公司	900	良种种植	850
农科所	市农科所	150	良种实验	1100

注：资料来源于村民访谈。

承包大户中，除李良老家是本村外，其他人均为外来者，因其资金实力而具有承包能力。这些承包人的联络者也是村级组织，具体地说是通过书记严化新的社会关系网的扩展而联络的。这五名承包人中，除李良的1200亩是村民与李良签订协议直接流转之外，其余四名都是通过中介来获得承包权的。农科所的150亩地是从副主任武岭手中流转，武岭先将150亩土地流转到自己手里，再转包给市农科所。而赵民、李余和齐泰都是直接从严化新手中承包，不与村民发生任何联系。这三人也是本地的包地大户，承包的土地遍布蟠镇各个村，李余的种业公司在雍县承包了大量土地，黄村周边的杨庄、西镇都有连片承包地；蔬菜大户赵民在黄村所在的蟠镇也有大量土地，都用来种植蔬菜。黄村的外来资本同时也是镇域、县域内的承包大户，按这些大户承包的面积他们足以被称为超级大户，黄村土地仅是其承包的一小部分。从这些大户的信息来看，多数是政府机关的公务人员兼营工商业，依靠其关系网在农村大面积承包土地，并以公司体制来经营[1]。在浍市这种现象并不特殊，村书记严化新与这些公务人员相互交流信息与合作，这些外来资本同时也具有"干部下乡"的色彩。

（一）大户农场的科层制

与小农的家庭经营不同，资本化的生产体系需要配套专业的管理体系，具体而言就是一套连接资产所有者与农业工人的服务体系。从种植模式上看，大户选择更为高效的作物，如蔬菜、良种。而从经营管理角度讲，外来大户因其规模化的农场式经营，必须相应地改变其经营管理模式，工商业资本的集团代理特性，构成了在村的公司式农场模式。农场式经营管理模式是以资本所有者为农场主，聘用专门的管理人员及技术人员作为管理层，雇用本地工人来完成生产。

这种经营管理模式在农业生产中产生了四级管理人员，最高一级是作为出资方的承包大户，黄村共有五名承包人，他们负责支付资本、做出重要决策，也是主要的受益方；第二层级是承包大户聘用的管理者和技术人员，他们负责具体的业务指导，其收入是由承包大户支付的薪酬；第三层级是作为代理人的管理者，他们是黄村人，受大户雇用，负责日常看管、召集雇工等事务，他们也是从大户处获得薪酬；第四层是普通雇工，他们是活计的完成者，其群体是不固定的，由代理人召集，其收入是务工工资。四层管理体制是目前黄村经营大户普遍的经营管理模式，各层级具有明确

---

① 仝志辉、温铁军：《资本和部门下乡与小农户经济的组织化道路》，《开放时代》2009 年第 4 期。

的层级属性和分工，这种层级式管理模式构成了大户经营的特征，而村民在其中主要作为最底层的被雇用者。

1. 被雇用的管理者

许开承包土地上千亩，在黄村只有 240 亩。除收获时节他会在村监管外，其他时间都不会下村查看。像许开、李余这些具有地方干部身份的人，他们有工作单位，也不方便经常下村，他们也不懂技术，就雇用几个技术人员给他们干活。现在，许开将事务全权交给某贾姓亲戚和本村的辛亮、辛强负责。其中，贾某负责村里的各项事情，包括工资和农业种植。在日常管理中直接与许开联络，下面的人与贾某联络。贾某原是县里卖农药化肥种子的个体户，因机缘巧合认识了许开，许开就让他协助自己管理村里的农业种植。

2. 村级代理人

辛亮和辛强在村为许开看管地里的情况。地里有问题了，贾某会下村过来看看，根据问题提出技术要求。到了收获的时候，许开才会下来看看。投资者许开并不懂农业种植，他向严书记要了几个村里有农业种植经验、有能力管理的人帮他管理。一些曾担任村干部的人成了公司的新雇员。

从村干部到公司雇员，对一些老干部而言意味角色的调适，而这令他们感觉不适。正直、公道是黄村村民对村干部的角色期待，而公司雇员则被要求严格管理雇工，指令和督促自己的"老少爷们"为资本家卖力劳动。乡土社会的人情遭遇现代公司的理性，他们作为"代理人"受到了老乡们和老板们的双重指责。

村副书记章明是个种地的能手，有丰富的经验，又当过干部。严书记找人时，第一个就找到了他，刚开始是章明全权负责，后来贾某参与进来了，很多问题需要通过贾某同意才行。章明看贾某提供的药不管用，地里长了很多草，需要人工拔，向贾某说，但贾某不懂装懂，不愿意花钱，说不要紧。章明打电话给许开，许开说："这么小的事情，你也向我报告。"章明感觉到自己受到了轻视，一气之下辞职不干了。

许开承包的地主要位于后章庄和辛家。辛亮管辛家，章利管后章庄。贾某负责工钱的发放和技术方面的问题，他直接与许开联络。他下面的辛亮负责雇工、记工、工资的定价、监工和农业管理，找村里的人栽种、打药、施肥、浇水、收割等。平时出了什么问题或是需要做什么，他向贾某反映，贾某会做出指示。章利的工作跟辛亮差不多，但章利只是负责在后章庄找雇工、看地、监工。田间管理主要还是辛亮负责，两人共同管理240亩地。两个人的工资都为每月1200元。辛亮还要给许开看地，常年住在菜地旁边的房子里。

村民与辛亮直接交易，工资也向辛亮要。在他们眼中，辛亮是他们的第一负责人，辛亮要为他们的工资负责，他就是一个包工头。而贾某只是不熟悉的外来人，一个老板的监工。辛亮觉得工资的问题应该由更具体的人来负责：

> 要是工钱要不回来，就去劳动局告许开。又不是书记找他们干活的，还能什么事都找书记？

这是2012年笔者与辛亮的一段对话。2014年3月笔者开始田野工作之后，笔者听到的第一个消息就是，大户许开跑路了。没想到辛亮的话一语成谶，许开拖欠了工人3万多元的工资，拖欠辛亮两年半的酬劳2.4万元，欠了农民一季地租钱，丢下烂摊子从此不见踪迹。

贾某与雇工发生矛盾，辛亮要出来调解，扮演一个缓冲管理阶层和雇工阶层矛盾的角色。雇工一般找本庄子的人，出了问题容易找到人。而且，村里人有个观念，本村的地就该本村的人干，因为村里的活计有限，外村的人多了，本村人干的活就少了，钱赚得也少。

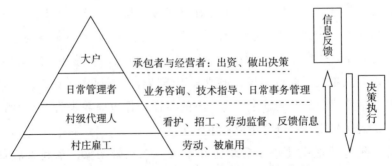

图6-1　资本式农场的管理层级及运行体制

像辛亮这样的农业代理人是具有双重身份的。第一，他是土地的管理者，受雇于在城"地主"。他要站在老板利益的角度思考问题，要为大户老板提高农业生产产量；但他只是受雇于人，对土地经营和农业管理并没有直接的责任，并不会把土地当成自己的土地来经营。第二，他又是一个包工头，负责召集工人并对工人进行监督管理，负责工资的谈判。作为村里的人，他得为村里人争取利益。他熟知村里的人事，这给老板在用工管理上带来了很多帮助和好处。

（二）"规模化"的陷阱

与许开不同的是，齐泰种的是玉米、小麦，用工较少，收入也比较稳定。齐泰有自己的公司，他在本村的负责人是外来人老马和老章。老马负责东边的土地，老章负责西边的土地，另外还雇用了7名农业大学毕业的大学生。在村里，严书记帮齐泰也找了两个负责人——沈崇武和严达仁。二人的任务相对比较简单，主要是从村里找工人给打药、放水、浇水、收庄稼，看管庄稼的状况，及时向老马、老章汇报。平时，两人都有工作。严达仁给村里的建筑开发商看房子，白天看地，晚上看房子，一个月给1000元。

按照土地承包合同约定，雇工必须从被流转村庄雇用，而留守在村庄的都是50岁以上的老年妇女，她们承担了大户农场的劳动任务。李良的"绿色田园"农场2008年开始建立，共建有600个温室大棚和一个冷库，但从2009年到现在，经营状况一直不好，处于赔本的状态。一份从"绿色田园"得到的简略收支图标注了亏损的情况（参见表6-2）。

表6-2　2010年千亩蔬菜园的成本-收益

成本类型	成本核算
地租成本	1200亩*1000元/亩/年=1200000元
雇工成本	主管8000元/月*1=8000元 部门经理4000元/月*4=16000元 部门助管2500元/月*8=20000元 农业技术员6000元/月*4=24000元 固定员工50个人*1500元/月=75000元 临时工200个人*900元/月——1500/月不等=180000元（按最低的算） 总共：一年的雇工成本按10个月算3230000元
生产资料成本	种子、农药、化肥等生产资料的投入2700000元

续表

成本类型	成本核算
总成本	1200000 元 + 3230000 元 + 2700000 元 = 7130000 元
蔬菜总产值	4100000 元
收益情况	净亏损 3030000 元

虽然李良投入大量资本用于建设高技术的蔬菜大棚，并且雇用大学生技术人员来管理，但农场的日常管理还是存在很多问题。大棚蔬菜种植需要很精细的种植技术和管理经验，从选种问题到如何栽培，李良雇用的高学历技术人员显然没有达到实践要求的技能。一些村民表示，那些技术员连某种作物该露天种植还是大棚种植都没有搞清。反之，农户的小规模种植就不存在这些问题，农户的技术和经验是在实践中摸索出来的，他们也愿意为自家的种植费心费力。在李良的农场大规模种植中，技术人员反而做不到这些。

李良的农场经营蔬菜，但蔬菜无法长期保存，保存期限也就 2~3 天，叶子类蔬菜必须当天卖出，即使做成成品也需要 5~6 天的时间。农场没有按市场需求种菜，导致很多产品烂掉。蔬菜的零售价与批发价差距大，利润低。以茄子为例，茄子在超市的零售价可达到 3 元/斤，"绿色田园"的茄子地头批发价才 0.5 元/斤。为了扭转局势，"绿色田园"斥巨资建立了一个冷库，投资 300 万元用于储放蔬菜，同时投资 640 万元建立了一个蔬菜加工厂，对蔬菜进行深加工。建立冷库主要是为了保存蔬菜，进行错峰销售，有选择地提前上市或推后上市。蔬菜加工厂实现了蔬菜的多层级利用。一等产品直接进入终端市场超市、直营店等，不再批发。二等产品进入公共食堂，这些地方对蔬菜的外形要求不高。三等产品则可以用来制作腌菜。李良介绍：

> 总投资到现在有 2600 多万，前两年，第一年亏损 300 多万，第二年亏损 160 万。今年已经开始盈利。只要路子走对，大概一年就会收回成本。国家的支持有限，是今年做成规模以后，政府才找上门来，让做一个示范点。今年镇上给了一个 20 万的修路项目，还得到一些水利设施。冷库和加工厂政府会有一些补贴，只是还在申请阶段。（李良访谈资料）

经济作物的经营总会陷入规模的泥潭。由于蔬菜种植是高度人工密集型的业务，隐性成本很高，农场的科层体制不仅不利于管理畅通，反而增加了农场的运营成本。另一位以主粮为经营内容的大户余敏发现，单纯以产量来说，大户经营的农场并没有农民自家精耕细种的产量高。淹死的庄稼农户自己马上就能补上，这些外村的管理者很难及时补种，而且，大户雇用的这些技术员工，远没有有经验的老农会种地。管理和用工的高成本，加上科层体制与农业生产特点不相适应，大户经营的模式产生了很多问题。

当过多年生产队长的辛亮说：

> 耕、种、割、拉、晒、除草、打药、管理每一个工序都要花钱。超级大户，种粮食也比较容易亏本，他们种植就是图个热闹，实际上还是政府亏本。

像李良、李余这样的超级大户，动辄承包几千亩地，往往会出现很多问题。第一，农业企业并不适合建立很强的公司化系统、科层制的管理制度，这是农业生产的特点。农业生产讲究及时、有效的管理。但是，对远在天边的大户来说，有限制。他们很少下乡，一年只有几次，而是派几个人管理。科层制的管理方式，不太适合农业种植的灾害性突发状况，往往因为效率问题造成损失。第二，熟人社会的行为逻辑并不是规范化的、理性化的现代市场的规范逻辑，资本在下乡的过程中，也要遭遇地方社会权力结构和传统规范的制约①。地租就是在村社组织权力关系的作用下定价的。农民偷盗玉米，田间劳动不负责现象的发生都是资本下乡水土不服的结果。

（三）"小偷"出没的村庄

"偷盗"是资本下乡水土不服的一种表现，严重的偷盗甚至会让大户出现亏损，为此大户的农场都要进行周密防范，偷盗带来的损失也是大户农

---

① 黄祖辉、王朋：《农村土地流转：现状、问题及对策——兼论土地流转对现代农业发展的影响》，《浙江大学学报》（人文社会科学版）2008 年第 2 期；徐宗阳：《"资本下乡"的社会基础——基于华北地区一个公司型农场的经验研究》，《社会学研究》2016 年第 5 期。

场经营成本增加的原因之一。大户齐泰在快收玉米的时候，会提前一个月下村，带上大狼狗看守庄稼。他在黄村买了一套房子，农忙的时候，他手下的大学生和几个老头子组成了看青队，差不多十来个人，齐泰还专门找人做饭给看青队吃。齐泰本人并不经常下村来看庄稼，他组织看青队的举措是吸取了另一位大户李余的教训，李余第一年包地种植时并未意识到"偷盗"的风险，在玉米快收的前一个月，他才看出玉米的苗头不对劲，很多玉米都被人盗走了，当年李余的玉米种植损失惨重。

即使齐泰这样花大力气来看管，也不能完全防止人们偷盗玉米。村里靠近庄稼的一些老头老太太会"偷"上一点，大批量偷盗的并不多，但周边农户还是有不小心被抓到的。齐泰看他们偷盗的少，加上又是本庄的老少爷们，不会惩戒他们，只以言辞劝诫。村里人也不敢多偷，偷多了，齐泰就会把他的地租给扣下，得不偿失。于是双方之间达成了一种默契。齐泰是看管得比较好的，玉米损失的也就比较少。李余没有找人看管，玉米损失严重。特别是，他的地靠近附近另一个村，那边的人下了班，开个电动车，随便装就是一车。村里的人也偷盗，地中央的玉米被偷盗的情况最严重。

对李余、齐泰这样的"外人"，本村人与他们没有人情关系，也就不讲究熟人之间才讲的人情。李余很少到农村来，他有自己的种子公司，可以派公司的员工来管理，李余也没有雇用本村的人，很少跟本村的人往来。李余本来是雇用他外甥来管理，但他外甥嫌工资太低，就不干了。不请自己人，他又不放心，没人给他及时地管理庄稼。第一年玉米被大面积偷走的时候，李余找村里严书记要求追查，严书记在村上大喇叭里天天宣传，禁止村民偷玉米，逮住就罚500元。但这种隔靴搔痒的办法是没有效果的，因为参与"偷盗"的人不仅有本村人，还有大量外村人。曾当过村级代理人的章明说：

> 有一个本村人，偷了李余的玉米之后，被人发现。村里把他交给了派出所。派出所要惩罚他，村干部说要么罚你2000元，要么到村里的喇叭去道歉。那人说，只要不罚钱就行。他就到村里的喇叭去喊："我是黄村某某某，我孬，我偷人家的玉米，大家不要学我。"在村里

的喇叭上反复地广播。但李余没有采取其他措施，也没求村里的干部给他解决，庄稼损失了快一半。有蕲镇的人专门开着三轮车来偷的，有的人专门偷李余的粮食，都卖了千百斤了。

不只村民偷盗玉米，在大户农场中务工的工人们也习惯性地偷窃，农场不得不想尽各种办法防止庄稼的直接损失。许开的蔬菜也经常被人偷，特别是豌豆和大蒜，随手就是一把，许开便派人守住下班的几个路口进行搜身。

在一次饭桌上，笔者向严书记提起了大户李余的抱怨，严书记似乎感觉很窘迫，仿佛自己村民的不当行为抹黑了村政成绩。他一再向笔者强调，偷棒子的只是少数，主要是来自蕲镇一带的"街娃子"开三轮车来偷，这就只能怨李余自己管理不到位了。

流转土地的农民既是地权所有者之一，也是公司制农场的雇工来源。农民有很强的"我的"、"熟人的"和"他人的"观念之分，这对公司制的农业管理活动产生了很大的影响。对于村民来说，只要不是自己的，只要不是熟人的事情或东西，自己就不用尽职尽责。对于在公司企业里干活这件事情，他们的行动逻辑是：给他们打工，又不是自己的土地和庄稼，可以不用太上心。村级代理人辛亮的说法比较典型：

> 以蔬菜播种为例，蔬菜播种无法使用机械，需要工人亲自挖坑种植。农业工人们只顾快速完成工作量，以省出时间做更多的农活赚更多的钱，但相应的质量却很差：挖坑特别浅，种子埋得不深，很多作物生长不出来，造成产量低下。　　　　（辛亮访谈资料）

农民们的这些想法和行为容易导致农业生产活动质量的低下进而损害农作物的生长。在村的管理人也会采取一些措施监管这些农业工人的行为，但农业生产活动需要一定的周期才能看出效果。农业活动效果的滞后性加大了工人干活偷工减料的机会空间。

这种"外来"资本与乡土社会互动不畅的现象说明，外来资本及其代理人需要与乡土社会有深度的互动。李余、许开与齐泰的农场经营出现

"水土不服"的原因是,他们无法像熟人社会中的人那样,依托熟人关系及共享的规范来约束"偷盗""磨洋工"现象,下乡资本需要一个扎根乡土的"本土化"过程。相对而言,李良的"绿色田园"的"偷盗"现象就少得多,因为李良是黄村李垸人,并且乐于向本乡本土的"老少爷们"发放福利。这种"本土化"的具体逻辑是,"外来"资本也需要在乡土社会发展出"自己人"或者类似的关系才能成功"扎根"乡土社会。但这一过程无法在短时间内完成。徐宗阳基于华北某农业企业的案例研究表明,下乡资本需要面对"本土化"过程的种种挑战,而不是将自身"封闭"起来,扎根乡土构成了资本下乡获得成功的重要条件①。

(四) 土地的投机主义

李良的"绿色田园"并不是以蔬菜种植为主营内容。李良通过在皖北地区代理某盒装品牌牛奶而身家过亿,他开办的"绿色田园"经营范围包括商贸、餐饮、运输,近年来也涉足地产开发,经营业务广泛,是浍市名列前茅的资本家。李良在黄村李垸组承包了 1200 亩土地,承包周期为 30年,租金为每亩每年 1000 元。近年来李良计划将业务扩展到有机食品领域,因此在自己父母的老家——李垸组承包了这 1200 亩土地用于种植有机蔬菜,并开设了"绿色田园有限公司",作为其集团下属的食品生产基地。

同样,承包了 1100 亩地种植芥末与水蜜桃的于伍,也不是种植专业户。于伍的经营范围主要在以蕲镇、蟠镇为中心的雍县以南地区,通过煤矿器材经营,于伍成了蟠镇最富有的企业家。他的经营业务包括矿山器材销售、煤炭运输,近年来主要投资市政工程建设,还拥有一家酒楼。于伍的合伙人朱峰告诉笔者,愿意经营农地就是为了搞高收益经济作物,种粮食根本不赚钱。黄村的 1100 亩地只不过是于伍、朱峰农地经营的一小部分,近年来他们通过种植芥末,每亩可以盈利 2000 元以上。这几乎可以算是土地流转、规模经营的成功典范了,但多次访谈下来,笔者才发现于伍、朱峰愿意承包土地并非在意那点种植收入。蕲镇 18 村以及黄村东南部的土地"正

---

① 徐宗阳:《"资本下乡"的社会基础——基于华北地区一个公司型农场的经验研究》,《社会学研究》2016 年第 5 期。

好"处在蕲镇煤矿 5 号矿井之上，已经被划入"可能塌陷"的范围，这意味着几年之后煤矿将对这部分塌陷土地进行赔偿，而于伍所承包的土地基本都在"可能塌陷"的红线以内。

在笔者快结束田野工作时，黄村村主任给笔者透露了一个消息，于伍已经托人给他带话，不打算继续承包这部分土地。而黄村原本计划将更多土地流转给这位经营能手。

与于伍、朱峰相比，李良虽然财大气粗，但在农业经营上却是外行。他的"绿色田园"公司以蔬菜种植为主业，利用自家商贸渠道进行销售，但仍以每年 400 万元左右的规模持续亏损，最多的一年亏损 1200 万元。对他来说，完全可以用其他经营的收入来弥补这些亏损，因为他相信农地经营会让他尝到甜头。很快他就获得了政治收益，2012 年他的"绿色田园"接待了省里重要领导的视察，被赞为"现代农业的典范"。接着他的"绿色田园"公司被评定为省级龙头企业，获得每年 300 万元左右的扶持资金。

与李良、于伍这样的大"资本家"相比，严书记家族的资产规模要小得多，他们的主业是面粉加工，近年来投资工程建设、开发农村别墅，同样也承包了村里近 2000 亩的土地，经营特色小麦。

这些投资者的共同特征是，并不以农业经营为主业，承包农地只是其分散经营、扩展业务的途径之一。这也显示了土地流转的一项共同特征，即规模经营需要大量的资本投入，这无形中设定了土地流转的门槛，只有那些实力雄厚的人才有准入资格，而他们中没有一位是通过农业经营而成为富人的。农地成为资本集团的投资项之一，而且是作为其附属经营的一项，投资者甚至要通过拆东墙来补西墙，因为种植业收入实在不足以构成农地利益的主要部分，但他们仍要保持对农地的占用。

三 地权集中与阶层生产

在倡导土地经营权流转之前，国家对农村社会的判断是，由于对土地的依赖程度不同而出现了社会分化，大量农民进入城镇不再依赖土地收入，由此导致土地的大量抛荒，农村的种地者又都是老弱病残，因此土地经营效率低下。

在社会分化方面，有学者采用离农户、兼业户、纯农户和传统种田大户来进行分类。经过地方政府的大力推动，黄村的农地引进了规模经营的"大户"之后，原来的兼业户、传统种田大户等类型随之消失。培育规模经营"大户"成为本地农业政策中着重强调的方向。严书记名下流转了本村5400多亩土地，他计划接下来将其余的1600多亩收归囊中，到时候自己"既是大企业家，又是大地主"。

（一）制造对立

在社会分化的另一极，作为雇农的无地户成为黄村数量最多、社会资本却最少的群体。说"无地户"是不公允的，因为农民依然掌握土地的承包经营权，并且只是将"经营权"流转给了大企业家，农民"既做地主，又当长工"。

外来地主与本地雇工构成了大户生产体系的基本社会结构。资本具有追逐利润的天性，作为"外来者"的他们在逐利过程中无须考量"村内人"的利益，租佃关系与雇工关系是其经济核算的基本关系环境。既是雇工关系，农民无非就是出卖劳动获得工资。大户经营往往出现亏损，同时农村劳动力大量剩余，这使得农场倾向于压低劳动报酬。黄村的剩余劳动力主要是作为留守人口的老年人和妇女，愿意去农场劳动的多为老年人，因此农场更不愿意支付高工资。近几年，本地老年人的日工资约三四十元，且不能按日发放。农场不需要考虑乡土、人情等因素，因而在雇佣关系中习惯命令、呵责；在作为雇工的村民眼里，作为老板的"他们"与"我们"之间不存在共同利益，劳动者对农场并无情感，自然是能偷懒就偷懒，雇工的积极性低加大了农场的监督难度。

为许开做代理人的辛亮说：

> 以前农民自己种地的时候，一遇到天下雨把苗子淹了，马上扛着镐头到地里去把水排出去，没雨衣也湿着在地里刨。一到下雨就操心地里，时时跑过去看一下。现在是老板的地，又不是我自己的，他苗子要是淹了我才不管呢，你要我给你排水去，好，可以，手一伸，你给我多少钱？你给我钱少了我还不愿意冒这个雨呢，有的人干脆就不

接你这钱，你给多少钱也不去，你一天吆喝来吆喝去，现在求我我也不去。

代理人也可以将老板的利益置之不理。将农民纳入农场管理系统并不会增加他们的认同感，反而会造成情绪的对立。

（二）减压阀的消失

农地大规模流转不仅是农村社会阶层体系的再建构过程，也是村社共同体解体的过程。农地大规模流转之后，离农户、兼业户等被隔离于村庄之外。之前的多阶层、复杂化的阶层体系逐渐被以大户阶层和雇农阶层为主导的新阶层体系取代。村庄"两极社会"逐渐成形。村庄阶层结构逐渐固化。相较于之前多阶层、柔性化的阶层结构，土地流转之后的阶层体系呈现较强的刚性。在这一阶层体系中，弥漫着阶层之间的不满甚至对立。减压阀理论提醒我们，一旦缺乏具有缓冲功能的中间阶层，两极化的刚性社会很难具有社会利益再分配的功能，也很难通过弹性机制来化解两极之间的矛盾，中间阶层的消失会影响基层社会体系的稳定。

在许多村民尤其是那些纯农户看来，那些外来大户夺走了他们的"饭碗"，因而对外来大户的农场充满敌视。"偷盗"现象表明，外来大户与农户之间结成了一对矛盾关系，盗窃事件固然可以看作村民素质不高的一个表现，但又不纯粹是一个道德问题，还是阶层问题。正是阶层之间的矛盾关系导致了这类事件。

村社传统互惠关系纽带的断裂。农地大规模流转之前，村民间以亲属、邻居等传统乡土人情关系为基础的自发土地流转再生产了村庄社会规范，维系着村社共同体的团结。尤其是传统种田大户通过承包他人土地不仅扩大了耕种规模，而且使自身成为农村社会伦理规范的重要承载者。然而，在地方政府推动农地大规模流转之后，农民有了更高的租金预期，他们受到外来大户更高租金水平的诱惑，已经不愿再将土地流转给本村村民。外来资本强势嵌入地方社会，切断了原本自发形成的"中农"与普通村民之间传统的互惠关系。村民之间传统的互惠、人情关系被利益关系取代。同时，农田水利等公共品改由政府或者大户负责供给。村民们不再需要进行生产事务方面的互助合作，陷入更加分散的"反公地悲剧"，村民之间的原子化状况进一步加剧。村庄社会关联急速弱化，村民的社会资本被高度稀释。村落成为外来资本进行生产和再生产的基地，而不再是村落共同体中村民的精神家园。

四 地权阶层化的社会动力

一般而言，阶层地位决定了个体所拥有的关系和资源。阶层地位高、力量大，意味着其在利益博弈中能够占据优势。同样，在农地大规模流转中，不同的阶层获益状况存在很大差异。越强势的阶层，越能在地权博弈中获益多，反之亦然。下文将详述各个阶层在农地大规模流转中的获益情况。

(一) 基层政治精英阶层的收益

基层政治精英阶层包括地方政府官员和村干部两个群体。地方政府官员在大规模农地流转中的收益主要来自两方面：一是财政税收，二是政绩考核。就前者而言，地方政府以招商引资的方式，将大户尤其是城市工商企业吸引来承包土地，投资办厂。一些地方政府还默许甚至鼓励公司企业，投资兴建农家乐、宾馆或者其他观光休闲设施。在这种地方性的土地政策实践下，行政力量推动的土地大规模流转变更既有利于地方政府完成招商引资任务，又能活跃地方经济，为地方政府创造更多的税源。就后者来说，在许多地方，上级政府都制订了土地流转的任务目标，通过压力型体制将这些任务向下逐级分解，并将任务完成情况纳入政绩考核和奖惩体系。在强大的奖惩考核压力下，地方政府尤其是基层乡镇不得不努力吸引外来公司或下乡资本来承包土地，完成考核任务。任务一旦完成，将有利于他们积累政治资本。

此外，当前许多地方还普遍存在"部门下乡"的现象，即一些地方政府官员及其亲属下乡承包土地。在黄村，部分大户农场主是供职于地方政府部门、具有体制身份的"外来资本"代表。这些大户在获得农村土地流转上有较大的优先权，他们以私人老板或者公司企业的名义来经营。

村干部也在这场大规模农地流转中趁机"浑水摸鱼"。尽管法律赋予村社集体的土地权利不断遭到削弱，但是在小农分散经营的局面下，村集体在土地流转（尤其是大规模农地流转）中仍然发挥着无可替代的作用。村干部作为农地大规模流转的关键环节，既充当着土地大规模流转的中介，又在一定程度上扮演着分担土地流转风险的角色。村干部的关键地位和角色也为他们从中"分一杯羹"提供了机会。

在目前的制度环境下，资本下乡的现实需求、农户对风险规避的需要以及村干部的身份，共同催生出村干部这样一个土地食利者阶层。在"富人治村"不可逆的大背景下，村干部实际上也成为资本的代理人，或者说他们自己就是资本的化身。村干部的谋地行为，在某种程度上就是资本谋地，他们也成了一种"谋地型乡村精英"①。只是，此处的资本披上了一件"体制"的外衣，且因为降低农地流转交易成本和替农民分担风险的现实需求而使其享有一定程度的合法性。

当前，国家和各级地方政府都出台了各种关于大规模农地流转方面的优惠政策。典型的就是直接给予土地流转大户财政补贴。除了直补之外，政府还给予专业大户大量的农业机械和农田基础设施配套项目资金。2010年，文件上的黄村土地流转大户严化新获得政府提供的农田基础设施配套资金418万元，2012年又获得浍市政府提供的农业机械补贴200多万元。政府提供可观的财政补贴正是许多公司愿意下乡流转土地的重要动因。

当然，资本的收益也存在非均衡性。资本内部是分层的，有大资本与小资本之分。资本实力的大小，决定了其在农地规模流转利益链中的不同位置。居于顶端的大资本，往往能够占据获利的最佳位置和良机。而小资本则只能参与农地规模流转的收益分配，受到大资本的支配。不同层级的资本能够参与分享的利益份额存在较大差异。在黄村，土地先流转到村支书严化新手里，他成为最大的"地主"。自然而然，他也是国家扶持种田大户政策的优先享有者。政府给予大户每亩直补100元、基础设施建设和农业机械配套等优惠政策，都首先对接到严化新那里。居于下一层级的大户是

---

① 臧德顺：《"谋地型乡村精英"的生成——巨变中的农地产权制度研究》，北京：社会科学文献出版社，2011，第171页。

否能够得到国家补贴或得到的多寡，则要视其与严化新的关系而论。

另一大户李余尽管退出了粮食种植领域，但仍然参与了农业经营，他为那些接手土地的大户提供良种，并以每斤高于市场价 0.1 元的价格收购大户的麦种，然后再以每斤高于收购价 0.4 元左右的价格转手卖出，从中赚取差价。

在利益分配的秩序之中，居于末端的是那些真正耕种土地的种粮大户。他们承包的是经过几次转手和倒腾之后的土地。由于中间环节太多，他们并非具有"合法性"的大户，也就没有享受国家各项优惠政策的资格。一些末端承包大户在接手土地时甚至连规范的手续都未办理，只是达成口头协议，类似于农户之间的自发土地流转。他们承包土地的面积少则大几十亩，多则几百亩。在农业机械的辅助下，他们主要依靠家庭劳动力并且雇请少量佣工就可完成农作。这些大户中有一部分是村庄中经济实力较强、具有一定积蓄的农户。他们自身就是村庄熟人社会中的一员，可以避免那些外来大户所遭遇的水土不服难题。同时，他们对本村村民也比较了解，"谁干活勤快，谁干得慢，都一清二楚"，所以，他们在雇工时能够物色较为合适的人选。再加上熟人社会中的人情、面子等社会规范的约束，被雇用的村民也不至于像给大资本农场干活那样"磨洋工"。基于以上几点原因，这些真正种粮大户能够更好地解决农场管理与监督难题。他们的经济效益要比超大规模的大户农场高出许多，他们的收益主要来自耕种流转土地的收入。同时，他们仅能获得农业经营中较低比例的利润。吊诡的是，正是这些真正耕种土地的承包大户在支撑着整个农地规模经营体系。

（二）无地之农

土地流转之后，农户都有一项共同的收益——地租。问题在于，不同阶层的农户在土地流转中收益和损失存在较大差异。离农户是农地大规模流转的净受益者，土地收入对于他们而言无足轻重。土地流转出去之后，他们可以获得一份额外的地租，不必付出任何代价。

兼业户阶层也是农地大规模流转的赢家。在农地流转之前，他们兼业耕种土地，获得务农收入，但同时需要付出外出务工的劳动力机会成本。

土地流转之后，一方面，他们通过流出土地获得稳定的、较高水平的地租收入；另一方面，他们不必再如候鸟般那样来回奔波，可以全心全意外出务工。节约出来的务农时间还能够赚取更多的收入。

相对而言，纯农户阶层是农地大规模流转的受损者。当然，纯农户阶层内部也是分化的，不同群体遭受的损失存在差异。其中，传统种田大户阶层的损失最大，甚至可谓遭到毁灭性打击。这表现在两方面：一方面，农地大规模流转之后，传统种田的"中农"阶层无法再以低价格承包土地，也就无法扩大到原来的经营规模；另一方面，传统种田大户阶层不仅无法承包土地，而且自身土地也可能被迫承包给大户。他们丧失了依靠务农收入支撑家庭运转的条件，生产生活变得艰难。农地大规模流转之后，传统种田大户阶层将从农村历史舞台上消失。对一些依靠土地而获得基本食物来源的老年人来说，将土地保有在自己手中，可以作为养老的保障，而土地确权之后将经营权流转出去，将剥夺他们的福利，更切断了其基本的食物来源。这也使我们理解为何老年人群体的生活水平要比原来低。可以将他们理解为鲍曼意义上的"废弃的生命"。被排挤到村庄中下层的农户是农地大规模流转的最大受害者，这一群体的数量不少，诉求不被认可，因此只能寄希望于某些非正规的"弱者的武器"。

推动土地大规模流转还产生了一项"意外后果"，即催生了一个土地之上的食利者群体。基层"谋地型精英"群体在农地大规模流转中大显身手，趁机逐利。他们凭借自身的独特条件占据了土地流转的优势，获取了大量的收益。外来资本构成的大户阶层是农地大规模流转的主体之一，他们不仅可以获得经营土地的收益，而且能够得到大量国家财政补贴。事实上，有许多大户之所以流转土地，就是看中国家的各项优惠政策。离农户也是土地食利者，他们从中获得了地租收益。

（三）地权的阶层化

土地多层流转带来的另一个隐患是，出现了地权归属的混乱。土地几经易手，产权结构发生了什么变化？土地流转对土地产权形态到底有无重新塑造？

在黄村土地流转的顺序中"书记－承包大户－种植大户－农户"这一关

系链条中至少包含了关于土地的所有、处置、使用、受益等各项权利。我们无法厘清流转后的土地产权形态，只能看出它的大致脉络：流转之前是集体所有权、农民使用权，流转后变为农民的实际所有权、大户使用权，农户通过流转土地的使用权获得收益，各级承包商则继续流转二次使用权。如此转来转去，直至物权分离，土地名义上仍归集体所有，农民拥有的是没有实物依托的所有权。地权结构的复杂性似乎对农户的影响并不大，他们可以从中获得收入，也可以根据情况收回土地；但对于种植大户影响较大，承包期不稳定使得他们无法形成长远的预期，因此不敢在土地经营上投入过多。

实际上，普通农户和大户并没有明晰土地产权的需求，普通农户需要的是稳定的收益预期，而大户需要的是稳定的使用预期。因此，需要存在能够维持双方预期稳定的力量，黄村村级组织无疑就是这样一个强大的第三方，它可以制定周期性的地租协商机制以保证农户的收益权。至于承包大户的经营权，主要依靠合同约束和人情关系来维持，这一点通过村级组织的担保也可以实现。但是问题在于，多级承包下最末端的种植大户的经营权无法保证，因为他们直接面对的是上级的承包者，二者之间只有口头上的约定，并未得到村级组织的担保和引介。

总结黄村在土地大规模流转之前的地权占有格局，总体特征是：地权高度平均、细碎，兼业户阶层占据较高比重，另有部分"小老人"、传统种田大户、贫弱农户和少量的离农户。农地大规模流转之后，黄村的阶层与地权占有状况发生了极大改变。就农户而言，在已经开展农地大规模流转的村民组中，绝大部分农户都将土地使用权流转给了大户，仅有个别农户仍然自己耕种承包地，或者仅能捡拾大户农场边角上不适宜规模化种植的零碎土地来耕种。

严化新已经流转了全村约 2/3 的土地，按照村里的计划，剩余约 2000 亩土地也将很快流转完毕。不过，流转大户严化新并不是耕种者，他将这些土地重新发包给其他人耕种，跟这些二手承包户签订合同，约定租金标准和承包期限等事宜。他转包的人包括贾良、张徽和王虎等几人。贾良是雍县农科所干部，同时经营一家种业公司；张徽是浍市公安局退休的副局长；王虎是浍市粮站职工（参见表 6 - 3）。

表 6 - 3　土地的分级承包

流转大户	一级承包		二级承包		三级承包	
严化新	许开 共计 2000 亩	分包 1100 亩	张徽 共包 400 亩	分包 340 亩	朱辉	140 亩
					欧韦	200 亩
				自耕 60 亩		
			贾良、雷福 共包 500 亩	分包 180 亩	徐利	180 亩
				自耕 420 亩		
			徐杰	200 亩		
		自耕 900 亩				
	齐泰 共计 900 多亩	分包 420 亩	马建	200 亩		
			王虎	200 亩		
			徐元	20 亩		
		自耕 约 500 亩				
	赵民 共计 240 亩	自耕 240 亩				
李良 共 1200 亩	分包给王同	120 亩				
	自耕	1080 亩				

资料来源：对大户和村民的访谈。

王虎从严书记、齐泰手里承包了 200 亩土地。值得一提的是，这 200 亩地的前一位承包者齐泰因为经营失败而跑路。王虎自己种了两年之后发现效益不理想，已经萌生退意。王虎告诉笔者，自己承包土地主要是想获得国家的支持，只不过蟠镇给他承诺的"孵化计划"中所包括的资金一直未兑现。

经过大规模流转之后，村集体土地的所有权、承包权和使用权发生了分离。同时，土地使用权还经历了多次转手，形成一个冗长而又复杂的分级承包体系。比如在黄村的分级承包体系中，两个"大地主"居于顶端，他们垄断了农地流转权。如果其他大户有流转土地的想法，必须经严化新之手。土地的分级承包体系，实质上是资本内部分层在土地流转上的反映。大资本居于分级承包体系的上层，他们在土地流转中占据优势，而中小资本则居于该体系的中下层，他们的劣势地位决定了其在流转土地时受制于大资本。事实上，尽管大户经营的效益普遍较差，但他人要从他们手上流转土地也不容易。不仅要具备一定的经济实力，而且要跟严化新攀上关系，严化新承包的土地大部分都优先转给了跟他沾亲带故、关系较好的大户。

此外，资本下乡还呈现自我复制和不断膨胀的特征。为尽可能降低土地流转风险，保障地租能够按时足额兑现，村里在土地发包过程中必须重点考虑土地流入方的经济实力。严化新将他6000多亩土地流转出去时，只考虑那些公司老板、家庭富裕者。因此，降低土地流转风险的机制就在客观上为资本进入农业提供了优势条件，促进了资本的自我复制，排斥了普通农户对土地的流转。国家扶持现代农业的各种优惠政策和项目资源，以及农业产业链中利润最为丰厚的环节，将被资本尤其是大资本所攫取。循此逻辑，社会阶层结构将进一步固化，富者愈富，而穷者仍穷。

农民是否有流转意愿，这个问题在政策的实践中已经无足轻重，许多村民都认为土地大规模流转是"大势所趋"。农地大规模流转已经深刻地改变了村社集体土地的产权结构，土地的集体所有权虚化，集体成员的土地承包权也成为"符号"被流转出去。

第七章　家宅

当我们在讨论土地时，需要区分在讨论什么样的土地。在生产主义话语之下，讨论的重心是被用作农业经营的耕地，这些土地可以被视为工业生产方式中的资本要素之一。有关土地要素化的政策包括农业产业化、土地确权登记、土地流转机制的讨论，关注点也都集中于可耕地。实际上土地可以分为诸多种类，仅从使用类型上看，可以区分为农业用地和建设用地两大类，前文所讲的坟地，可以划归为一种特殊的建设用地。除此之外还包括一些无法利用的，被归入"四荒"的荒丘、荒地等。作为农村建设用地的宅基地，往往是与农民家庭密切关联的，甚至可以说，宅基地的生命特征将会塑造农民家庭的组织方式以及情感体验方式。本章通过宅基地改革分析黄村土地改革实践带来的社会关系的变迁。

从本质上看，土地为泥土；物质性之上的其他特征，是由人类的使用习惯、观念图式来进行定义的，由此土地拥有了文化生命。我们可以看到，区别土地类型，很大程度上取决于人类对其的使用方式，另一些未加诸人类劳动的，很难对其进行定义。如原始森林、戈壁滩等没有经过人类劳动改造的，按照国家法律规定属国家所有。

在现行的法律体系中，土地主要分为农业用地与建设用地。建设用地之中的一项主要使用方式为宅基地，即用于农民建房居住的土地。近年有关宅基地改革的讨论中，一种占主导地位的政策建议是推动农村建设用地入市，通过颁发建设用地权证，使农民宅基地可以在市场上进行交易①。这

---

① 黄小虎：《征地制度改革和集体建设用地流转》，《经济研究参考》2008 年第 31 期；高圣平、刘守英：《集体建设用地进入市场：现实与法律困境》，《管理世界》2007 年第 3 期。

与耕地确权、流转的思路是一致的。由于农村土地均归属集体所有，限制了农民个体对土地的处分权，由此导致土地资源无法通过市场机制来实现资源流动和自由配置。有一种观点认为可对农村与城市建设用地的用途进行转换，前文所描绘的"增减挂钩"正是这一观念下产生的实践行为。我们先来探讨这种土地观念的内在逻辑。

一　宅基地的社会属性

土地的分类是由国家法律规定的。依据《中华人民共和国土地管理法》所制定的《农村宅基地管理办法》是这样规定的：

> 农村宅基地，是指农村村民个人经依法批准，用于建造住宅（包括住房、附属用房和庭院等，下同）的集体所有土地。（第二条）
>
> 农村村民宅基地的所有权属于集体，农村村民个人只有使用权。实施村镇规划或旧村镇改造需要调整宅基地的，原宅基地使用人应当服从。（第七条）

根据以上定义，宅基地需要满足两个条件，一是需要从集体申请划拨，二是只能用于住宅建设。

土地的集体权属产生于集体主义时期，宅基地的集体属性也形成于20世纪50年代。传统上，农民自住的宅基地并不需要经过批示，房产地契的交易也主要由交易双方来促成，并不受到权属设置的限制。在土地改革时期，这种私有的权属仍由所有者保有，从地主处分得的宅院，也是由新占有者得到了私有权。

土改时的佃农李卿绍曾分得了李垸地主家的1/3宅院。

> 与李元贵（地主家）住隔壁，和另一家子住一院地方，和李元贵家打了墙，就算有地方住了……半院房都算是自己的了。
>
> 后来地都收起来了，庄基还都是原个人的了，新起房子就不行了，都是公社的了，没处盖，就让公社大队批。　　　　　　（李卿绍访谈资料）

土地改革所建立的仍是私人所有的地权格局，只不过在新的"阶级"范畴之下土地占有实现了一定程度的均平化。土改之后的一系列集体主义的改造，使得农地的私有制转变为了集体所有制。虽然不同阶段的"集体"意涵有所不同，但关于宅基地的集体产权，直到 1962 年才正式得到确认。"三级所有、队为基础"确定了中华人民共和国成立后的"集体"单位，在黄村则表现为 16 个生产队，这也是当前 16 个村民小组的来源。在俗称"农业六十条"的政策中，对 1958～1962 年的高度集体化时期的土地政策进行了修正和调整，并明确提出了"农村土地集体所有制"。《农村人民公社工作条例修正草案》对农村宅基地的表述为：

> 农村土地归集体所有，社员对于宅基地只有使用权，没有所有权。

随后，中央对宅基地这一类型的土地进一步加以规定，《关于对社员宅基地问题作一些补充规定的通知》明确规定了集体的权属。

（一）作为"小传统"的宅基地地方实践

在中央集权的社会管理制度之下，土地总是被期待用一套相同的精细、清晰的政策来进行管制。在中国这样一个幅员辽阔的国家，这样的政策意图显然是不可能实现的，"因地制宜"常常被中央层面的政策制定者所强调。虽然如此，在中央颁布政策、地方落实的双向互动中，往往出现"一统就死、一放就乱"的政策怪圈，而地方往往能够主动争取政策实践的弹性空间，中央层面则在大原则和大方向上进行把关，监督基层政府在执行政策时采取的各种行为和策略[1]。

1981 年的土地改革中，中央政策连续强调"有条件""遵照农民意愿""逐步地"进行土地制度改革，这一规定默许了地方政府与村民集体自主实践的空间。基于此种制度空间，黄村的一些村民小组讨论出了"宅田合一"的土地制度，"宅田合一"制度可以看作中央集权制度下的"小传统"的呈现。下文通过不同时期的宅基地管制、分配、批建和农民建房行为等来呈

---

[1] 周雪光、练宏：《中国政府的治理模式：一个控制权理论》，《社会学研究》2012 年第 5 期。

现地方性宅基地制度的历史变迁及其对当下的意义。

第一，1982 年之前，集体时期：集体或生产队严格管理土地，宅基地依划拨取得，第一次建房潮兴起。生产队长对土地生产具有管理权，生产队长权力很大。除了集体种田，村民还要出义务工，打山坝、挖沟、挖河，皖北农村当时的标准是"路正、沟直、地成方"。在村民聚居区，农户能分到自留地；至于宅基地，除了地主的房子要被分掉之外，一般遵循祖业原则，用当地人的话讲，是"爷爷奶奶撇下来的"，如果家中子代新婚分家需要建房的，则由生产队长划拨宅基地，"队里给哪块就哪块"。1962 年大跃进结束后，村庄兴起了第一次建房潮。一位村民告诉笔者，他家的三处房子就是在 1970 年建成的，两个儿子结婚要分家，生产队给他批了一块猪圈地，他自己又交了 500 块钱买下了一个牛圈，共 6 间屋子的面积。皖北农村的老宅基面积大小约为三分三（230 平方米），三间房屋加一个院子，长宽约 15 米。

第二，1982～1994 年，分田到户至土地二轮承包前：土地严格管制，以划拨取得宅基地，"宅田合一"的地方性规范形成，第二次建房高潮兴起。实行家庭联产承包责任制后，田地、菜地、山荒地全部分到各户。皖北农村在分田到户的时候，坚持的是"平均主义"的原则。其一，宅基地和田地的面积必须挂钩，即"宅田合一"，各户宅基地与田地的面积之和必须是相等的，因为田地可建房，而宅基地可复垦为田地，因此，"宅田合一"是为了"均衡""拉平"，房子大的人家田地就要少。其二，土地承包到户后出现了土地细碎化趋势，村民小组将土地分为四等，每户拥有的每个等级的土地面积是相等的，且全部分到户，没有留机动地。现在看来，平均主义的分地，至少给村庄留下两个后患：一是地块细碎化分布，不利于机械化操作；二是没有预留机动地，为以后村里的水利、公路建设带来了很大的不便，引发很多纠纷。

早期的公路狭窄，后期需要占地扩路，由于没有机动地，村民的土地占一分少一分，谁都不肯让自己的土地被占去。20 世纪 80 年代末 90 年代初，村庄兴起了第二次建房高潮，这是由于分田到户后农民纷纷外出打工，农民的经济收入增加，消费观念改变，推动了农民的建房热情。这次建房潮中，砖制平房和瓦房成为主流。

第三，1994～2003 年，二轮土地调整之后：宅基地管制严格，农民的建房行为受到严格约束。借助农业税费的收取和计划生育的执行，基层政府和村级组织深深地介入村民日常生活。农民建房审批、收费的规定十分严格，政府和集体依然有管制土地的权力，特别是 20 世纪 90 年代，还能大范围地进行调地。1994 年，为了明确农业税费的责任，二轮确权的时候，皖北的许多乡镇重新统一调整了土地，但仍坚持"宅田合一"的基本原则，"宅基地大小与家庭人口无关，而与大田地的面积有关"。土地调整时要解决的问题和考虑的因素，一是 1982 年以后新增的人口和嫁入的媳妇要分到地，二是死亡人口和外嫁女的土地要收回，三是考虑计划生育政策规定，计划外人口且没有交社会抚养费的，是不给分地的。在以上三方面和坚持"宅田合一"原则的基础上，各地展开了土地调整。严格管制和收费，约束了许多农民的建房行为和建房冲动，批一块宅基地建三间屋子要近千元。其间，乡里还专门为村庄配备了土地管理员，管理村里的宅基地、建房等。

第四，2005 年税费改革之后：土地固定到家户并且长久不动，村民小组集体调地很困难；宅基地处于无人管理状态，村民建房不受约束、随意搭建现象突出，村庄兴起第三轮建房高潮；政府推崇现代农业，鼓励资本下乡进行土地流转。土地调整之后，大部分土地就再也没有动过，"生不添，死不减"，"三十年不变"以及后来的"长久不变"原则在村庄得到了践行，虽然很多村民认为当前的土地分配失衡，但是村庄的土地调整依然没有办法推进。2005 年之后，村委会再也没有分配宅基地的权力，乡镇也不再对村庄的宅基地进行管制，土地分到各户且固定不动。村内的房屋已满，村民采取两种方式建房：一是扒旧屋建新房，二是"拿大田地换宅基地建房"。换地是村民的自主和自发行为，村里一般不干涉。与此同时，村庄又兴起了第三轮建房高潮，这次建房高潮嵌入我国建筑行业大潮。城市的建筑热也波及农村，如果没有楼房，女子就不愿意嫁过来，在村里也没有面子、没地位，因此，农户省吃俭用甚至借债也要建楼房。楼房的面积大于传统的三分三的宅基地面积，楼房的宅基地面积是五分地，农村的房子在不断地外扩，密度也在增加。

总结起来，从宅基地的管制程度来看其历史演变，农村的宅基地长期处于行政管控中，直到税费改革后，政府和基层组织退出村庄，对于宅基地的管制才逐渐放松。另外，宅基地制度在皖北农村有着自治的实践逻辑，并形成了清晰的地方性传统，"平均主义"的土地分配方式约制着农民的用地和建房行为。

（二）农民的宅基地认知

一项一以贯之的地方性的政策实践，往往是由多种文化观念共同塑造的。三个时期差异性的社会结构和经济结构，使得农民关于宅基地的产权观也显得杂糅，但是这些历史记忆和实践都深深地嵌入农民观念，成为地方土地使用的"小传统"。

农业合作化运动之前，中国的小农在一定程度上是直接为自家消费而生产的单位，在这方面，小农与生产、消费、工作和居住截然分开的现代都市居民显然不同[1]。长期以来，农民关注的是土地的自然属性和生产效用，而非产权属性，且在自然经济状态下，农民高度依赖土地，不会产生土地交易、变现等货币化需求，所以他们不会仔细斟酌土地的产权制度和归属政策。因此，在农民那里，没有地权的概念体系，这种具有小农特点的产权观念一直存在，即便制度经济学在中国已被宣讲多年，但在"小传统"之下的地方农地依然保留着模糊性的特征[2]。小农以农业生产生活为出发点来理解土地的概念、属性，在田野调查的时候，笔者无法从农民那里得到任何清晰的关于宅基地的概念和理解。

关于宅基地的概念是模糊的，农民普遍用"除了大田地就是宅基地"来给宅基地下定义。但是关于大田地、宅基地内涵的理解又有分歧，有的以功能界定，搞农业的就是大田地，用于居住、交通、建设的就是宅基地；有的以地理区位划分，居住生活区域内的是宅基地，之外的耕地就是大田地。

对宅基地的政策和规范的认识是模糊的，农民只关心土地的生产效用，并不关心政策，这也是长期以来小农经济习性的延续。2005年之后，地方政府行政的触角逐渐退出村庄，虽然政府依然有宅基地管理的规定，但是没有了村干部的监督，许多村民认为现在是"随便建，自己的事，不需要手续"。

---

[1] 黄宗智：《华北小农经济与社会变迁》，北京：中华书局，2000，第1页。
[2] 郭亮：《集体所有制的主体为什么是"模糊"的？——中山崖口：一个特殊村庄存在的一般意义》，《开放时代》2011年第7期。

新中国的土改和集体化的政治实践一方面立基于小农经济的生产方式，另一方面又通过集体"组织"农民，克服分散小农生产的弱点。上述实践对广大农村的土地制度产生了最深远的影响，也是嵌入农民观念中最深的部分。在皖北农村，这一时期对农民产权观的塑造是通过两个普遍共识体现出来的。首先，虽然农民对于土地概念、土地权利体系的观念是模糊的，但是他们对"土地是国家的"或者是"公家的"却有着一致的、清晰的共识，足见我国的土改和集体化的土地归集体、由集体分给农民之观念在农村的强力渗透。其次，既然宅基地是由集体划拨的一种福利，因此就无须通过市场买卖，宅基地无须、不能也不会买卖。

集体化的改造强化了自然经济下小农的平均主义观念，且集体所有权让每个农民对整个自然村的土地都有一定的承包权，相互制衡和约束。中国广大的农村地区无法形成统一的土地市场，因而基于市场机制的地权实践尚未展开，农民关于地权的认识和观念依然传统。社会历史和政治实践所塑造的农民的产权观，成为"宅田合一"地方性规范的价值基础①。

（三）成员权观念与公平原则

"宅田合一"地方性规范的形成，与土地集体所有制紧密相关。土地集体所有下社员都享有成员权②，成员权有两层含义：一是集体内成员对土地享有平等的份额权和支配权，彼此相互制约；二是非集体成员则没有相应的权利。由于每个社员对"庄内"的土地享有平等的使用权，村民认为土地都是同质的，建设用地和农用地是可以相互转换的。因此，在 1984 年分田到户的时候，宅基地与大田地就挂钩在一起，使每户在庄内拥有的土地总量是相同的。因此，同一村民小组内的家户之间是具有相关利益。

---

① 王丽惠：《"宅田合一"：农村宅基地流转及退出的习惯法——基于皖北农村的调查》，《中共宁波市委党校学报》2014 年第 5 期；王利敏：《皖北平原远郊区农户宅基地退出意愿调查与启示——基于阜阳、亳州两市 636 户农民问卷》，《四川师范大学学报》（社会科学版）2016 年第 3 期。

② 关于成员权的论述，参见王利明《论我国农村土地权利制度的完善》，《中国法学》2012 年第 1 期；Pan Xuefang, "The Paradox of Rural Collective Ownership and Community Membership Rights: The Case of a 'Village inside the City' in Taizhou," *Rural China*, 2014, 11 (2): 362 - 388.

集体成员权的另一面是集体外成员无法享受内部权利。也就是说，"本庄人"身份是使用土地的充要条件，外村人不能来买。在村庄这一封闭的社会空间内，宅基地的位置是由农业生产决定的，居住的房屋是附属于土地种植的。对农民而言，庄子里有地在那，居住才有意义，生产要素与居住要素是一体的。

可见，农村土地集体所有制及与之匹配的"宅田合一"地方性规范，共同抑制了土地交易市场的形成，塑造了宅基地的非市场化交易实践，宅基地的交易是通过实物——土地本身进行的。在村庄，自分田到户后政府不再"划拨"宅基地，宅基地取得的核心方式就是"换"。"以地换地"与市场买卖不同，是一个没有货币流通和市场的过程，也就是说，土地没有价值，土地的一般等价物仍是土地本身，村民没有土地的价值观念和交易观念。"以地换地""宅田合一"有三个基础：土地是公家的；土地集体所有制下的平等成员权；强调土地的功能、自然属性、安土重迁的小农传统。

"宅田合一"制度将宅基地与耕地捆绑在一起，买卖宅基地就受到抑制，即便是在村内部买卖。"你宅基地多了，别人不就少了吗？"虽然丘主任宣称本村无一例买卖宅基地与房产的行为，但村民都知道，严化新是第一个将旧房出售的先行者。他在前严家的旧宅占地4分、三间两层的独栋楼房，卖给了本村治保主任辛强的儿子。懂得国家政策的严化新向笔者强调，他只卖了房子，这是政策许可的，宅基地并没有卖。而辛强对笔者表达了疑惑：

> 房子都买下来了，压在房子底下的宅基地能拿回去吗，还不是归我使用！

在没有拆迁之忧的前严庄，私下的宅基地买卖所蕴含的潜在问题并不显化。土地交易市场没有形成，宅基地的价格毫无概念，辛强也不知道宅基地是否有价值：

> 我们这不像城里，地皮贵，你问我价格？我们这儿就是没有价格的，没有市场值不了多少钱。农村人只要有地方住就可以了，没人往这里跑的。

有的农民甚至用"急不急"来衡量"值不值"，"急着找房子住的，价格就高，不急的，就无人睬"。由此可见，在村庄内，宅基地交易市场尚未生发。

（四）宅基地的遗产化

黄村属于人地关系紧张的平原村庄，且历史悠久，较早形成了村落紧凑聚居的布局传统。经过集体时期的规划和管理，村庄聚落已经形成了固定的居住格局，宅基地规划也形成了固定的规则。在中国大部分农村，按照法律规定，农村宅基地的产权属于集体所有，村民可以申请获得宅基地使用权，因而宅基地也具有了福利功能。成员权成为能否获得宅基地的准入条件。在宅基地分配过程中，村社具有强有力的传统；在房屋建设中，村级组织具有较高的行动能力，能防止私搭乱建的行为，前文已有案例证明。

"宅田合一"制度将宅基地与农地捆绑，并以农户家庭为边界，这使得宅基地的分配完全成为农户的家庭事务，村级组织无权干涉。农户想要多划一块宅基地，无非就是自家耕地面积减少一些而已。不从村集体申请宅基地，宅基地分配完全由家庭决策，这使得青年农民的宅基地完全通过家庭分配获得，他们大多是从父辈处继承原有的宅基地，宅基地分配"遗产化"。

遗产化带来的首要问题是宅基地退出机制的缺乏。虽然宅基地的产权归集体所有，但农户具有使用权，宅基地一旦批划，就能通过继承的方式长期占有，祖产观念是宅基地退出机制的最大障碍。在黄村，祖产的观念实际上使得人们将宅基地视为私有财产，缺乏退出机制是当地宅基地使用中存在的一个问题。在一个以村庄内生规范指导人们行为为主的农村，宅基地退出机制的缺乏从表面上看与国家缺乏相关的宅基地退出条例有关，但若从村庄内部视角来看，则与该村村民深深的祖业权观念紧密相关。关于宅基地方面的祖业权是指宅基地一旦分配到农户，就可为该家庭或后辈子孙永久性占有，不论户口是否迁出，是否在村。若户口迁出村庄，虽然其不会享有另批宅基地的权利，但依然可继承其父辈或祖辈从集体中获得的宅基地。在没有国家政策明确规定的情况下，若村级组织强制收回宅基地，将会与村庄内生规范相冲突，因而即使村社组织试图更为集约地使用土地，也无法收回闲置房屋的宅基地。在黄村，村里闲置的房屋有 60 处，占总数的 10%。闲置的宅基地有 9 处，一户多宅的有 10 户，主要是建新不拆旧。而在村民的印象中，村里从来没有收回过村民的闲置宅基地，即使很多人意识到这个问题，也觉得缺乏足够的正当性去收回，更不愿冒犯他人的祖业，况且国家没有相应的政策规定。因此，当前有部分村民举家迁出户籍，但村级组织也不收回宅基地。随着村民生育观念越来越倾向于少生，继承祖产成为本村宅基地获得的主要途径，对村社新批宅基地的需求也迅速减少。大量户口已迁出、在城居住的本村人占据了宅基地，他们主要是通过继承祖产获得。对村级组织而言，虽然宅基地退出存在问题，但很难打破传统观念的约束，也很难得到国家政策的强力支持。对基层组织而言，土地管理工作的难度较大。

在农民不断迁徙的背景下，村集体土地的占有不再根据"成员权"来定义。当前我国城镇化率已达到 60% 以上，对于"农民"身份的认定将越来越模糊，宅基地的"遗产化"可能成为城乡之间一项新的纠纷发生点。严化新力推旧村改造项目的理由之一是，当前农村"空心化"现象的逐步显化。在黄村的九个旧庄子中，常年在家的农户不过十之三四，多数旧宅子只有过年时才有人回来住。而在笔者与村民的访谈中，一位中年妇女告诉笔者，她的儿子媳妇过年从广东回来，觉得她在村里的房屋多年未住人，灰尘满地无人打扫，生活太不便利，就在镇上宾馆租了房间过了七天。过年期间白天到村里来四处走亲访友，完成人情往来的"义务"，晚上就回镇上去，过完年就赶着回广东去了。村内一些已全家外出的家户，在旧庄子还保留着已坍圮的土房，但缺宅基地的村民也不敢动这些土房，村委会也无权回收这些宅基地。严化新感叹，这块废庄子平时没人管就没事，你要一动，就有人跑回来找你麻烦。

不可否认，村庄"空心化"与农村人口大量流动、落户城市有很大关系，地方性的"宅田合一"制度使得这种宅基地的闲置和浪费问题更加不可逆转，这也是当前宅基地制度遭受批评的一个重要原因。在社会流动加速的背景下，原本通过"成员权"来界定土地占有秩序的规则将遭受巨大挑战，落户城市的农民后代是否有权获得在村的祖业，在政策上尚缺乏权威性的规定，在黄村村民中间也缺乏一致的意见。

"遗产化"现象为我们揭示了宅基地产权的一种文化建构途径，即祖业观念塑造着人们对于农村地权的认知图式与实践规则。在我国东南地区宗族性较强的地区，祖业观念构成了"象征产权"的文化渊源之一。而在黄村，来自祖先遗产的宅基地在某种程度上已等同于农户私有，集体无权收回并重新分配。

二　宅与家

在讨论宅基地与房屋的交易之前，我们首先需要了解在汉族村落社会，家屋与宅基地的文化意义。中国人向来认同一个完美的家庭应"儿孙满堂"，家屋是农民"过日子"的舞台，家屋的好坏直接关联着农民的个体人生是否圆满。

在以房屋作为"家"之标志的农村生活中，房屋的形态可以作为社会形态的表征。房屋社会[1]的概念有助于我们理解中国家屋的文化内涵。可以说，家屋塑造了农民的基本思维模式。列维－施特劳斯对 Merina 人的研究发现，房屋是婚姻的物化，是"男女关系"的物化。布洛克进而引申讨论了由婚姻构成的家庭，婚姻不仅影响了社会单元的产生，而且房屋作为婚姻单位的核心，婚姻的过程与房屋的过程相互匹配[2]。

在家屋社会中，房屋的意义总是与家息息相关。有研究讨论了作为宗族映射的房屋形态，家屋的建筑形态也是某种社会群体的象征，关于家屋的讨论与象征权力密不可分。另外，家屋与自我、身体又具有相互隐喻和辩证互动的关系[3]。

---

[1] "家屋社会"是列维－施特劳斯的分析概念，在对欧洲和北美无文字社会的"家屋"的分析中他注意到了"家屋"的表征意义，认为"家屋"是一种制度性的创造，是"关系的客体化"，它统合了一组相互对立的原则或社会形式。施特劳斯认为，"家屋社会"是一种特定的但传播广泛的社会形式，具有重要的理论意义。

[2] 布洛克对扎费曼尼瑞人婚姻过程的研究，同样赋予房屋一种"生命"过程。参见莫里斯·布洛克《马达加斯加的扎费曼尼瑞人：屋子的复活》，载莫里斯·布洛克《吾思鱼所思：人类学理解认知、记忆和识读的方式》，周雷译，上海：格致出版社，2013。

[3] 朱晓阳关注滇池沿岸乡村中"一颗印"的居住格局，分析了建筑所代表的人际和谐、家庭和睦、生活富裕和荣耀的社会地位与崇高的威望。参见朱晓阳《小村故事：地志与家园》，北京：北京大学出版社，2011，第 133 页。

（一）从“明三暗五”到“三间半”

黄村历经百年的宗族文化对家居形态有具体的规定。在中华人民共和国成立前后一段时期，黄村住宅是以土屋为主，呈现“明三暗五”的居住格局。“明三”是指从院落内看有三个门，即明面上三间房；实际上在主屋又隔出三间屋，共计五间。

“明三暗五”的居住格局是适合于扩展家庭聚居的房屋形态，在同一院房中居住的次序也表达着父子、兄弟之间的血缘次序与伦理关系。按照规矩，中厅为设置供桌、会客、吃饭的场所，中厅有两扇门，左右分别居住父母、祖父母。两间堂屋则是子女居住的场所，并且规定长子住东屋，次子住西屋。在分家之后，小家庭居住格局一般采取“三间半”格局。“三间半”是指主屋包括中厅及左右两间卧室，院内半间简易房，一般作为厨房。三间半适合于核心家庭居住，能够满足其日常生活起居的需求。当然，这种居住格局自集体化改革之后逐渐增多，原因之一是以户为核算单位后，核心家庭化趋势逐渐增强；原因之二是，在人民公社早期，生产队曾对宅基地进行管理和审批，规定分家后的小家庭只能盖三间。

（二）“鸡嘴地”与父子连基

国家的土地制度在客观上改造着农户的家屋与居住形态，进而影响到了由空间所定义的亲属秩序与人际关系。在以宗族为地方社会整合纽带的乡村社会，社会主义革命的发生以消灭宗族文化为目标，也连带着造成社会秩序的重构。本书以宅基地制度为分析对象，讨论这种秩序的重构。

中华人民共和国成立前，黄村所在地区的土地私有制包括了宅基地的私有，无论是“明三暗五”还是“三间半”都以宅基地的家户私有为基础。在土地改革与公社时期，新批宅基地需要通过国家机构的认定，宅基地的集体属性由此得到确认。

1962年的“三级所有、队为基础”制度实际上确认了传统庄子中地缘与血缘单位重合的小队对土地的所有权。同时，为了纠正大公社时期地权过度集中的弊病，各生产队为农户划定了可以自耕的“自留地”，在黄村称为“鸡嘴地”。自1962年起，农村允许农民饲养家禽，在人口集中居住的旧庄子，鸡鸭的养殖势必带来对集体庄稼的损坏，生产队设置"鸡嘴地"的原因是，农户会"狡黠"地将鸡鸭放养，与其让家禽糟蹋家宅周边的集体土地，不如将农户家宅周边的集体土地划为自留地，交由农户自己耕种，也便于耕种，如此也能保护集体庄稼不受损害，故名"鸡嘴地"。

作为自留地的"鸡嘴地"所具有的特征是，在空间上分布在农户家宅的屋前屋后，在房屋线性排列的村庄格局中，屋前屋后有了延伸的土地可供村民自营自用。为了解决新批宅基地问题，生产队决定每家"鸡嘴地"人均多划拨三分地，农户可以自行在"鸡嘴地"建设新房，不用向生产队申请，"鸡嘴地"完全由农户自行处置。"鸡嘴地"分布在旧宅的屋前屋后，决定了新宅基地与旧宅基地的连基。房屋分布上的并宅连基，在空间上决定了父子家庭居住空间的临近，子代的家宅就在父母的家宅旁近，这种空间关系意味着父子家庭的继替在地缘上也形成了情感凝聚与财产继承。在社队体制下，父子同处一个生产队，延续了地缘共同体的再生产，血缘结构与地缘结构的重合形态得以延续，这是地方社会秩序内生稳态的来源之一。

除了集体时期划分的"鸡嘴地"，一种颇具地方特色的"废地"成为维持地缘关系再生产的土地制度。与"鸡嘴地"不同，"废地"是分布在家宅屋后的一块与家屋等宽，长5～10米的附属土地。"废地"生成的原因是，长期以来经济落后，黄村村民住宅以草屋为主，因为平原地区一马平川无所遮挡，一旦起风，狂风往往成为毁灭家屋的自然杀手，因此村民必须在屋后设置一块附属的"废地"，用以种植树木作为遮挡狂风的屏障。在黄村的旧庄子，我们经常会看到村民的宅基地呈长条状分布，屋后有5～10米无用的、荒废的土地。随着村庄经济条件改善，当砖瓦结构、砖混结构乃至钢混结构的房屋成为主流时，废地的防风价值不复存在，但"废地"却长久地保存了下来。"鸡嘴地"与"废地"一样，成为可供农民自营的可支配土地，在集体时期，这些可支配土地为农民生计补充做出了不可估量的贡献①。

分布于家宅附近的"废地"与"鸡嘴地"成为村民获得新批宅基地的

---

① 在平原地区，由于地势平坦、土地集中连片，物质性的土地本身并不存在差异，肥力差异也极小，因而各种土地都是农地。在农民看来，宅基地就是土地，自留地也是土地，所有的土地都能开垦，都具有同样的性质。但从实际使用来看，并非不存在土地之间的分类与区别，乡民对不同用途的土地进行了分类，了解分类之后的观念体系非常重要。

来源。在 1962 年之后，村内兴起了第一波建房潮，这一波以泥瓦结构为主的、由子代建设的新房屋往往分布在父母家宅前后左近，父子兄弟为邻伍的格局得以延续。分田到户的土地改革所创设的"宅田合一"制度，也是源于"鸡嘴地"、"废地"等非正式土地制度所生发的路径依赖。在以成员权为边界、村社成员平均分配的土地改革中，已被占有和使用的"宅基地"、"鸡嘴地"、"废地"等均被划入集体土地的范畴，此三类土地占有较多，耕地相应就少，宅基地与耕地在此"合一"分配，由此长期以来被农户自占自营的"宅基地""鸡嘴地""废地"占有格局不变。

这也决定了在 1981 年之后的第二波建房潮中，年轻一代分家后所能获得的宅基地，均是由父代家庭所占用的此三类土地供给。由此决定了第二波以砖混结构为主的建房潮中，父子、兄弟的家宅同样是连基的，子代的房屋往往在父母房屋的前后。以小潘寨潘维隆家的居住格局演变为例，非制度性的土地实践塑造了亲缘关系的空间分布，进而塑造了村落的空间格局。

"鸡嘴地"的设置，使得黄村的宅基地出现了父子连基，进而体现了费孝通所描述的"地缘作为血缘的投影"。村落社会形成了血缘结构与地缘结构的重合，家宅的毗邻更加速了父子之间、兄弟之间日常"熟习"的频次，间接促进了家庭成员间亲密感的形成。

三　地缘的解体

地缘是因土地的临近而产生的一种构成团结力的关系，这种稳定的团结力首先源于土地的不可移动性。更重要的是，土地作为地方社群的血缘关系投影[1]。社会关系凝聚在土地这一具体的物之上，物性即社会性的具体呈现。在乡土社会中，土地被地缘、村落共同体和家户所定义；而在市场社会中，土地的价值凸显，地方政府亟须通过促进地权的流动实现土地价值的最大化。在黄村所推行的"中心社区建设"工程中，房地产的开发正是这样一种提高地方不动产数量，推动地方经济发展的关键举措。而中心村建设所依赖的地权制度，有意无意地摧毁了具有乡土特性的地权制度。

---

[1]　费孝通：《乡土中国　生育制度》，北京：北京大学出版社，2007，第 70 页。

黄村的中心村建设完全是在耕地上重建一片聚居区。通过征用耕地，重新设计宅基地的布局，在黄村已经开发出的 1200 套"农民别墅"中，大部分为占地 3.3 分的宅基地，宅基地价值不等①。房地产的开发对于宅基地的影响在于，农民宅基地的获得不再是通过家庭的分配，而完全转变为市场购买行为，农民可以自由地选择宅基地的位置，选择居住的环境场所。

（一）邻居从没见过面

宅基地分配规则向市场行为的转变，首先影响到了土地在地缘构成方式中的基础作用。村落中传统的宅基地获得方式所塑造的血缘结构对地缘结构的塑造作用机制消失，因邻里关系而衍生出的熟人社会被重新塑造。

2014 年 6 月的一天下午，笔者在位于黄村新社区的村民辛强家的商店闲聊，商店是村里人员往来较多的地方。辛强家的商店处在黄村新社区的第一排房子，按理说地理位置相当不错，但商店生意不好，门可罗雀。辛强的妻子指着大路旁的两排房子跟笔者说，这十户最近的人家里，只有最边上一家是原来辛庄的老庄子人，其他有三户来自其他庄子，另外六户都是外面人，包括蕲镇的、雍县的，有几户人家长年不在家，房屋也没有装修。她教给笔者一项判断新村房屋内有无住人、是否回家的窍门，即看门口是否贴有对联和福字，如果是贴有齐整的新对联，说明这家过年曾有人来；如果是旧的，说明屋主已经常年不在；而一些没有贴的，说明从没有人来住过。严化新书记掌握的售房记录显示，这些没贴对联的房屋早已被出售。

"农民上楼"之后，新的邻里关系需要建立，也意味着原有的因地缘邻近而产生的熟人关系需要调整。辛强家周围有了八家新邻居，据辛妻所说，其中有三家"从不知道是谁，也没见过面"。同一排房子中，倒是蕲镇来的两家人比较活泛，在搬迁新居之初就挨家上门拜访，请辛妻及几位新邻居参加乔迁筵席。礼物流动、人情往来成为建构新的地缘关系的社会机制，在

---

① 价值不等的原因在于，黄村共分三次征地，每次征地价格不同，征地成本完全分摊在购房成本中的宅基地成本中；另外，由于房屋位置、地段的不同，价格呈梯形分布。

新的居住格局下，这些乡村社会的习俗发挥了社会整合的功能①。但从一些不愿遵从人情习俗的家户行为来看，缺乏了原有的亲缘与以村落为基础的熟人关系，地理的临近并不必然产生地缘关系。

（二）兄弟不愿做邻居

宅基地分配规则的转变不仅塑造了新的地缘形态，对村落社会中的家庭关系也造成了冲击。四世同堂共聚天伦是对传统中国大家庭"圆满"状态的描述，这种景象暗含着父子家庭同居共财的居住格局。"同居"意味着家庭关系在空间上的临近，这在"宅田合一"制度下有实现的可能。

费孝通认为，地缘关系是由于地域的临近而"从时间里、多方面、经常的接触中所发生的亲密感觉"，这种熟悉是"无数次的小摩擦里陶练出来的结果"②。不流动的社会中，临近的地缘加剧了接触与互动的频次，于是便有了"无数次的小摩擦"。当然，小摩擦的另一面即不断发生纠纷。实际上村落社会中不乏鸡毛蒜皮的小纠纷，而且很多纠纷对"熟悉"是一种损坏，由纠纷矛盾引发的"不说话"现象比比皆是。在黄村流传这样一句话"邻居要好打高墙，亲戚要好结远方"，意思是较少的接触互动反而能建立良好的亲属、邻里关系。这句俗语与费老的"接触论"同时在乡村社会的关系实践中发挥作用。

支持这种关系界限论的谚语还有"各吃各的饭，各种各的田""各扫门前雪"等，即便是熟人关系的村落，社会交往也要遵循一定的界限。这与社会是否呈现"个体化"并无直接的因果关联，但阎云翔看到了乡村生活的行为规则正在朝着要求"隐私"、以核心家庭为中心的行为逻辑转化。即便是父子、兄弟之间，也不免要考虑核心家庭的界限。当村庄中出现房地产市场后，村民的居住选择更倾向于自主化，不再要求父子兄弟的连基连宅。

---

① 礼物的流动并不只发生在已有的人情圈，在那些并不存在血缘关系的群体之中，礼物的流动、人情的往来往往能够建构新的人情关系，进而维持稳定的地缘关系，满足村民生产、生活的功能性需求。礼物也成为建构地缘关系的社会机制。参见桂华、余彪《散射格局：地缘村落的构成与性质——基于一个移民湾子的考察》，《青年研究》2011年第1期。

② 费孝通：《乡土中国 生育制度》，北京：北京大学出版社，2007，第10页。

大章家与辛庄拆迁后，新的聚居地选在了蟠镇中心街东头，共计150亩的新宅基地，村民获得哪一地，由家户代表抓阄决定。辛庄的退休教师辛文康有两个儿子，抓阄时节都外出打工未归，托付父亲代替他们抓阄，因此按规则辛文康可以有三次抓阄机会。出于传统大家庭聚居的考虑，辛文康要求将三家宅基地归在一起，形成并排连接的三间，父子、兄弟做邻居，生活上可以相互照应。谁料两个儿子过年回家时，均对父亲的这一选择十分不满，虽说是一家人，但何必天天挤在一起呢？两个儿子分别找到严书记，要求与别人调整宅基地。兄弟不愿住邻居，这在黄村已成普遍现象，在黄村新社区的购房记录上，很少看到亲兄弟、父子购买临近房屋的案例。辛文康向笔者感叹，两个儿子都"蛮孝顺"，平时也都关系不错，所以自己才想着住在一起，为什么都要埋怨父亲的选择呢？感叹之后，辛文康又提起"邻居要好打高墙"这句俗语，似乎他也明白了，天天见面耳鬓厮磨难免会吵架拌嘴，反而可能将好好的兄弟关系搞成仇人关系。

由地方非制度性的家户私有制到"宅田合一"制度，土地的家户属性保证了村落地缘的延续与再生产，也保证了熟人社会的稳定性。土地的地方实践与村落形态的演变息息相关，也维持了农户家庭关系的形态与再生产方式。在此意义上，土地的物性同时也是乡土社会的社会性，在以家户为核心的边界上向外推及，土地的变动连带影响着乡村社会的聚落形态，进而影响地缘与家庭的社会关系以及情感体验方式。

关于乡村生活意味着"熟人社会"的判断，在当前的黄村面临极大的挑战，房地产市场提供的居所具有可选择性，使得农民依据核心家庭的不同需求而做出自主选择。居住的场所可以是出自利益的考虑，如希望在临街的商铺做生意，或出于面子的考虑而希望住在中心村独门独院的别墅区，或出于生活品位的追求而希望在背街僻静处安家以免受车辆往来噪声的影响，等等。市场机制下的自主选择产生的客观后果：一是传统地缘结构逐渐走向解体，例如辛妻与周边邻居相互之间甚至都不认识；二是生活交往倾向于浅层化，村民之间不再进行太多的物质与情感交换。在黄村调研期间，笔者经常会面临找不到人的困窘，往往去约好的访谈对象家，却发现大门紧锁，叩门许久才会有人来开门，村民也习惯于关起门来看电视，不希望有人闯入自己的私人空间。这与旧庄子热闹的"敞门"文化形成鲜明对比。

四 宅基地的市场价值

房地产资本的进入，将乡村中不具有市场价值的宅基地迅速资本化，村民也开始意识到，自家"房子下压着的庄基是值钱的"。关于这种观念何时产生，目前已无从考证。实际上伴随着城市向外扩张，城郊村不断爆出的高额征地补偿已经为远离城市的黄村村民提供了一种"预期价格"，土地有价也有市，衡量并实现自己土地的资产性价值成了黄村村民心中盘算的问题。

房地产的开发激发了宅基地的级差性价值，大城市中决定土地价格的"区位"因素在黄村新社区房地产市场中也凸显出来。社区联排别墅中靠近主干道、十字街的房屋成了抢手货，价格自然比其他位置的别墅更高，村民之间的购房竞争也更激烈。

锁庆是辛庄的村民，2013 年 8 月辛庄拆迁之后，他首先搬到了新社区，因为他很早就在社区买了房子。锁庆的家庭情况较好，大儿子在外边打工买了房，小儿子在社区买了联排别墅，他不愁没有地方住。淮北矿务局在蟠镇蟠北村征地筹划了一块安置宅基地，辛庄搬迁户人人有份，他的宅基地有三间，共约 4 分地，且宅基地靠近蟠镇中心街，区位优势好，价格自然也高。城镇不断扩张，镇域土地价格也水涨船高，镇卫生院对面有一块未开发的地大约 2 亩，曾有人出价 20 万元。当土地的收益可以兑现时，就有了土地买卖的行为。

辛庄安置点的土地是淮北矿务局联合蟠镇一起征收来的，一亩地赔偿 2 万多元。土地征收政策使原来的农业用地转化为城镇建设用地，土地性质发生了变化。章辛庄的村民经过抓阄已经分配了宅基地，在村民的观念里，分配给自己的土地就属于自己私人所有，在当前土地价格暴涨的情况下，宅基地买卖便产生了。锁庆的宅基地就被卖出去了，三间屋的宅基地卖了8.5 万元。宅基地买卖在法律上是被严格禁止的，但是基层社会往往会出现这样既成事实的买卖行为。蟠北村宅基地的不同之处在于，作为国家（矿务局）征收之后的土地已经发生了权属变更，已经不受集体建设用地的法律限制，城镇建设用地的管理条例不允许私人进行宅基地买卖，但锁庆的买卖还是完成了，而且获利颇丰。

一块土地，在蟠北村村民手中是耕地，并无市场价值，但经过矿务局征地转变为城镇建设用地之后，就爆发出巨大的价值。当土地作为安置福利分配到农民手里时，这部分利益通过不合法的交易转到了锁庆的钱包，因为在锁庆看来，这块土地就是自己的了。

土地观念的形成受到地方性政策实践因素的影响。就黄村而言，就是一种"宅田合一"的政策，多年不调地，土地的集体性质已经大大减弱，加之村民具有随意调配宅基地的自主性，多重原因使得村民的土地观念逐渐转向私化认同。这也使得土地的地租、征地补偿等成为农民认为的理所当然之事。虽然农民的土地在法律上并不具有完全的产权，但实际上不完全的产权属性对农民是有利的，集体的解体，集体属性的消退，使得不完全的产权设置完全由农民的承包权所定义，私有化认知因而成为理所当然的事情。

小　结

在黄村，家屋的建筑形态、空间设置以及居住形态的生产过程，正在塑造一种新的家庭文化。这一问题可以置于家屋研究的另一种取向上进行讨论，即通过居住结构来分析家庭形态与家庭关系。阎云翔对改革开放以来住宅内部的空间分割的细致描述使我们看到了家庭中个体成员对私人空间的观念和需求增强；从住宅的历史来看，老式房屋强调的父权所制造的等级化空间关系结构正让位于一种强调隐私权与个人权利的较为平等的私人空间[1]。下岬村的新型"单元房"中，卧室、客厅等空间的功能重新塑造了人们的活动界限和行为观念，家长不再具有干预子女私事的权力、年轻夫妻自主性的增强、村庄串门子减少，都昭示着一种更加强调私人生活的文化观念的形成。住宅空间的设计与改建因而可以被理解为"近来兴起的

---

[1]　参见阎云翔：《私人生活的变革：一个中国村庄里的爱情、家庭与亲密关系 1949～1999》，龚小夏译，上海：上海人民出版社，2017。

夫妻独立与个人隐私权的要求的回应"①。

新型的居住形态与宅基地形态的变迁密不可分。一是聚居区与宅基地的重新规划，使从市场购买成为获得宅基地的主要方式，购买者具有极大的自主性来安排自己落脚的地点，购买的过程同时间接地影响了地缘关系的建构范围。而黄村提供的几种住宅户型，都在减少卧室的数量，增加房屋内起居的空间，压缩村庄内的公共空间，这对处于附庸地位的老年人是极为不利的，他们习惯的空间格局被新式住宅小区和单元楼替代。

从村落居住格局看，市场的分化机制在乡村宅基地配置与房地产市场中起作用，首先的影响是村落布局在空间上的区隔，空间区隔也迅速演变为社会群体的区隔。黄村的四类住房分处不同地域，最高级别的别墅区临近河堤、农田等具有田园色彩的区域，联排别墅则分布在交通便利的主干道两旁，高层公寓分布在农民健身广场北侧，而作为"被废弃的生命"的老年人居住的"老年房"，则在交通最不便利的村南。

黄村的宅基地变革产生的一个问题是，老年人宅基地的丧失。在下一步的计划中，黄村将对 7 个老庄子进行拆除复垦，这迫使老庄子的住户到新开发的社区中购房居住。对于那些已经失去收入来源的老年人，购买新房是不可企及的，而子女也不可能再从他们手中继承宅基地。他们的命运，正如很多老年人预计的那样，当旧庄子被拆除后，他们将在田间地头搭建简易窝棚度日。如果事实真的是这种走向，将是对黄村这一"美好乡村"莫大的讽刺。

---

① 阎云翔：《私人生活的变革：一个中国村庄里的爱情、家庭与亲密关系 1949~1999》，龚小夏译，上海：上海人民出版社，2017，第 139 页。

第八章　让土地有"灵魂"

从黄村土地改革实验的实践来看，农民与国家都成为"生产主义"的囊中之物。本书采用"生产主义"来具体指涉当前弥散在农业与农村中的一种极端发展主义的文化，这种文化或明或暗地贯穿在国家治理的各类方针政策之中。

经济学的生产模型指定的发展道路在很大程度上是对乡土社会的重新塑造。尽管政府在不遗余力地推行有利于这种生产模型的各项制度改革，但我们从黄村的个案可以看到，这种生产模型正在接受乡土机制的反向改造，而在对生产的改造过程中，土地所蕴含的文化特色正在使已经失衡的乡村生产方式回到正轨。

一　"我们"的土地

不同的文化形态会使同类型的经济模式呈现多种样态，即便是学习西方的资本主义经济制度，中国式的经济形态仍被冠以"儒家资本主义"的文化标签。已经有学者注意到了传统的亲缘关系、宗族组织对于中国经济增长的积极作用[1]。在城市经济部门中，亲缘关系不仅没有消失，反而在市场交易、契约信任等多个方面展示出强大的适应能力，宗族文化中的亲缘关系、熟人网络等因素弥补了市场制度的诸多缺陷，并且改造着市场经济

---

[1] Faure, David. China and Capitalism: Business Enterprise in Modern China [C]//The Annual Workshop in Social History and Cultural Anthropology (1993): *Occasional Paper* No. 1. Division of Humanities. Hong Kong University of Science and Technology, 1994；张小军：《"韦伯命题"与中国研究的范式危机》，《山西大学学报》2014年第6期。

附加给人们的雇佣关系、竞争与合作关系。例如，在农地经营领域，"谁来种地"的问题曾引起过政策领域的焦虑，即使皖北地区是重要的劳务输出区域，黄村却不存在撂荒的问题，民间的亲缘关系很好地解决了土地的流转问题，维持着农业生产的稳态。

（一）兄弟间的土地流转

土地的长久不变造成的分配不均引起了村庄中的经济分化，更多地影响到家户内部的生产安排。在人均 1.5 亩，户均不过 10 亩的资源约束下，黄村村民依靠土地完成生活和家庭再生产的可能性并不大，尤其是在多年未调整土地的背景下，村庄人口的普遍增加，使得户均土地更少。伴随着适龄劳动力人口的大量外流，土地流转成为村庄"空心化"背景下农地经营权重新配置的重要机制。而在黄村，基于家庭成员关系的内部土地分配和重组构成了村内土地流转的主要特征，这种流转首先表现为亲兄弟之间的土地"托付"。这种"托付"带有两个意思，一是房头内的帮扶，二是出于守地的现实考虑。本地土地较为肥沃，水利条件便利，按照稻麦轮作的方式可以达到每年1200元左右的亩均纯收入，虽比外出务工的收入低，却也属不错的收入。而且房头内的土地私下流转可以让在家靠务农为生的兄弟获得更多收入。另外，村庄舆论也增加了土地流转的合法性，如果村民不把土地转给自家兄弟，在外人看来这是兄弟不和的表征，不团结的家庭就可能被欺负。还有，如果将土地经营权转包给外人，陌生人之间的交易可能会出现经济纠纷，甚至出现土地被承租人强占的情况。为了保护自己，村民更愿意将土地流转给自家兄弟，一旦自己年龄较大返乡务农，土地可以随时收回，以备未来养老之需。

在黄村，年轻人结婚之后即分家，这意味着年轻夫妇必须自己完成家庭再生产，打工经济条件下年轻人都需要离开村庄寻找收入更高的就业机会，直到他们完成自己的人生任务，这时他们为 50 岁左右，纷纷返乡回村从事农业。因此村庄中年轻人种田基本不种田，老人农业成为主流。核心家庭的小夫妻外出务工，土地流转就成为处理土地经营权的必然选择。在黄村，土地流转的次序是，首先流转给自家兄弟，其次是父母，再次是堂兄弟，如果亲属都不要，才能流转给其他村民。直系家庭范围内的流转是不需要租金的，但承担者一般需给流转土地者提供逢年过节回家的口粮，违反这一地方性规范的会被所有人鄙视。村民章欣礼种了14亩田，自己的几个儿子都有正式工作，不再种田，他自己种不过来，就把土地交给了嫁到外村的女儿。此举受到全村的鄙视，村民认为章欣礼不把地"借"给自己家户里地少的亲兄弟，反而给了"外人"，实在不会做人。他的兄弟也对此很不满，觉得"伤透了心"，表示以后不会跟他来往了。

在直系亲属之间进行的土地自发流转而形成的农地规模都不算大，目前黄村通过自发流转可以产生15亩左右的经营规模。按照村民常规的稻麦轮作，一年的纯收入（包含自己劳动）能达到1.5万元，这样的收入水平在村里并不算高，仅仅能维持家庭的日常开销。笔者在田野调查中发现，那些种地达到15亩左右规模的农户，农闲时间也要在附近打零工或者搞些副业以增加收入，这份不高不低的收入足以保证家庭日常生活开支。这意味着要在村庄中过较体面的生活，得有15亩左右的经营规模，这一水平在家庭承包经营的面积上完全不可能，必须流转进部分土地，再兼以养殖或打零工，这样生活才有"不饥不寒的小康水准"①。在现有的农地制度下，这样的经营规模是需要亲属之间进行土地流转，也要对产业结构进行配置。

（二）小农家庭的代际与性别分工

如果一个核心家庭能有15亩土地用于主粮种植，那么家庭年基本收入可以达到1.5万~2万元。由于主粮种植也早已机械化，种植15亩地对于劳动力数量不多的家庭来讲并不存在问题。对于想追求更多收入的家户来说，配置农业品种结构是其在土地面积硬约束下的必然选择。农业的现代转型并不一定走向规模化与集约化的农场，中国隐性的农业革命②的重要内容就是经济作物的种植，在黄村也出现了"隐性农业革命"。但从整体上

---

① 费孝通：《黎民不饥不寒的小康水准》，载《乡土重建》，长沙：岳麓书社，2012，第68页。
② 黄宗智认为，近三十年中国出现了新型农业，这种农业虽然是小规模的家庭经营，但已是资本与劳动双密集化的农业。这并非美国式的机械化和规模经济的农业变革道路，而是资本—劳动双密集化的小规模园艺业和养殖业的道路，他称之为"隐性农业革命"。参见黄宗智《中国的隐性农业革命》，北京：法律出版社，2010，第134页。

看，黄村从事经济作物种植的农户非常少，主要做法是在自家承包地中尝试种植苗木、蔬菜等高附加值的作物，且以家庭经营为主，不需要雇工，自己的劳动投入和资本投入双重密集化。

村会计元春 58 岁，种了 12 亩地，因为当村干部而无法外出，更因为需要在家带孙子，土地成为他在村谋生的唯一选择。为了获取更高收入，他的 12 亩地中全部种植了附加值较高的苗木，这些用于城市绿化的苗木品种均是多年生的灌木，如冬青球、白玉兰，目前已栽种了三年。地里活计主要由元春两口子承担，自己育种自己栽培。种植经济作物首先需要大量投工，元春两口子经常在地里忙活；其次是大量的资本投入，前三年平均每年投入 2 万元，特别是化肥与农药的投入占据了较大比例。劳动与资本的密集投入也会带来高额的回报。保守估计，元春家 12 亩苗木的毛收入能达到 100 万元。前严庄的严怀仁在新村开饭店，也曾投资种植苗木，他与同村严怀利合作从大户手中转包了 45 亩土地，其中的 10 亩他用来种植苗木，严怀利的 35 亩种植大棚蔬菜。与种植大棚蔬菜不同，严怀仁的 10 亩苗木主要是高大的乔木品种，种植着桂花、槐树等七八个品种，日常经营都是依靠自己家的劳动力，不雇人。村民自己经营经济作物，大多是 10 亩左右的规模，其规模的界限取决于家庭劳动力的投入方式。家庭中夫妻两口子自身的劳动投入，一般只能种植 10 亩左右的土地超过 10 亩地之后，两口子应对平时田间劳动与作物管理就吃不消了，在黄村，劳动合作、换工等习俗也早就消失了，只能通过雇人完成劳作。严怀仁与元春都表示雇人肯定是不划算的，能自己劳动就自己劳动。

家庭经营规模仍然保持了小农经营的逻辑，主要是家庭劳动力投入，辅之以密集的资本投入。在这一过程中自家的劳动力无偿投入，因此生产是低成本的，雇用工人则会大幅提高成本。对于种植经济作物的专业户来说，经营的规模不算大，但收入要高于外出打工，这些在村发展特色产业的农户均无法外出，只能在农地中寻求经营空间。经济作物虽然有高额回报，但同时也要求资本投入，易受到市场的影响。对于大多数农户来讲，外出务工能及时拿到报酬，不必受农业周期的约束，外出务工是比在家务农更为"划算"的选择。这也是大多数农户离开土地的原因，而留在村庄中依靠土地生活的人，他们会在有限的土地上选择新的作物品种种植，通过家庭内部的代际与性别分工，维持一种家庭经营模式以获得较高回报。

（三）兄弟之间的"养老地"

潘寨的潘成全52岁，是在外务工的黄金年龄，由于父亲有脑血栓后遗症行动不便，需要有儿子留守在家照料，潘成全兄弟三人达成协议，每家照顾父亲一年，这样其他兄弟就能全身心外出打工，在家也有人照顾老父亲。2014年轮到老二潘成全在家，以前他在江苏打工，现在他留在家里照顾父亲，自己的老伴、儿子、儿媳都在江苏的工厂上班，大哥和三弟家里也没有人，全部都在外边打工，全家就只有他与老父亲两个人。三家的30亩地都由留守在家的兄弟种，兄弟约定：第一季的小麦由耕种者开支农资，小麦的全部收成（除去成本）各归各家；到了秋季种玉米，所有30亩地的秋季收成才全是留守在家者的。三家土地集中在一起，务农收入就能使在家的兄弟获得一份中等水平的收入，留守在家也就不是件吃亏的事情了。到下一年潘成全就能外出打工，三弟将负担起对老父的照料，以及全家集中起来的30亩地的耕作。

小李家的李育松有两个儿子，老伴残疾，大儿子在附近镇上打工，儿媳妇在雍县打工，两个上小学的孙子被都放在家里由他照顾。小儿子夫妇两人在离家较远的地方打工，每年在家时间不超过7天，一般是大年二十九回家，初六又出门，小孙娃子也在上小学，由他在家带。家里8亩地，大儿子与小儿子分家，老夫妻两与小儿子一家是一个户口，但在家和大儿子一起吃饭，老两口有2亩多养老地，两个儿子家各有3亩地。两个儿子在外打工的情况下，全家八九亩地都给了离家更近的大儿子种，农忙时大儿子回来耕种，平时他帮忙打药、做田间管理。小儿子将地全部给了大哥种，他目前不用负担父母养老，全部由大哥负责，3亩地成了他对父母的养老支持。李垸的土地一部分已经以1200元/亩的租金流转给了李良，但李育松不愿意将地流转出去，即使这个租金水平比较诱人。因为大儿子在附近打工，基本过一周或十天就会回家来看看，照管一下父母、处理一下家务，再忙活一下田里的事。种田事情虽然琐碎，但对李育松而言意义重大。父母和庄稼成了将大儿子拴在本地的主要理由，李育松担心土地流转以后，大儿子也少了一样操心事，可以像小儿子一样全身心跑到外边打工，他们父子团聚的时间也就缩减成了每年一周，因此他不愿意土地流转①。

同村的李育先有三个儿子，他早已将自己老两口的二亩半地分给了三个儿子，这样自己老两口的养老就由三个儿子平均分摊。现在他们自己能独自居住，能做饭吃，儿子只用每年每家交 1000 元给他，3000 元钱是他们老两口的基本生活费。老人如果到了实在不能动的"最惨"地步，就只能挨家挨户轮养，"吃挨家饭"在村里是最后的养老方式。

老年父母由儿子的小家庭轮流赡养的制度是孝道在分支家庭中的实践，村落中的养老实践遵循平均分割与兄弟平等的原则，而黄村出现的"养老地"、李育先养老费用的均摊，都是子代家庭在养老方面合作的表现。在其他地方，这种养老制度被称为"轮伙头""轮吃型家庭"等②。黄村的"吃挨家饭"通过兄弟之间的土地流转实现合作，保证老年人最低限度的生活保障。近年来出现的"养老地"现象使得已经分家的父子、兄弟家族在事亲奉养方面有了新的经济来源。"养老地"表达了兄弟之间均分与合作的矛盾又一体的关系，虽然在家庭责任的分配方面严格遵循着平均承担的原则，但这种不需回报的土地流转让我们看到了扩展家庭团结合作的一面，即使他们已经是彼此独立的生计单元。

二 经营权交易之中的信任

土地"三权分置"与土地流转的政策将土地所有权、承包权与经营权分割，通过市场手段将经营权进行交易进而实现权属变更。在这个"市场"上，交换的并不是实在的物，而是被虚拟化的"产权"。但因承包权仍归属村民所有，因而土地流转市场上的交易对象，是土地的一种具有矛盾属性

---

① 李育松的"算计"在黄村的老人中是普遍的，从在那些土地完全被流转的庄子里的调查看，不再务农的年轻人只有在过年期间才会回家，家庭情感通过土地这一物质性中介来维系。

② 李亦园：《台湾的民族学田野工作》（台大考古人类学系专刊第四种），台北：台大考古人类学系，1967，第 49 页；王崧兴：《龟山岛——汉人渔村社会之研究》，台北："中央研究院"民族学研究所，1967，第 63 页；庄英章：《台湾农村家族对现代化的适应——一个田野调查实例分析》，载《"中研院"民族研究所集刊》，1972，第 85～98 页；谢继昌：《轮伙头制度初探》，载《"中央研究院"民族研究所集刊》，1985；庄孔韶：《银翅：中国的地方社会与文化变迁》，北京：生活·读书·新知三联书店，2000，第 325 页。

的符号，即交易过后，土地仍不能与供给者摆脱关系，需求者需要与供给者进行面对面的、逐一对应的交易。正因为交易是不充分的，所以需要另外一种机制来规避交易风险、降低交易成本。黄村的方式是，首先要通过熟人与村民达成流转协议，然后再向社会招标，选择合适的经营者承包土地。作为首要步骤的流转土地需要村级组织面对面地与农户协商，村级组织需要承担较多"做工作"的任务，村干部要到每家每户去做动员、讲道理，以完成流转协议的签订。

（一）熟人关系作为担保机制

村级组织积极行政能保证与农户进行积极协商，但农户之所以愿意将土地流转出来，除了地租价格比较合理外，也有特殊的因素，即有村干部作为中介和担保。对于村民来讲，虽然地租价格已经确定，但是缺乏有效的机制来保证租金的及时到位，以及土地流转协议的较好执行。农户愿意流转土地主要是出于将地租作为收入的考虑，但农户需要承包者能够按时、如数地交租金，同时保证承包期内不损害土地的质量。

农户的这种担忧是合理的，由此协议的制定比较容易，但执行才是主要问题。为了打消村民的顾虑，村级组织探索出了担保人机制，即在村庄中寻找具有担保能力的人给农户作保，保证流转后租金能够按时如数支付，一旦出现问题，由担保人支付农民地租。在黄村，书记严化新成为这一重要担保人，这是黄村土地流转顺利推行的关键因素。严化新能作为担保人，首先因为他有企业，其经营的面粉厂年盈利额达到800万元，因此村民不担心他支付不起租金。其次因为他是村书记，是全村村民信任的对象，一旦出现问题，处在村书记职位上的他一定会想办法让农户避免损失。再次因为他是本村土生土长的，是村民眼中的"自己人"，村民对其工作能力和道德品质都有较深了解。有这几个条件，村民对严化新承包土地是十分信任的，也放心地将土地流转给他。流转协议已经明确指出，如果承包人不能按时支付租金，村民直接找书记，由他支付租金。

（二）村社组织作为协调中介

在土地流转协议达成过程中，村级组织始终以农民利益为取向，因此制定了较为细致的规定保障本村村民的利益。这些规定均由村级组织提出，在与村民协商中形成，在具体实施中既能照顾愿意种地者的利益，又能满足流转户的诉求。

1. 愿意种地的可以继续种地，但需要调整位置

在严化新书记的坚持下，黄村村两委做出了土地流转的补充规定，规定愿意种地的可以继续种地，但不能影响大块土地的流转，只能在规划流转地块的边缘重新调整出一块土地。如果村民愿意在自家承包地面积之上再扩大种地面积，可以再增加，但超出自己承包面积的，需要按照同样的标准支付地租。这种调地制度保证了黄村中留守群体、愿意种地的农户有地种，并且村庄会给予一定优惠，如多划面积或者与大户农场共享基础设施等。从笔者调查的情况看，土地流转早期，愿意种地的农户看到土地流转出去的收益更大，纷纷放弃了自耕，当甩手掌柜。

2. 愿意种地的农户可以将土地集中调整在一起，由村级组织提供基础设施

由于村庄中有部分愿意种地的农户，因此村级组织将这些农户的耕地调整到统一的规划区，即农户自耕区。在自耕区内，愿意种地的农户可以承包更多土地，严书记要求，愿意种地者最好能够承包到50亩，这样便于形成中等规模经营，更重要的是，这样的规模便于获得政策补贴。村级组织为这块自耕区提供田间机耕道，拉设电网，并供给机井。这一机制保证了愿意种地的农户可以形成规模便于耕作，也能够享受到免费的基础设施。

3. 可中止的流转合同

黄村的土地分三批流转，每次地租都不一样，从650元到1100元不等，三批次的地租依次呈上涨趋势。地租差异是因为土地流转推行的年份不同，村民与严化新的流转协议期限较长，但在村内的土地流转以及大户农场的次级流转中，土地承包期为5年。除李良的1200亩土地承包期为20年外，其余土地均按照5年来承包。短期流转既保证了承包者有投资的愿望，保证了承包者经营的机动性，也保障了各土地流出农户的利益。5年过后，土地优先延包给原承包人。这种短期承包照顾到了承包者和农户的双重利益。

4. 村级组织作为沟通中介

由于土地流转是由村级组织推动，并由严书记作为担保人，一旦支付不

了地租，就由担保人支付。这一机制保证了担保人要切实为流转农户负责，一旦租金出现问题，就要主动与承包人协商。而承包人要在每年规定时期将租金转到村委会账户，由村委会挨户发放租金，这就为承包大户节省了交易成本，作为中介的村级组织能够联系农户和承包者，做好协调工作。

5. 承包者经营中需要雇工，必须优先从流转土地的农户中雇用

土地大规模流转后形成的种植大户必然会采用现代化的经营方式，高度依赖机械和雇工，大户农场的日常经营中产生的劳动缺口需要由地方劳动力市场来补充。为增加农户收入，村级组织在协议中明文规定，大户农场需要雇工时，必须优先从其承包土地的庄子中雇人，这样可以保证流转土地的农户具有两份收入，一是作为经营权流转收益的地租；二是作为被雇用工人的工资。在工作机会充足的条件下，两笔收入已经超出村民自耕所能获得的收入。

与行政推广、项目推动和资本下乡不同，黄村依靠村级组织的积极行为和村干部的中介担保，使得土地流转较少受到外力影响，而更好地维护了农户利益。在具体机制上严格防止农户利益受损，以更多辅助机制来维护土地流转的稳定性，保障农民利益。

三　地租如何确定

土地流转现象在乡村社会较为普遍，但流转过程中地租标准通过何种机制达成？黄村土地流转过程中并未体现出市场机制，租金制定过程呈现为协商过程。在市场化程度较低的中西部农村地区，地方社会中并不存在开放性的土地流转市场，不存在由供需双方在充分竞争中达成均衡价格的机制。但如果与同地区更大范围内的村庄进行对比，黄村的土地并无竞争优势，却达到了较高的地租水平，这一价格制定过程是由村级组织与农户协商形成，因此协商过程中的决策就呈现为"嵌入"在村社关系中的实践机制。

（一）地租的乡土意义

大规模土地流转的前提是，要形成连接成片的、规模较大的土地。在"人均一亩三分、户均不过十亩"的家庭分散经营基础上，要整合分散经营的小农户，因此不能容纳独立竞争的分散农户，这时就需要依靠村级组织的力量来流转农户的经营权。这一过程涉及村级组织与农户的互动，而不是具有市场交易特征的市场主体间互动。在互动中村级组织需要做好几种利益的平衡。在黄村土地流转实践中，地租达成的根源在于村级组织的利益协调。从实践结果看，协商式地租通常会达到较高水平，在较广的地域范围内不会呈现为市场式定价，而是呈现为村组甚至更高一级组织介入价格形成过程。在保障农户利益的话语下，地租水平应满足流出户的基本生存需要，而不是土地的实际使用价值，也不是体现土地在市场中的稀缺程度。在村级组织与国家力量推动的土地流转中，作为协调者的是国家力量，协商式地租是权力过程而非市场过程。在权力协调过程中达成的地租，会随着农户诉求的转换而不断变更，因而由村级组织推动的地租，也会因基层治理权力介入程度的不同而出现地租的差异。在雍县范围内就存在诸多不同水平的地租，与黄村临近的吕村地租达到 1400 元/亩/年。即使在黄村内部，也会出现从 650 元到 1200 元等不同的地租水平。这些是在不同情境下协商的结果，而非经由市场机制达成的均衡价格。

（二）地租的执行

在流转期限较长的协议中，租金是否具有动态调整的可能，这一点至关重要。黄村的地租协商结果是，在 5 年承包期内租金价格并非不变，而是随粮食价格上涨而上涨；更重要的是，一旦粮食价格下跌，租金却不随之下跌，要保持在原来的水平上。这一规定由村级组织明确提出并写在协议中。因为地租是根据一季小麦的毛收入来计算的，即以 1000 斤小麦的市场价作为具体标准，一旦粮价上涨，租金也要随之上涨。目前第一批流转土地 650 元/亩/年的租金已随粮价涨为 850 元/亩/年，近年又准备涨为 1000 元/亩/年。浮动的地租价格能够保证农户的收入水涨船高，每年村级组织都要与承包者重新协商租金。

土地流转协议规定，租金发放方式为一年两季。在小麦播种后 5 月 1 日发放 50%，玉米播种后 10 月 1 日发放 50%。两次发放机制的细致之处在于，承包者已经播种下去，一旦不能按时支付地租，农户可以在当季阻止承包大户收割，地里的庄稼由农户来收获。这种机制规避了承包者拖欠租金的风险，即使拖欠了租金或者租金无法及时发放，村民利益也能够得到保证。

（三）协商式地租的生成

地租的缔结过程是市场关系在乡土社会中的具体实践过程，而不是如市场定价那样由"无形之手"调节，协商式地租展示了乡土生活中交易行为所具有的社会性特征。各利益主体围绕地权及其收益的分配达成共识的过程，正是市场关系与乡土关系、权力关系互动与利益平衡的过程。这就使地租在不同的情境中呈现不同的标准，同时土地流转之后的经营具有不同的"路径依赖"。正是在此意义上，协商式地租构成了乡土社会土地流转的地租达成机制。在蟠镇境内的不同村庄，相同条件的土地，地租水平具有较大差距。地租协商的具体情境，构成了土地流转市场的边界，使得地方社会并不存在开放性的竞争市场，土地流转市场也不存在陌生人之间的现场交易，而是不同的协商情境中的具体实践。

协商式地租的特征呈现了黄村土地实验实践的过程与情境，情境以相关主体的关系结构为基础，各方主体的行为则根据其利益取向来确定。以黄村的土地流转实践为例，村级组织推动土地集中化并采取招商引资的方式流转经营权，并作为中介与担保来与农民打交道。在此过程中各方的利益关注点集中在地租的协商方式和价格之上，而这种协定过程在各方关系结构中得到了具体的演绎。

农户的分化及其多样化的利益取向增加了土地流转实践的复杂性。农民对土地的依赖程度也决定了其地租期待，在这种多元性与复杂性的基础上，大规模土地流转中要达成集体共识，就需要有一种力量来平衡农民分化了的利益取向。在分化的农民中，最关键、最重要且最直接制约着土地流转共同意愿达成的是对土地依赖程度最重的那部分农户，他们是村庄的留守群体，最不愿意将土地长期流转出去。但由于资本所主导的土地流转追求规模效应，一般要求土地连片，由此必然涉及不同类型的农户，这部分农户的态度往往决定着土地流转能否实现。这一群体的理性主要表现为生存理性，与政府、资本看重经济效益不同，他们关心自己的长远生计，眼前的土地流转和地租要能为自己提供基本的生存保障。农户将这一利益诉求诉诸作为其代理人的"民间精英"和乡村组织，他们与乡村组织构成了庇护关系，希望能得到利益表达的空间。他们寄希望于民间的庇护者，特别是作为自己人的村干部，要求这些"代理人"在与外来资本的协商过程中替本庄子的老少爷们说话。而外来资本也并不是通过招标或市场竞争进入村庄，而是依靠村书记的个人关系，追逐市场利益而形成的市场关系借助朋友关系而运行，这就使外来资本的地租期待也嵌入了朋友关系网。双向作用因素决定了必须要由村级组织来主导利益协调与价格协商过程。"利益－关系"结构表明了地租协商的两种结构性因素，一是在各方的利益诉求的矛盾中，外来资本和农户似乎很难获得"双赢"的结果，因为二者存在利益互斥的关系。由村级组织介入并纳入新的关系维度，就能通过关系资源的协调来摆平表面的利益互斥，在各自的临界范围内，使土地的大规模流转在表面上成为一件资本、农户乃至地方政府共赢的事情。这一过程始终伴随着三者的关系运作与调整，一般的土地大规模流转不可避免地要涉及此三种基本关系，这也构成了协商情境的基本架构，而具体的关系资源则构成了情境的流动性场景。无论是大规模土地流转还是自发土地流转，地租的标准并不是对市场地租水平的遵循，而是在具体的协商过程中去协定。协商过程是在"利益－关系"结构之中的实践过程，这就使不同地域、不同时空条件下的地租水平呈现差异性。即使在最相近的时空之中，具体情境下"利益－关系"网中的协商过程也会造成不同的地租水平。

四　土地开发中的乡土人情

（一）熟人与"脸面"

大灰四兄弟参与了黄村新社区第四期房地产的开发。按照他的说法，原本严书记打算将面粉厂扩建为日产600吨的新厂，但新厂扩建需要投资上千万元，严书记的面粉厂是四兄弟共有的家族式企业，扩建成本需要几个兄弟平均分摊，但严书记大哥家的四个儿子都没有什么经营能力，也拿不出扩建的成本。严书记打算让大哥家参与新社区开发房产赚点钱，结果到现在房子已经建起来，不仅没赚，反而把积蓄都投进去了。大灰四兄弟拥有一个开发公司，本村有七八个这样的开发公司，除了严家的几个侄子，股东还有与严书记关系不错的雍县、蟠镇的一些人，这七八个开发公司的目的非常明确，就是在黄村规划面积内买地、盖房和卖房子。村里除了做好统一规划和价格限制之外，建房卖房都由开发集团负责。严书记的堂侄严均拥有较大的一家开发公司，开发了几百套联排别墅，还开发了第三期的绝大部分独栋别墅。严均自己联系外边的朋友，与他们合资搞开发。

在黄村开发社区的过程中出现了"地方开发集团"，这些开发集团自己筹资，从村委会拿地，房屋销售则由开发公司自己负责，谁来买都可以。建设用地的成本就是征地的成本，第一期是19200元/亩，第二期是23800元/亩，现在第四期已经涨到38000元/亩，土地价格不断上涨。大灰四兄弟买了70多亩地，已经开发了70多栋房子，其中约30多套联排别墅。大灰兄弟开发的数量不算多，但销售过程中也遭遇了挫折，现在卖出去的房子大约一半，还有一半空置没有卖出去。大灰兄弟开发第四期时购房需求已经疲软，本村大部分有实力的村民早已买了房子，后续买房子的都是资金不足的。在大灰兄弟的开发公司那里买房子付2万元就可以入住，后续的款项需要大灰兄弟每年年底挨家挨户催缴。房子没卖出去，自己的资金全部垫进去，资金周转非常不畅。

大灰兄弟开发得少，赔得不算最厉害的。严均联络了10多个朋友集资开发，而且大多数是独栋别墅，销售状况很差。严均告诉笔者现在自己投进去很多钱，已经预付的业主又没能力马上还清款项，攥在手里的那些房屋又不能立即套现，现在四处被人催债。大灰兄弟虽然没搞这么大动静，却也把全家的积蓄垫进去了。当初想要通过新房开发赚钱，现在却陷入了泥潭，开发房子需要买地、购买建材以及支付建筑队工资，结果房子还没卖出去，村里又要求第三期房子的价格不能超过680元/平方米，算起来每平方米能赚几十元，一栋两间三层的房子也就能赚2000多元，尤其现在卖房款回收遥遥无期，自家资金垫进去拿不出来。用大灰的话来说，开发房子还不如出去打工。严均、毛蛋开发别墅区亏损得更厉害。不过别墅区都是卖给外来人的，尤其是雍县的有钱人已经预订了一部分。大灰开发的新社区的房子主要是黄村人来买的，也有部分外来人，主要是蕲镇周边塌陷区村庄的人。现在看到黄村人气不足，而蕲镇也有不少新开发楼盘，虽然价格高一点，但镇上毕竟交通便利、生活设施齐全、人气较旺，已经在黄村新社区买房的外来者都想退款退房。本村老百姓拖欠尾款、新开发的房子卖不出去，似乎黄村的房地产开发陷入了一个难以走出的泥潭。

大灰、严均和毛蛋的困境源于乡土人情对市场关系的扭曲。房地产开发与房屋销售都是在熟人社会中，熟面交易①需要考虑社会关系的交换。正如大灰所说，"都是自己村的老少爷们儿，你不能天天去催着要，咱也不能为了钱撕破脸皮"。在熟人关系中产生的交易不能忽视人情、面子等文化因素的作用。村民会极力避免那些只在意钱的交换，那样太没有"人情味"，人情面子起码要保持表面的无违②。大灰"撕不开的脸皮"是要维持人情与面子的平衡，熟人之间的相互救济与互通有无是构成社会关系的基本要素，而如大灰、严均等"有能力"的人，被村民期待要更具有承载人情负担能力。

（二）拖欠着的房款

费孝通指出，人情维持着一种"未了"的社会关系③。即便是进行房屋交易，也不可能是一次性交易、当面算清。在黄村这几家相互竞争的开发商中，熟人关系的远近、人情的寡淡成了各开发商交易量大小的决定因素。新社区的房子价格为 650 元/平方米，如果按照自建来计算（不计算自身劳动力投入），造价大概 500 元/平方米，换言之，要自建本地流行的三间三层房子（建筑面积约 300 平方米），相比购买新社区的商品房可节省约 5 万元。但潘寨的潘井七给笔者算了另外一笔账，自建房屋从备料到建成，需要花费半年时间，自己要在工地上看着，还要强劳力看着，这样可以搭把手干活。若这样算下来，外出打工半年不会如此操心劳累，还能赚 2 万元左右；自己建房，还要负责建筑队的伙食住宿等问题，也是一笔不小的开支。自己建房的话所有的责任都是自己负，就不会像买房那样轻松。最关键的

---

① 熟面交易是指互相熟识的人们进行的交易，威廉姆森认为这种交易能够有效降低交易成本（威廉姆森，2002：82）。张小军进一步探究了这种交易的性质，熟面交易不仅关系着交易物的价值，还附带着大量其他价值，具有初民社会的社会关系交换逻辑。这种逻辑能够最大限度地减少不信任、避免过度赢利。参见威廉姆森《资本主义经济制度》，段毅才等译，北京：商务印书馆，2002，第 83 页；张小军：《让"经济"有灵魂：文化经济学思想之旅》，北京：清华大学出版社，2014，第 45 页。
② 费孝通：《乡土中国　生育制度》，北京：北京大学出版社，2007，第 80 页。
③ 费孝通：《乡土中国　生育制度》，北京：北京大学出版社，2007，第 73 页。

问题是，自己建房的建筑材料和人工工资都是不能拖欠的，建材商大多是陌生人，建筑队也不会任由农民赊账，而18万元对于任何家庭来说，都不是轻易地一次性就能拿得出来的。黄村新社区的房子大多数是赊账就能买来居住的，潘井七的儿子买的房子到现在只付给了开发商潘二兵6万元，剩余的欠款等儿子打工慢慢还。黄村的开发商目前都有大笔欠款，尾欠材料商、建筑队的工资，部分开发商已经被起诉。而老百姓买房无一不是欠款赊账，逢年过节与麦收秋收时节，每家开发商都要到村民家里去催债。按照潘井七的还款法，每年还2万元，还需要六年才能还清，且不清利息。这种还款速度对开发商来说简直是灾难，但开发商潘二兵是本村丘西寨人，和潘寨的人是同姓同族，向本族人追缴尾款的时候总是碍着面子，也不会逼得太紧。潘二兵也得到潘井七的好评，说他不像其他开发商那样咄咄逼人，还比较讲究人情面子。

五　熟人关系的动员

由村级组织主导的土地流转是黄村土地改革试验的第一步。按照村级组织规划，土地流转之后要根据"四化同步"要求，逐步在村庄范围内发展工商业、服务业，由此带动规模化农业的发展，形成村域范围内的经济联动，有效配置土地和劳动力，整体提高农民的收入水平。在整个过程中，试验方案的设计与实施、利益协调与整合都由村级组织来执行和推动，其切入点就是土地。

（一）"不要想着赚老百姓的钱"

黄村由村级组织担任发展的主力，但村级组织本身并无收入来源，黄村新社区建设工程的主要资源来自村级组织对民间资本的动员和整合。在村庄建设中，村级组织基于保障集体利益，压低新建社区的宅基地地价，并由本村人承担工程建设，鼓励有条件的村民开发建设。新社区规划区共计680亩，除部分既有庄宅外，需要从临近的庄子征约240亩地，为了降低新建社区联排房屋的价格，村级组织在征地中压低了补偿价格，两次分别以每亩19400元和每亩23800元进行一次性补偿，这与周边乡镇相比是低于平均水平的。

低于平均水平的地价何以实现？在黄村村两委看来，村级组织征地是为了给全村老百姓建造房屋，因此有理由压低宅基地价格，也有理由压低征地补偿价格。从权属上看，集体是土地的所有权人，土地开发也是为本村利益，因此被征地农户虽然觉得补偿太低，但为了全村老百姓的利益，也不好再争。村级组织征得土地后，大部分用于建造农宅，少部分用作公路、绿化带和公共场所的建设，在建的公共工程包括公交车站、健身广场、老年公寓等，都是为村庄福利而建设，因此征地过程中没有引发太大矛盾。一些不愿意被征地的农户，可以同愿被征地的农户调地。有村民对这样低价的征地感到不满，但更多人表示了支持。黄村沈圩是被征地的一个庄子，64 岁的村民沈总文家也被征了部分土地。

> 我也不想卖地，但是是正事，得支持工作。我们是党员得支持工作，不要扯人后腿，思想觉悟高一点，不要计较个人得失，要考虑大多数人，得学会换位思考。我们村，没有因为征地去上访的，你得有理才能去上访，新农村建设征地为的是造福于民，你说要几万就给几万，不得行，可对？还得摊在你买房的钱里。　　（沈总文访谈资料）

在新社区的住宅建设中，村两委请省级规划院做了社区整体规划设计，对房屋样式也进行了设计，具体的工程建设任务则交给开发商和包工队。最早一批房屋允许村民自建，村民可以按照指定样式在规定宅基地范围内建造，或者由村级组织统一招标，由有资质的开发商为村民建造联排房屋。为了保证房价低，村级组织要求开发商每栋房屋只能赚 4000 元，并且雇工要优先雇用本村民工。第一批进入黄村投标成功的是湖州某建筑公司，但他们在结束第一阶段建设后觉得利润太低，房屋价格被村级组织严格控制，没有定价权。为此该开发商与村级组织产生了矛盾，并将官司打到了雍县。村级组织很不满这家公司的行为，严书记称"想赚老百姓的钱，你就别到俺黄村来"，因此第一期项目结束后，该公司被驱逐出了村庄。

第二阶段的建设由村两委寻找本村内有投资能力的村民组成开发商集团，再由开发商集团聘用本村具有工程建设资质与能力的工匠进行建设，以这种村社内部人开发的方式完成了目前全村的建设任务。目前村内有四家开发商,均是本村村民合股,已开发房屋 900 多套。房屋建设则由本村的钢木瓦工承担,聘用本村农民当小工。开发商没有房屋定价权,村级组织控制房屋的定价和销售,村民买房只用到村委会登记地段和要求。村级组织将项目交由开发商投资,工程队建设,规定近两年每平方米定价 600 元,其中除去成本,每平方米盈利 80~100 元。据本村开发商介绍,同等规格的房屋由农户自建,成本 540~550 元/平方米。由于新社区建设由并不专业的开发商投资,低回报率也能满足他们的要求;本村农民承担建设任务,相应可以降低工价;土地来源于村级组织征用,以同等价格加入到房价中,因此目前黄村新开发民房约 600 元/平方米,比农户自建价格略高,农户也比较满意。

(二)"就当给老少爷们献爱心了"

村级组织控制定价和销售,通过压缩地价和开发商盈利空间,使房价维持在较低水平。相对于临近的薪镇、蟠镇的商品房,黄村的"小产权房"价格更低,购房农民从中享受到的福利更多。通过动员本村农民投资开发,将房地产开发的收益留在了村庄;工地通过雇用本村农民,使村民可以在地就业,不用外出打工,这种村级组织主导的房地产开发实现了多方共赢。除了社区内开发,村级组织也动员本村有能力的村民投资,如黄村农民培训中心,同时兼具餐饮、娱乐和住宿功能,也承担村民的红白喜事。培训中心由村内三家农户集资兴建并经营,村级组织给予了其地价优惠,股东严传盛是由村书记动员才入股经营的,三家共投资 80 万元。在杭州做厨师 20 多年的严传盛 2009 年回村,希望用自己的积蓄在本地做点小买卖。

> (严书记)说我是干厨师的,正好在家里搞个农家乐,我在杭州时候知道开农家乐能挣钱,我也没有别的手艺。严书记就说搞搞试试,(黄村)以后肯定能发展起来,我说万一以后开得不行咋办,他说我也入股,要是赔了,全当是给老少爷们献爱心了。 (严传盛访谈资料)

"有了钱了要回报社会,舍得献爱心",这是严书记经常说的一句话。在别人看来，严书记属于"财大气粗"的人，他已经为黄村的建设垫进去了400多万元私人资金。在严书记看来，这是他"人过留名"的一种方式。严书记的"献爱心"使我们想起一种古老的仪式，通过向自己的群体分发贵重物品和财物而获得声望、荣耀的夸富宴①（potlatch）。

受到动员的还有丘园的外出务工者丘新奇。自从第一期湖州开发商嫌利润太低撤资之后，丘新奇受到严书记的动员而参与社区建设，到现在经他手修建的房屋已有大约300套，其中别墅44套，步行街和农贸市场200多间。2006年，严书记号召他回来，让他支援村里的工作，哪怕一套房赚一万元，也不要在外面打工了。村集体积极动员社区的资本来搞新社区建设，压低外来资本的利润空间，防止外来资本攫取村民利益。一套房子最多赚4000元，由村社组织控制利润空间，这也是对低价征地的回馈。

六　土地作为总体性呈献

在熟人社会中进行交易，人情的因素不可避免，人情的平衡喻示着相互间权利与义务的平衡交换，而夸富宴则具有纵向的等级交换。前文分析了黄村已经出现的社会分层现象，而等级的交换并不以相同的物品为内容，如夸富宴中低等级者向高等级者回馈的是声望、服从与赞誉，散财被认为是一项德行行为。在黄村的土地流转中，出现了这种具有"总体性呈献"意义的现象，土地是这种道德交换的德行载体。

（一）"自己人"包地

李良是第一位在黄村承包土地的人，且不是通过严书记做中介来进行土地流转的。2008年李良与李垸村民挨家挨户签合同，以每年1000元每亩的租金承包了李垸全部的土地，成立了名为"绿色田园"的龙头企业。在

---

① 通过慷慨馈赠而获得声望，这是一种社会资本的互惠，以保持散财者在群体之中的政治与社会地位，由此向受助者证明了自己的合法权利与"特权"。的确，严书记由于垫钱而获得了大多数村民的支持。哈里斯认为，从表面上看，夸富宴是一种经济交换，实质却是一种物质再分配。参见马文·哈里斯《夸富宴——原始部落的一种生活方式》，《民族译丛》1986年第6期；马塞尔·莫斯：《礼物》，汲喆译，上海：上海人民出版社，2002，第8~9页。

李垸村民李金达的眼中，这一租金水平在当时已经算高的，李良愿意给这么高的租金也是因为"本乡本土"。

> 1000块钱的标准是小良子（李良）定的，他是我们庄子最早说包土地的，给的1000元一亩，这可是在2008年的时候啊！算是非常高的地租，那会粮价才6角钱一斤。（李良）召集大家开会，说是要承包我们的土地，还说都是自己的老少爷们，不会亏待我们。李良是自己爷们，比较老实可靠，每年都要给七八十岁以上的老人送礼。他要是真的不给钱，我们还有地呢，地是跑不了的。　　（李金达访谈资料）

实际上李良不在黄村生活，但他老家是黄村李垸的。李良的父亲在大炼钢铁的时候被招工，一直在雍县供电局上班，家族中只有他奶奶和大伯仍在村里住。李良在雍县经营一家商贸集团，下有四个分公司，一个是"绿色田园"农业科技发展有限公司，农产品的种植、加工、配送、销售一体化；一个是食品公司，加工饼干；一个是商贸公司，主要是代理一线品牌的奶粉、食品、粮油、保健品等，建有很多营销网点；一个是物流公司，主要从事区域配送和货物仓储。从个人资产来看，李良在雍县地区位居前五。

从严格意义上讲，李良早已不是黄村李垸人，但他借用了家族的身份，很好地履行了"自己人"应承担的人情往来，并乐善好施、回馈乡里。李垸共计1200亩土地都流转给了李良，每年的春节、中秋与重阳节，他都会送本庄60岁以上的老人每人一袋米、一桶油和100元红包。同时，村里的红白喜事他也会过来参加，村民有什么需要帮忙的也会极力帮忙。在李垸村，李良的口碑很好。李良的外婆去世的时候，白事的规模很大，李垸几乎全村人都前去走人情。

（二）为自己人看守土地

外来者成为承包大户后，最头痛的问题是前文已介绍过的"偷盗"问题。在熟人社会中，信任的范围并不包括外来者、陌生人，而李余、齐泰、许开这样不愿与本村村民打交道的大户，被村民看作"剥削者"，他们的农场中"偷盗"问题最严重。虽然严书记承诺"逮住狠罚"，但总是落在口头承诺上，不见有实际行动。曾做过大户经纪人的章明说：

> 他们这些外来包地的跟当地干部都不接触，用人也不是本村的，见了本村的人也不主动打个招呼，与本村人没有发生任何关系，不打交道。这样一来，不偷你的，偷谁的呢？按理来说，种粮大户应与村里配合，该采取相应的措施，他们只是私下和我联系，用处不是很大。我不怕得罪人，大集体时候也得罪人呢，要对大户负责任。不支持大户，他们就不会再承包了。　　　　　　　　　　（章明访谈资料）

"与本村人不打交道"点明了外来资本的共同特征，这为何成了本村人理直气壮地"偷盗"的理由呢？本地小农与下乡资本之间存在强烈的等级差异，处于弱势地位的小农往往对这些大户存有警惕心理。因为这些大户都是来自村外的陌生人，他们只愿与村民进行简单的地租交易，而不愿意介入因包地而带来的社会关系。

反观李良的农场，虽然同样是搞蔬菜种植，他的农场却很好地解决了这一问题。得益于李的"德行"举动，李垸人将他视为自己人，为自己人看守农场是一种人情义务，村民以此作为对李良给予的高额地租、年节赠礼等的回馈。在"绿色田园"农场工作的李垸村民能够获得比其他庄子人更高的工资，这让李垸人有了"自己人"的归属感。

李良与李垸村民之间的土地经营权交易并不因地租的支付而宣告完成，以李垸的地界为范围，"绿色田园"构筑了一个熟人经济的范围。作为土地流出者的农民与作为土地承包者的企业家之间建立了包含某种道义色彩的关系，市场交易只是其中的一维，乡土人情是更重要的一维，因为这种关系类型包含了更多的伦理责任。作为富翁的李良需要承担超出市场交易关系之外的责任，包括救济、帮扶和庇护等；作为回报，李垸人愿意长期将土地"托付"给李良，并服从李良的领导。土地的经营权交易构建了熟人范围的"神圣性"，加强了基于地缘、人地一体的"我们感"。这种特征如此明显，使李垸呈现与黄村等其他庄子形成鲜明对比的团结，他们敢于挑战来自前严庄的村书记严化新的权威，严书记一直计划在李垸开展空心村拆除工作，但李垸人更愿意听从李良的号召，自己进行村庄整治。

（三）在熟人经济里再造村落

经济活动不能脱离具体的时空情境而独立存在。在黄村，熟人社会是乡村中经济行为发生的舞台，熟人社会中的基本行为规则和伦理道德会约束市场行为发生的方式。从土地总体性的视野来看，尚未物权化与私有化的土地制度要求将经营权的交易行为置于熟人社会的情境中。土地经营权交易后，集体仍保有所有权，承包权仍在农户手中，这使得交易行为不随流转而完成，农民对于土地的情感仍需要在新的经济体系中得到延伸。土地嵌入在熟人经济这一范畴中，不仅重要，而且必要。

1. "生命价值"谱系之中的土地

农业的发展依托于家庭经营，从村庄层面看，虽然黄村已普遍形成了中等规模经营的老人农业，看似没有实现土地与劳动力的优化配置，但乡村社会中农业生产最重要的落脚点是农户的家庭生计。从具体村落中的农业到宏观层面的农业上，发展的目标都必须落脚、回归到家户生计。中国的小农家庭本质上仍以家庭消费满足为生产目的。从黄村的情况看，农业经营的目标是为了糊口和满足日常开支，并非为了扩大再生产进而追求最大化利润。"生产－消费"的基本生计结构决定了村民劳动的核算并不呈现农场式的"成本－收益"，而是以家户生计要求为标尺。这种生产方式除满足日常性消费外，还包括完成抚育后人、子女教育、子女婚姻及建房这几项"人生任务"，完成人生任务是父代家庭从事农业劳动的主要目的，这些内容也是家庭消费的主要方面。与这些人生任务相关联的是劳动力的劳动周期和生命历程，因此家户生计核算的另一标准即"人生任务－生命历程"，通过这两项标准有利于理解黄村的家户生计的逻辑。

一个家庭的周期主要是以劳动人口和供养人口的配比来运作的。在黄村"恩往下流"的代际结构中，父母完成人生任务是生命价值的具体实现路径。以目前村庄中主体一代的生命历程为对象进行考察，年轻人自成婚之后立即分家，进入自己的代际抚育过程，年轻的父母首先要完成建房和生育的任务，其次需要把子女抚养成人并让其完成教育，这些人生任务的实现均需要家庭的大量资源，仅靠农业的小规模经营所获得的微薄收入是难以实现的。村庄中处于 20～50 岁的中坚一代目前都在城市务工，依靠务工的较高收入来支付完成"人生任务"的开销。完成"人生任务"所需开销一般需要20多年的积累，当前一代人在城市务工并且大多完全离农化，其生命过程都在城市中完成。从目前来看，40~50岁的群体经济负担最重，他们需要负担子女上学的费用、准备子女成婚的费用及建房的费用，他们大多数也是在城市务工最频繁、时间最长的。一旦完成了人生任务，子女成婚并分家后，他们只需要满足日常的生活消费，因此也不需要外出打工，可以回村依靠务农获得基本收入；如果体力尚可，可以留在村里经营更多田地，或者通过调整种植结构来充分利用自家承包地。

在本地"恩往下流"和"子代消费"的代际关系特征下，家庭生计的核心在于完成家庭再生产，而如何安排生计取决于家庭所处的消费阶段，即家庭的成长周期。因分家形成的核心家庭主要是两代家庭，家庭生计的内容取决于子女成长阶段所需要的消费内容。在黄村已经形成了20~50岁在外打工的基本就业格局，因为农地的收入不足以满足家庭消费，青壮年在体力最强的时期只能在城市工业、服务业部门中就业以获取收入，依赖城市收入实现家庭在村庄的再生产。在家庭再生产过程中，家庭的主要经济来源在于城市务工；当家庭再生产完成（即子女成婚分家）后，家庭消费进入新的阶段，即以在村养老为主要任务，此时回村务农成为村民的唯一选择。50岁的村民李新成刚结束了十几年的打工生活回到村庄，他的儿子已经结婚并生子，没必要再在外边拼搏了，可以回村"当老人"，由自己的儿子儿媳外出打工，自己在家带孙子。自己和妻子打工十几年，所赚的钱主要用在供女儿读书、儿子结婚和建房子上，除此之外买了一台小型收割机和一台拖拉机。李新成说这就是自己打工十几年的"成果"。当子女成婚并有了后人，自己的任务就算完成了，可以回村了，如果有余力的话可以再给儿子帮衬一下，没有的话就算了。当李新成的家庭再生产完成后，自己可以回村靠农业"养老"，而自己的儿子开始了和自己一样的生命历程。家庭的延续、世代的绵延就是靠这样的"人生任务"的完成而实现的，这也决定了农户家庭的目标，而家户生计则完全服从于此目标。

在村庄中，"老人"的标志并非年龄，村民完成人生任务就自动进入"老年"阶段，需要带孙子，种田养老。当人生任务完成，50岁以上的老年人就没有来自人生任务的"恩往下流"的强制性压力，就可以悠然地享受养老生活，此时的农业在保证"养老"的同时，兼具消遣的特性①。这种机制下，村庄中以养老为目的的家庭经营都不在意收入的最大化，只是为了保证养老生活的基本需求得到满足，农业经营也以低耗工的主粮种植为主，由此"老人"就有了更多的闲暇来享受村庄生活。

在家户生计的逻辑下，小农经济呈现了与经营式农场完全不同的特征，其经济活动服务于家庭再生产。在黄村，当前家户生计的逻辑表现为中青年外出务工，老年人成为农业主力，这里的老年人是指完成了人生任务的父母一代，他们度过了家庭消费最大的周期，可以进入养老状态。他们在村的农业以"养老"为底线目标，不会为追求经济最大剩余而耗费自己的养老时间。以完成人生任务为节点，这种情况一般只有在50岁左右才能出现，这就构成了村庄的"空心化"特征和"老人农业"现象，农地在此时的养老保障功能更加凸显，村落已经转向为"养老村"。

2. 再造"农民"

在村庄中因土地占有的多少而产生了村庄的社会分化，但土地多寡并没有带来村民分化的极化，原因首先在于小农经营户均不过10亩，土地规模即使有差异，也不足以构成严重的社会分化。其次，村民家户收入的主要来源早已不是务农，而是依靠务工收入，两副拐杖可以缓冲因土地不均造成的收入差距。再次，土地的流转使村庄出现农地的重组，黄村约80%的家户实际种植面积达到了10亩以上，其中包括开荒地和"借田"。因此，本村依靠农地占有而产生的分化并不严重，村庄中产生了土地较为集中的中等规模经营者。中等规模经营的标准是相对的，是由村庄中的农地分化结构对其进行定义的。黄村实际种植面积达到10亩以上的是普遍水平，20亩以上的并不算多。对于"户均不过十亩"的小农来说，村庄中已经有一批相对来说具有中等经营规模的农户，他们依赖务农的收入能够达到中等水平的收入，由此这些人便能够在村庄中体面地生活。因为他们的社会关系与经济关系都在村庄社会，也因此成为村庄中的生活主体和生产主体，这些人构成了村庄的中间阶层。

黄村是黄淮海平原一个以主粮生产为业的农业村，近年呈现的土地变

---

① 费孝通、张之毅：《云南三村》；北京：社会科学文献出版社，2006，第110页。

革正是城市化背景下中国农村剧烈变迁的一个缩影。黄淮海平原人口密集度高，道路交通便利，土地经营维持在"人均一亩半，户均不过十亩"的小规模水平，这是现代农业发展的硬性约束。这种小农经营规模无法满足青壮年家庭的再生产需求，随着城市化的发展，城市产业吸纳了这批青壮年劳力，大量人口外流。纯农业村无法容纳过多劳动力，具有劳动力优势的年轻人都流动到城市，作为辅助劳力的老年人只能留守村庄，农村出现"空心化"。随着人口外流，土地的自发流转也在村庄中得以发生，房头内流转形成的中等规模经营的"老人农业"构成了黄村农业的主要特征。对纯农业村来讲，经营者的主要收入来源于农业生产，而按照当地稻麦两季轮作的主粮生产模式，亩均只能达到每年1200元左右的收入，这一收入水平仅仅能满足经营者家庭的日常消费，耕地面积需要达到中等经营规模才能过上体面的生活。纯农业村的过低收入使得经营农地的群体只能是辅助性的劳力，即50岁以上的老人。他们无法外出务工，但农业收入足以满足其日常生活消费，对于农户生计平衡具有重要意义。从某种程度上讲，此时的农地所承担的是农村老年人的养老职责。以"空心化"村庄与"养老型"农地为基础的农业生产具有"维持型"特征，农地被用以维持老年农民群体的基本养老生活，粮农的生产逻辑即养老逻辑。农业生产是老年人赖以生存的饭碗，因此只要能劳动，老人就会大量投入劳动以获取尽可能多的收入。但因老年人的劳力所限，他们大部分仍以低耗工的主粮生产为主。

3. 中坚农民的可持续生计

在以老年群体作为粮食主要生产者的背景下，村庄内也出现了部分中等经营的农民。如前文所讲的小李家的农民李金宇是笔者在2012年访谈过多次的，在很多村民出门打工后，李金宇仍旧坚守在农村搞生产，是本村为数不多的年龄不大的留守者之一。成为留守人员他也有自己的苦衷，他在雍县为子女陪读期间醉酒骑车而出了车祸，左腿落下了残疾，无法在劳动力市场找到合适的工作，回村种地就成了唯一选择。而同样因健康问题而留守在村的同村农民李建设，成了他最好的朋友。

虽然落下了残疾，但李金宇在农作方面毫不含糊，没法出去打工，也就坚定了他在家搞生产的决心。当前的农村并不是创造财富的最优地点，但李金宇的家庭生计完全体现了小农家庭多元经营的活力。李金宇养猪15

年，现在成了本村的养猪专业户。小农家庭经营的优势就是可以通过各种措施降低生产成本。李金宇夫妻二人的辛勤劳作足以承担养猪的活计，也有余力种田，还能经营一座蘑菇大棚，其余时间还可以为本地的大户开联合收割机挣钱。一年收入 20 万元左右对于李金宇来说并不是难事，如今李金宇翻修了猪舍，准备扩大饲养规模，猪舍的砖瓦是在拆迁村庄回收的旧砖瓦，猪舍的建设也主要靠自己和亲戚帮忙，一砖一瓦地砌起来，然后自己一块一块地粉刷好。自建的猪舍能够容纳 100 头猪，但造价不过 2 万~3 万元，远没本村丘志、顺达养殖场的现代化猪舍投入高。李金宇这样的农民成了村庄的中坚力量，他们的经营方式就是通过家庭多元经营而实现的"猪粮中农"的三角式经济。

"猪粮小农"是对传统小农经济的一种形象描述，是指家庭经营的小农利用"人均一亩三分、户均不过十亩"的耕地面积种植粮食作物，同时兼职搞点养殖业，自家养 2~3 头猪①。中国"猪粮小农"的兼业模式曾为农业总量提供了 77% 左右的份额。传统小农经济经过政策变革、技术升级以及城市化的影响，在黄村已经形成了超出"小农"特征的"中等"经营规模。"中等"是一种高于小农既有资源禀赋，同时又低于资本式大农场或政府提倡的大户经营的规模，是一种经营程度的经验描述。以黄村为例，全村近年来形成了以家庭为单位的中等规模养猪（20~100 头）以及中等规模的粮食种植（20~200 亩）的"猪粮中农"的经营形式，数量在 10 户左右，且多年稳定经营，能够获得较好的收入。李金宇的哥哥在黑龙江定居，侄子经商，都很有钱，他们的地都无偿交给李金宇来种，这样李金宇就有了 20 亩地的中等规模。侄子有钱，大家庭之间的感情也好，侄子为他在新农村买了两间房子，还想把自己的比亚迪轿车按 1 万元的价格转给李金宇，不过他不同意，因为他不需要，出村赶集办事就骑着自己的电瓶车，平时劳动穿破旧衣服，老家的房子也比周围邻居的破旧不少，吃饭也很随意简朴，这就是中国北方农民千年传承的"过日子"的方式，他们是当今乡村文化的传承者。

---

① "猪粮小农"源于温铁军对中国传统小农的描述，是指以小农家庭为单位，种点粮食并养点牲口的一种小型兼业。这种小农形态在中国相当普遍，大约占一半，也包括兼做小规模的果树、蔬菜、鱼、小作坊、小手艺等，这种兼业方式能保证他们获得更多收入。

第九章　结语

当前，一种促使土地发生生命转换的政治经济结构与文化思潮正在对整体性社会产生影响。黄村的土地在短短几年间发生了多种形态的变化，而所有的变化都指向同一个问题，即土地如何在"生产主义"导向下催生的市场交易和社会治理体系中被重新定义和定位。"生产主义"这一现代意识形态将地方政府、乡村精英与农民一道纳入了乡村变化之中。

一　土地的总体性

在以"现代化"为目标的发展蓝图中，"小农经济"所代表的小规模农业从来都不属于现代的范畴，既然工业化与市场化被作为经济领域中"现代化"的方向，以此来改造传统农业就具有了极强烈且"致命的自负"。与工业化与市场化相伴生的，是对城市化的热切企盼。

（一）乡村的大清理

黄村遭遇的土地变革并非孤例，在"生产主义"逻辑的推动下，一场改造乡村"清理"运动早就伴随着中国现代化蓝图的展开发生了。有学者统计的数据表明，源自20世纪90年代以来的征地拆迁浪潮中，以开发区建设和城市的扩张为内容的土地征迁已经造成了如下后果：吞噬了8300多万亩耕地、清除了至少140万个自然村和1亿2700多万小农①。黄村所发生的

---

① 张玉林：《大清场：中国的圈地运动及其与英国的比较》，《中国农业大学学报》（社会科学版）2015年第1期。

平坟、征地、拆迁、合村并居、农民上楼、土地整村流转、土地平整以及示范园区等现象，其本质都是在"清理"土地，消解了土地之上的人群、建筑以及附着在土地上的文化。这些并非地方性或局部性的现象，已经成为全国性的现象。

黄村所在的省份以"美好乡村"作为对各项做法的总体概括，华北一个省份则用"新民居"来策划全省的农村改造。这引发了一些社会矛盾，如失地农民问题、暴力拆迁问题、工商资本下乡圈地问题，当然，对于乡村的"清理"与圈地运动有很大的不同①，但其相似性在于，工业化、城市化的进程对于小农经济、乡村社会与乡村文化的破坏是不可避免的，也是不可逆的。而且，这种破坏可能会持续到城市化和工业化高度发达才会告一段落。

这些"化"的背后，是关于现代社会作为"更高一级"存在的进化论思维。在"生产主义"意识形态下，落后的、生产不足的、无效率的农业与农村总是要向着先进的、生产力提高的、有效率的企业与农场社区的方向演进。这种进化论的思维自然而然地衍生出了对涉"农"字眼歧视的文化现象，这些歧视成为促使土地发生生命变化的文化动力。"生产主义"使农业与农村的价值边缘化，进而产生了以农为贱的观念、意识、言说、价值取向等。它表现为贬低农村和农业的价值，从文化和价值层面否定、从实践层面上消灭小农经济、村落社会和熟人关系。它不只是停留在对城乡二元制度层面的区隔，而是包括了对小农经济和乡村社会的观念歧视，这些都属于"发展主义"的极端形态。当对于"生产至上"的追求成为一种发展信条，在城乡二元之间建立了发展次序，将工厂、企业当作发展的方向，将家庭生计、分散的小农视为落后的存在，现代农业转型与城市化进程中的圈地、消灭村庄、驱逐农民现象也便成为必然。正是由于文化动力和经济动力形成了合力，才使得针对中国乡村的"清理"运动势如破竹。因此，从制度和文化两个层面上我们都需要革新当前的"生产主义"理念，

---

① 张玉林通过圈地的延续时间和圈地面积、圈地的主体和圈地前后土地所有权的变化、圈地的用途、圈地的形式和手段、圈地的影响和后果五个方面对二者进行了比较，参见张玉林《大清场：中国的圈地运动及其与英国的比较》，《中国农业大学学报》（社会科学版），2015年第1期，第19~45页。

建立城乡平等的观念，强调乡村在制度与文化上的价值和必要性，重新确立乡村发展的原则与制度体系。

（二）"理想"的"社区"

本书一再强调，地方政府、乡村精英与农民都已成为"生产主义"的囊中之物，这种文化范畴的存在使乡村生活弥漫着一种激进亢奋的对自我存在状态进行否定的共识。因为总是存在着比较，普遍存在一种对城市空间中琳琅满目的物质，整洁开阔的居所以及理性的、可计算的生活状态的向往，这也意味着，黄村所进行的土地变革有一部分来自村民的"协力"，一些农民对自己当前生活现状不满，将原因归咎于土地的低回报，乡村精英、"公司主义"的代理人严书记则以土地变革作为突破口，有关黄村土地改革的试验便获得了很多村民的支持。有理由相信，严书记对于村庄建设的规划、产业布局的设计以及农民生计的安排都是出自真诚的情怀，因为他也是这种"生产主义"的相信者。

对于城市的向往决定了上述主体对于乡村建设蓝图的基本设计，土地改革试验的主导者严书记自陈，之所以要搞土地改革试验，就是因为很多外出打工的人过年回家后，总向他抱怨怎么这么多年老家一点变化都没有，处处让人过年过得不舒服。这种返乡者焦虑同时也是严书记的焦虑在激进亢奋的"发展主义"中，不改革就意味着落后。而在蟠镇政府看来，严书记这样大手笔、大动作的发展，才是一种"有开拓能力、创造能力"的表现。

实际上，"理想"的"社区"总在被城市文化所界定，个人在其中的"创造"与"开拓能力"展演的空间并不是很大，这一点可以从黄村的宣言看出，无非"城里有的咱都得有"，"农村不比城里差"。这句宣言已经昭示了黄村一系列改革的最终发展方向，当然，这种表述仍存在一种强烈的不自信色彩。严书记津津乐道的一项可资夸耀的政绩是，黄村的农民健身广场建设的质量，要比浍市的标志性广场河滨广场更高，水泥铺设的厚度也要厚得多；广场、绿化带、居住小区、河堤长廊、农贸市场等规划区域，其功能设计与建设标准都是从城市规划部门获得的。笔者在黄村居住的地方离广场极近，这个广场除了晚上的广场舞会有村民前来围观外，大多时

候的功能就是供各级领导前来指导工作、调研参观和观摩学习。对城市的
向往，鼓舞着人们对脚下这片土地进行大刀阔斧的改造。

（三）生命的废弃

围绕土地的变革试图在多个方面为全社会的"生产主义"服务，一
是给城市工业部门提供大量劳动力，二是为工商企业下乡提供易得且便宜
的土地，还有一种说法认为城镇化能够极大地扩大内需，进而促进生产的
发展。

在推动土地整村流转的过程中，严书记给村民做动员时讲："把土地
流转出去，你就可以没牵挂地出去打工，不用一年回来两三趟耽搁时
间。"对那些在城市中工作顺利的人来讲，账确实可以这么算，因为土地
流转的确在将那些无农可务的人推到劳动力市场中。最新统计数据显示，
中国农民工人数约 2.69 亿，他们在生产性社会中获得了生计来源。但从
总量上看，还有更多人没有流动到城镇，或者并未在城镇找到稳定的工
作。其中，老年人、承担家务劳动的妇女以及处于受教育阶段的孩子，成
了村庄中的主要群体，他们是无法在由"生产主义"主导的经济社会中
寻找到位置，没有机会或能力在城市就业的人，成为"生产主义"社会
中"废弃"的生命。

村庄已经成为这些"废弃"生命的集中区，在劳动力市场竞争失败的
人只能回到村庄，这包括了那些不具年龄优势的、残疾的或身体虚弱的农
民，以及被家庭再生产任务所拖累的妇女。如果将这些群体放置在城乡互
动的框架下看，可以认为农村为城市经济的繁荣发挥了劳动力再生产和失
业救济的功能，农民保有的土地使他们在竞争失败后有最后一份保障，这
也就是土地所承担的稳定器和蓄水池功能。黄村一位 70 多岁的老年人对笔
者说，自己老得不能动了，也不像那些拿退休金的"富老汉"，已经成了子
女的拖累，应该"坐快车到那边去了"。这种情况在农村并不少见，在一些
地区，农村老年人自杀已经愈演愈烈①。

"土地流转+外出务工"的模式是否可以持续？一些社会学者表达了担

---

① 刘燕舞：《中国农民自杀研究》，北京：社会科学文献出版社，2014，第 7 页。

忧，按照 2013 年的数据，53.6% 的农民工从事制造业与建筑业①。从地域上看，在东部地区就业的农民工以从事制造业为主，在中部地区就业的农民工从事建筑业与制造业并重，在西部地区就业的农民工以从事建筑业为主。这意味着，农民工的就业是与经济形势紧密相关的，2014 年全国建筑业萎缩，导致黄村很多长期从事建筑业的农民工不得不留守在家或者接受本地的低薪工作，"生产主义"将为经济不平衡留下隐患。在经济情况不好的时候，农民工有乡可归、有地可种是重要的。

二　把道德经济拉回抗争的中心

土地是什么？"生产主义"需要将土地虚拟为可被商品化，进而作为能够实现产出效率的生产要素，构建市场体制，为土地提供设定的价格，最终使其成为资本的一种特定形式，而当前所发生的土地社会生命之转换，正是一种表现。

伴随着土地的生命转换，乡土社会在遭受不可逆的扭转，而"生产主义"逻辑相信，生产和再生产将成为财富增加的唯一来源，用市场机制重新配置土地，是兑现土地中蕴藏的财富的方式。所谓市场，就是将农民所植根的土地通过交易的方式转变性质和使用方式，正如在黄村出现的以地租形式对土地进行"赎买"，租地者希望通过地租一次性结束与村民之间的关联。实际上，我们在黄村发现了莫斯所描述的"总体性社会事实"的土地流转，农民在交出土地的同时，也对交易增添了人情、情感和回馈的期待，不仅仅是对 1000 元/亩/年的租金的期待，土地流转、土地征用过程中的总体性，交换的包括庇护的责任。

严化新和李良是黄村的包地大户，虽然他们并不是农地的实际经营者，但村民不愿与二人的次级承包者打交道。这些次级承包者往往是外来者，而严李二人是"自己的老少爷们"，并且是集权力、资产与势力于一体的"大人物"，农民们并不期待与他们"一次性付清"，而是遵循村落社会的人

---

① 参见《2013 年全国农民工监测调查报告》，http://www.gov.cn/xinwen/2014 – 05/12/content_2677889.html。

情规则，去建立绵延不断的往来关系。土地"托付"的人情债需要"大人物"用其他方式进行偿还，比如针对农民的救济和庇护。同样的，农民对国家拆迁的不抵抗，也并非完全寄希望于征地补偿，他们认为土地被征用是为国家做贡献的一种方式①，而贡献的回馈，则是国家对失地农民的无限责任，在农民遭受损害，国家应给予保护。在笔者田野调查时，遇到暴雨造成农民小部分玉米受涝，灾害不严重，能够通过补种或改种来减少损失，但是农民异口同声地要求笔者"向上边反映，要给农民补贴"。因笔者来自"上边"，农民要笔者向上边反映各种问题，大多数要求国家给予补贴，还有大量需要国家解决的其他问题，如门前水塘积水，要国家拨钱整修一下；农田灌溉要用柴油，要国家出钱拉设电网；组内道路还是土路，要国家出钱硬化；有位村民为大户看守农场，电机房的机器被雷击损坏，要求笔者向国家反映，让政府出资维修或者换台新的电机。种种要求，让人哭笑不得，似乎在每个层面上，国家都应该解决村民无法解决的问题，国家应该以补贴来扶持农民的生产生活的方方面面。

无论是亲属、熟人还是国家，在农民认可的"自己人"范围内，土地的交换（无论是流转、征地还是调地）都不以货币的结清作为双方关系的终结，伴随土地送出的，还包括情感与道义等期待。这与"礼物"的总体性呈献功能有异曲同工的地方。"自己人""老少爷们"是黄村村民对自身所处的熟人关系的地方化表达。在土地的交换中，只谈经济交易是一种"见外"的行为，在"自己人"的社会关系中，需要发生更多内容的往来。

以总体性眼光审视土地，"生产主义"不仅在打破土地所产生的社会形式，也在损害土地本身。当以生产至上、效率至上的观念去面对土地这一自然物时，涸泽而渔式的土地利用就成为必然，生物化学技术的滥用已经成为以经济作物为主的农场的唯一选择，土地污染与板结的问题已经出现。于伍的芥末农场每两年需要进行一次休耕，但他并不打算这么做，在承包期内耗竭地力，休耕期立马从黄村退租。这批怀揣着机会主义梦想的人正

---

① 朱晓阳认为这种"贡献"的观念促使农民屈服于国家的征地，以及没有理直气壮要价的行为。参见朱晓阳《小村故事：地志与家园》，北京：北京大学出版社，2011，第103~104页。

在盘算着如何从土地上迅速获得收益。

乡民经济观确实与市场经济观有明显的鸿沟，虽然乡民在很多方面已经浸染在市场经济的深潭里，但在与土地相关的行为中，我们仍能看到尚未隐去的或已重新编织的道德经济的影子，这种道德经济发生在熟人社会之中。农民们期待熟人社会中的互惠原则能够使他们免受过多损失。

在这种意义上，对道德经济的强调实际上是为了让乡村不致被"生产主义"的极端形式所侵扰。在黄村我们已经看到了土地变革所带来的某些极端后果。对"生产主义"的警惕并非忽视物质生产，虽然物质生产是人们生存的基础条件，但生命价值与社会关系并不能完全以物质财富的形式来衡量，农民日常生活的内容也不能完全被生产所填充。农民并非抵制发生在土地之上的各项变革，相反，我们看到了乡民经济与市场经济之间相契合的地方很多，但地方政府、乡村精英以及村民之间的这种"协力"并非没有限度，农民并没有准备为了迎接"新社区"的到来而大量放弃传统生计资源。当他们对已经改造过的生活感到不适的时候，便会反过来质疑进行土地改革试验的动机，以及怀疑主导者严书记的情怀，此时，一些基于传统道德经济的行为便会自发地实践开来，成为激进的改革试验的"反向运动"，我们可以把这些行为看作对"生产主义"的抗争。这些抗争行为包括农场"偷盗"、垦荒运动、窝棚秩序、养老地以及自发流转土地等多种现象，这些是在应对"生产主义"的浪潮中自发产生的反向行为。保持这种反向的抗争是必要的，因为所有经济活动从来就不单纯只有"生计"或"市场"两端，当"生产主义"的药方太过猛烈，当村庄外的力量对土地的渴求太过贪婪，黄村呈现的那些极端的后果已经不可避免地发生了。

不得不承认，以"生产主义"为内核的发展观将会持续地、逐步地改变小农经济、乡土社会和乡村文化，一些简单粗暴的使农民离开土地的做法正在被当作"先进经验"进行宣传推广。重新思考道德经济的可能，也是为那些可能被"生产主义"所抛弃的人们提供生存空间与自主性。土地的传统形态已然不在，而"生产主义"所期待的土地形态并不完全可能，在二者之间，由黄村农民自主调适而产生的道德经济将是大有发展空间的。道德经济的生命力，也使我们有理由批判黄村正在上演的一些土地改革的政策实践，也有理由去赞赏那些包含着道德色彩的经济活动，从道德经济之中我们可以看到土地的生命是如此重要，以至于需要时刻警惕"生产主义"的极端形式。波兰尼曾警告，把土地与人口的命运交由市场安排就等于消灭了它们①。

---

① 卡尔·波兰尼：《大转型：我们时代的政治与经济起源》，冯钢、刘阳译，杭州：浙江人民出版社，2007，第113页。

附　录

附录一　雍县多措并举推进土地流转

近年来，我县紧紧围绕现代农业"两县"建设，全力引导农村土地向家庭农场、农民合作社和农业企业等新型经营主体集中，着力打造粮食、蔬菜、畜禽、林木四大产业。截至目前，全县流转土地57.3万亩，流转率达到26.6%。在引导土地流转中，我县努力做到了"两优"、"两严"、"两创新"。

一　两优

（一）优质服务

一是搭建土地流转平台。建立县、乡、村"三级"土地流转服务机构，县财政拨付专项资金，购置办公设备，同时，完善土地流转各项规章制度。目前，全县已建成1个服务中心，20个分中心，276个服务站，初步建成县有中心、乡有站所、村有信息员的土地经营权流转服务体系。

二是及时发布流转信息。我县通过"两网一平台"及时提供各乡镇土地流转信息，即政府网、农业信息网、土地流转平台，并由专人负责信息更新，确保信息及时高效。

三是规范流转合同及程序。通过土地流转平台，引导农户与承包方签订规范流转合同，明确流转方式、流转期限、流转用途及双方责权，并由乡镇分中心归档备案。同时，流转行为充分尊重村组意见，合同生效必须由村委会同意盖章、公示，并由乡镇审查，使土地流转工作更加规范、有序。

四是建立社会化服务体系。一方面强化公益性服务机构。全县共有公共服务机构87个，其中农技26个，畜牧29个，农机32个，提供新技术新机具新品种推广应用、信息咨询、技术指导等公益性服务。另一方面培育经营性服务组织。引导建立了以农业企业为龙头，家庭农场为基础，农民专业合作社为纽带的现代农业产业联合体。联合体各方通过签订生产服务合同、协议，确立各方的责权利。农业企业以优惠的价格向家庭农场和农民专业合作社提供农业生产资料，以高于市场的价格回收农产品；农民专业合作社起到中介纽带作用，为家庭农场提供产前、产中、产后服务。目前，全县已创建农业产业联合体18家。

（二）优惠政策

一是财政奖补支持。为进一步推进农村土地流转，县委、县政府采取切实有效的措施，加大奖补力度。对新型经营主体当年流转土地在300亩以上的，每亩奖励150元；当年新建节能日光温室连片10亩以上的，每亩一次性补贴5000元；农业企业、合作社当年新增连片100亩以上钢构大棚的，每亩一次性补贴1000元。对新建苗木花卉标准化生产连片面积在50亩以上，且投资额在20万元以上的，每亩补助500元。

二是项目倾斜支持。整合农机购置补贴、农机作业补贴、粮食高产攻关、小农水重点县等涉农等项目，大力实施5588工程，改善新型经营主体基础设施。同时，通过实施基层农技推广体系建设、阳光工程培训等项目，强化新型经营主体发展技术支撑，推进农业生产全程社会化服务试点工作，为全县土地规模化经营创造条件。截至目前，全县整合项目资金1亿多元，培训农民2000余人次。

三是土地确权支持。为全面深化农村改革，赋予农民对承包地占有、使用、收益、流转及承包经营权抵押、担保权能，我县积极推进农村土地承包经营权确权登记颁证工作，解决农民承包地块面积不准、四至不清、位置不明、登记簿不全等问题，给农村土地上"身份证"，让农民吃上"定心丸"，为巩固完善农村基本经营制度，加快土地规模流转创造有利条件。

二　两严

（一）严格限制土地用途。"土为农之本，民以食为天"，我县在大力推进土地流转过程中，通过与承包方签订合同、严格执行《土地管理法》等方式，对耕地实行特殊保护，严格限制农用地用途，严禁改变土地的集体所有性质和改变土地的用途，坚决杜绝基本农田离粮远、非农化。

（二）严格控制流转规模。我县在土地流转过程中，坚持依法、自愿、有偿的原则，严禁政府强行推进，促进土地适度规模经营，逐步把土地向种田能手集中，提高土地的产出效益和综合利用率，实现农村土地、人力、资金等资源的优化配置。

三　两创新

（一）创新土地托管。积极培育社会化服务组织，鼓励有实力的合作社和企业实行土地托管，提升农业经济效益，积极引导服务组织与农户签订托管协议，实现农户与合作社双赢。目前，全县小麦、玉米全程托管服务签订面积50135亩，植保、收获两个环节托管面积8000亩。

（二）创新土地流转模式。为使农民共享现代化成果，充分保障农民公平分享土地增值收益，我县积极探索，敢为人先，与中信信托公司联合推出国内首单土地经营权集合信托计划1301期，将集合的5400亩农村土地承包经营权委托流转给中信信托，由中信信托统一运营，由信托公司委托农业公司经营管理，建设现代农业循环经济产业示范园。通过土地信托，农民每亩1000斤小麦的土地租金更有保障，还可到产业园打工获得工资收入，同时享受土地增值收益。

附录二 黄村新村建设规划图

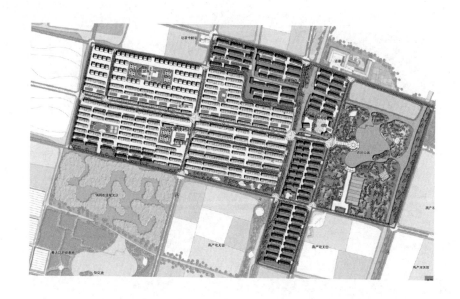

附录三　黄村公共服务设施分布图

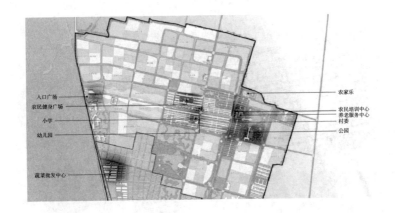

参考文献

A. 恰亚诺夫：《农民经济组织》，萧正洪译，北京：中央编译出版社，1996。

安东尼·吉登斯：《超越左与右——激进政治的未来》，李惠斌等译，北京：社会科学文献出版社，2000。

安东尼·吉登斯：《历史唯物主义的当代批判》，郭忠华译，上海：上海译文出版社，2010。

埃里克·沃尔夫：《欧洲与没有历史的人民》，赵丙祥等译，上海：上海世纪出版集团，2006。

埃文思－普里查德：《努尔人：对尼罗河畔一个人群的生活方式和政治制度的描述》，褚建芳等译，北京：华夏出版社，2002。

鲍德里亚：《生产之镜》，仰海峰译，北京：中央编译出版社，2004。

布劳尼斯娄·马林诺夫斯基：《西太平洋上的航海者》，梁永佳等译，北京：华夏出版社，2002。

陈锋：《分利秩序与基层治理内卷化：资源输入背景下的乡村治理逻辑》，《社会》2015年第3期。

陈锋：《"祖业观"：嵌入乡土社会的地权表达与实践》，《南京农业大学学报》（社会科学版）2012年第3期。

陈翰笙：《解放前的地主与农民》，北京：中国社会科学出版社，1984。

陈辉：《过日子：农民的生活伦理——关中黄炎村日常生活叙事》，北京：社会科学文献出版社，2016。

陈进国：《信仰、仪式与乡土社会：风水的历史人类学探索》，北京：中国社会科学出版社，2005。

陈靖：《从"人生任务"看农民的生命价值》，《西北农林科技大学学报》（社会科学版）2017 年第 1 期。

陈靖：《中国小农"多元经营的家庭生计"》，《南京农业大学学报》（社会科学版）2013 年第 6 期。

陈奕麟：《重新思考 Lineage theory 与中国社会》，《汉学研究》1984 年第 2 期。

陈奕麟：《香港新界在二十世纪的土地革命》，《"中央研究院"民族学研究所集刊》1986 年第 61 期。

陈义媛：《资本主义式家庭农场的兴起与农业经营主体分化的再思考——以水稻生产为例》，《开放时代》2013 年第 4 期。

陈志明：《东南亚华人的土地神与圣迹崇拜》，《广西民族学院学报》（哲学社会科学版）2001 年第 1 期。

陈支平、郑振满：《清代闽西四堡族商研究》，《中国经济史研究》1988 年第 2 期。

戴维·艾伦·佩兹：《工程国家：民国时期（1927-1937）的淮河治理及国家建设》，姜智芹译，南京：江苏人民出版社，2011。

杜靖：《作为概念的村庄与村庄的概念——汉人村庄研究评述》，《民族研究》2011 年第 2 期。

杜靖：《九族与乡土：一个汉人世界里的喷泉社会》，北京：知识产权出版社，2012。

杜赞奇：《文化、权力与国家：1900～1942 年的华北农村》，王福明译，南京：江苏人民出版社，2003。

杜正胜：《传统家族试论》，载黄宽重、刘增贵《家族与社会》，北京：中国大百科全书出版社，2005。

E·迪尔凯姆：《社会学方法的准则》，狄玉明译，北京：商务印书馆，1995。

费孝通：《家庭结构变动中的老年赡养问题》，《北京大学学报》（哲学社会科学版）1983 年第 3 期。

费孝通：《江村经济——中国农民的生活》，北京：商务印书馆，2002。

费孝通、张之毅：《云南三村》，北京：社会科学文献出版社，2006。

费孝通：《乡土中国　生育制度》，北京：北京大学出版社，2007。

费孝通：《中国士绅》，赵旭东等译，北京：生活·读书·新知三联书店，2009。

费孝通：《中国城镇化道路》，呼和浩特：内蒙古人民出版社，2010。

费孝通：《乡土重建》，长沙：岳麓书社，2012。

费孝通：《中国城镇化道路》，呼和浩特：内蒙古人民出版社，2010。

高圣平、刘守英：《集体建设用地进入市场：现实与法律困境》，《管理世界》2007年第3期。

葛学溥：《华南的乡村生活——广东凤凰村的家族主义社会学研究》，周大鸣译，北京：知识产权出版社，2012。

国务院发展研究中心农村部课题组：《稳定和完善农村基本经营制度研究》，北京：中国发展出版社，2013。

桂华：《"过日子"与圆满人生——论农民宗教生活的基本形式》，中国农村研究青年论坛，2011。

桂华、余彪：《散射格局：地缘村落的构成与性质——基于一个移民湾子的考察》，《青年研究》2011年第1期。

桂华：《礼与生命价值》，北京：商务印书馆，2014。

郭亮：《集体所有制的主体为什么是"模糊"的？——中山崖口：一个特殊村庄存在的一般意义》，《开放时代》2011年第7期。

哈斯特普：《迈向实用主义启蒙的社会人类学》，谭颖译，《中国农业大学学报》（社会科学版）2007年第4期。

韩敏：《回应革命与改革：皖北李村的社会变迁与延续》，陆益龙等译，南京：译林出版社，2007。

何怀远：《生产主义发展观的价值维度——生产主义的批判与超越》，北京：社会科学文献出版社，2005。

何怀远：《迈向实用主义启蒙的社会人类学》，谭颖译，《中国农业大学学报》（社会科学版）2007年第4期。

贺雪峰：《乡村选举中的派系与派性》，《中国农村观察》2001年第4期。

贺雪峰：《乡村社会关键词：进入21世纪的中国乡村素描》，济南：山东人民出版社，2010。

贺雪峰：《论利益密集型农村地区的治理——以河南周口市郊农村调研为讨论基础》，《政治学研究》2011 年第 6 期。

贺雪峰：《论富人治村：以浙江奉化调查为讨论基础》，《社会科学研究》2011 年第 2 期。

贺雪峰：《新"中农"是今后中国农村社会的中坚力量》，《农村工作通讯》2014 年第 7 期。

胡庆均：《汉村与苗乡——从 20 世纪前期滇东汉村与川南苗乡看传统中国》，天津：天津古籍出版社，2006。

华琛、华如璧：《乡土香港：新界的政治、性别及礼仪》，张婉丽等译，香港：香港中文大学出版社，2011。

黄迪：《清河村镇社区——一个初步研究报告》，《社会学界》1938 年第十期，燕京大学社会学系主编。

黄小虎：《征地制度改革和集体建设用地流转》，《经济研究参考》2008 年第 31 期。

黄应贵：《物与物质文化》，台北："中央研究院"民族学研究所，2004。

黄应贵：《人类学与物质文化》，载王铭铭主编《中国人类学评论》（第三辑），北京：世界图书出版社，2007。

黄宗智：《华北小农经济与社会变迁》，北京：中华书局，2000。

黄宗智：《制度化了的"半工半耕"过密型农业》，《读书》2006 年第 3 期。

黄宗智：《中国的隐性农业革命》，北京：法律出版社，2010。

黄宗智、高原、彭玉生：《没有无产化的资本化——中国的农业发展》，《开放时代》2012 年第 3 期。

黄祖辉、王朋：《农村土地流转：现状、问题及对策——兼论土地流转对现代农业发展的影响》，《浙江大学学报》（人文社会科学版）2008 年第 2 期。

黄祖辉：《农业现代化：理论、进程与途径》，北京：中国农业出版社，2003。

胡庆均：《汉村与苗乡——从 20 世纪前期滇东汉村与川南苗乡看传统中国》，天津：天津古籍出版社，2006。

汲喆：《礼物交换作为宗教生活的基本形式》，《社会学研究》2009 年第 3 期。

金耀基：《从传统到现代》，北京：中国人民大学出版社，1999。

景军：《神堂记忆：一个中国乡村的历史、权力与道德》，福州：福建教育出版社，2013。

焦长权：《魂归何处："阴宅"的法律属性与社会功能初探》，《中国农业大学学报》（社会科学版）2013 年第 2 期。

卡尔·波兰尼：《大转型：我们时代的政治与经济起源》，刘阳等译，杭州：浙江人民出版社，2007。

卡尔·马克思：《资本论》，中共中央马克思恩格斯列宁斯大林著作编译局译，北京：人民出版社，2004。

卡尔·魏特夫：《东方专制主义：关于极权力量的比较研究》，北京：中国社会科学出版社，1989。

康拉德·科塔克：《远逝的天堂：一个巴西小社区的全球化》，张经纬等译，北京：北京大学出版社，2012。

科大卫：《皇帝和祖宗：华南的国家与宗族》，卜永坚译，南京：江苏人民出版社，2009。

克利福德·格尔茨：《文化的解释》，韩莉译，北京：译林出版社，1999。

李国庆：《中国村落共同体的论战——以"戒能－平野论战"为核心》，《社会学研究》2005 年第 6 期。

李景汉：《定县社会概况调查》，上海：上海人民出版社，2005。

李强：《转型时期城市"住房地位群体"》，《江苏社会科学》2009 年第 4 期。

李亦园：《台湾的民族学田野工作》（台大考古人类学系专刊第四种），台北：台大考古人类学系，1967。

林美容：《由祭祀圈到信仰圈——台湾民间社会的地域构成与发展》，载《第三届海洋发展史研讨会论文集》，台北市：中央研究院三民主义研究所，1988。

林耀华：《金翼：中国家族制度的社会学研究》，庄孔韶等译，北京：生活·读书·新知三联书店，2008。

林耀华：《义序的宗族研究》（附：拜祖），北京：生活·读书·新知三联书店，2000。

刘朝晖：《超越乡土社会：一个侨乡村落的历史、文化与社会结构》，北京：民族出版社，2005。

刘克祥：《1927-1937年的地价变动与土地买卖——30年代土地问题研究之一》，《中国经济史研究》2000年第1期。

刘克祥：《20世纪30年代地权集中趋势及其特点——20世纪30年代土地问题研究之二》，《中国经济史研究》2001年第3期。

刘克祥：《20世纪30年代土地阶级分配状况的整体考察和数量估计——20世纪30年代土地问题研究之三》，《中国经济史研究》2002年第1期。

刘锐、刘小峰：《农村阶层分化与"住房地位群体"》，《人文杂志》2014年第5期。

刘燕舞：《中国农民自杀研究》，北京：社会科学文献出版社，2014。

卢晖临：《通向集体之路：一项关于文化观念和制度形成的个案研究》，北京：社会科学文献出版社，2015。

路易·迪蒙：《论个体主义：对现代意识形态的人类学观点》，谷方译，上海：上海人民出版社，2003。

罗红光：《不等价交换：围绕财富的劳动与消费》，杭州：浙江人民出版社，2000。

罗伯特·芮德菲尔德：《农民社会与文化——人类学对文明的一种诠释》，王莹译，北京：中国社会科学出版社，2013。

麻国庆：《宗族的复兴与人群结合》，《社会学研究》2000年第6期。

马塞尔·莫斯：《礼物：古式社会中交换的形式与理由》，汲喆译，上海：上海人民出版社，2002。

马歇尔·萨林斯：《石器时代经济学》，张经纬等译，北京：生活·读书·新知三联书店，2009。

马文·哈里斯：《夸富宴——原始部落的一种生活方式》，《民族译丛》1986年第6期；

莫里斯·E.F.布洛克：《吾思鱼所思：人类学理解认知、记忆和识读的方式》，周雷译，上海：格致出版社，2013。

莫里斯·弗里德曼：《中国东南的宗族组织》，刘晓春译，上海：上海人民出版社，2000。

莫里斯·古德利尔：《礼物之谜》，王毅译，上海：上海人民出版社，2007。

莫里斯·郭德烈：《人类社会的根基：人类学的重构》，董芃芃等译，北京：中国社会科学出版社，2011。

欧阳静：《富人治村：机制与绩效研究》，《广东社会科学》2011年第5期。

裴宜理：《华北的叛乱者与革命者（1845—1945）》，池子华等译，北京：商务印书馆，2007。

齐格蒙特·鲍曼：《废弃的生命：现代性及其弃儿》，谷蕾等译，南京：江苏人民出版社，2006。

齐钊：《社区·区域·历史：理解中国的三种进路——对燕京大学社会学系学术传统与研究特色的再分析》，《开放时代》2013年第6期。

钱杭、谢维扬：《传统与转型：江西泰和农村宗族形态》，上海：上海社会科学院出版社，1995。

渠敬东：《项目制：一种新的国家治理体制》，《中国社会科学》2012年第5期。

阮云星：《传统政治文化之风土：宗族的地域与心性》，载阮云星、韩敏编《政治人类学：亚洲田野与书写》，杭州：浙江大学出版社，2011。

孙立平、郭于华：《"软硬兼施"：正式权力非正式运作的过程分析——华北B镇定购粮食收购的个案研究》，载《清华社会学评论》特辑，厦门：鹭江出版社，2000。

孙琼欢、卢福营：《中国农村基层政治生活中的派系竞争》，《中国农村观察》2000年第3期。

孙秀林、周飞舟：《土地财政与分税制：一个实证解释》，《中国社会科学》2013年第4期。

谭同学：《桥村有道——转型乡村的道德、权力与社会结构》，北京：生活·读书·新知三联书店，2010。

田先红、陈玲：《"阶层地权：农村地权配置的一个分析框架》，《管理世界》2013 年第 9 期。

　　仝志辉、温铁军：《资本和部门下乡与小农户经济的组织化道路》，《开放时代》2009 年第 4 期。

　　王海娟、贺雪峰：《资源下乡与分利秩序的形成》，《学习与探索》2015 年第 2 期。

　　王丽惠：《"宅田合一"：农村宅基地流转及退出的习惯法——基于皖北农村的调查》，《中共宁波市委党校学报》2014 年第 5 期。

　　王利敏：《皖北平原远郊区农户宅基地退出意愿调查与启示——基于阜阳、亳州两市 636 户农民问卷》，《四川师范大学学报》（社会科学版）2016 年第 3 期。

　　王利明：《论我国农村土地权利制度的完善》，《中国法学》2012 年第 1 期。

　　王铭铭：《社区的历程：溪村汉人家族的个案研究》，天津：天津人民出版社，1997。

　　王铭铭：《水利社会的类型》，《读书》2004 年第 11 期。

　　王铭铭：《物的社会生命？——莫斯〈论礼物〉的解释力与局限性》，《社会学研究》2006 年第 4 期。

　　王铭铭：《心与物游》，桂林：广西师范大学出版社，2006。

　　王崧兴：《龟山岛——汉人渔村社会之研究》，台北："中央研究院"民族学研究所，1967。

　　王斯福：《帝国的隐喻：中国民间宗教》，赵旭东译，南京：江苏人民出版社，2009。

　　沃尔夫：《乡民社会》，张恭启译，台北：巨流出版社，1983。

　　维克多·特纳：《象征之林：恩登布人仪式散论》，赵玉燕等译，北京：商务印书馆，2006。

　　威廉姆森：《资本主义经济制度》，段毅才等译，北京：商务印书馆，2002。

　　威廉·配第：《赋税论　献给开明人士　货币略论》，北京：商务印书馆，1978。

　　文军、吴越菲：《流失"村民"的村落：传统村落的转型及其乡村性反思——基于 15 个典型村落的经验研究》,《社会学研究》2017 年第 4 期。

温铁军:《中国农村的基本经济制度——"三农"问题的世纪反思》,北京:中国经济出版社,2000。

温铁军等:《解读苏南》,苏州:苏州大学出版社,2011。

吴重庆:《从熟人社会到无主体熟人社会》,《读书》2011 年第 1 期。

吴飞:《论"过日子"》,《社会学研究》2007 年第 6 期。

吴文藻:《论社会学中国化》,北京:商务印书馆,2010。

乌尔里希·贝克、吉登斯、拉什:《自反性现代化:现代社会秩序中的政治传统与美学》,周宪等译,商务印书馆,2001。

西美尔:《货币哲学》,陈戎女译,北京:华夏出版社,2010。

西敏司:《甜与权力——糖在近代历史上的地位》,王超等译,北京:商务印书馆,2010。

行龙:《"水利社会史探源"——兼论以水为中心的山西社会》,《山西大学学报》(哲学社会科学版)2008 年第 1 期。

萧凤霞、刘志伟:《宗族、市场、盗寇与蜑民——明以后珠江三角洲的族群与社会》,《中国社会经济史研究》2004 年第 3 期。

项飚:《跨越边界的社区:北京"浙江村"的生活史》,北京:生活·读书·新知三联书店,2000。

谢继昌:《轮伙头制度初探》,《"中央研究院"民族研究所集刊》1985 年第 59 期。

熊万胜:《小农地权的不稳定性:从地权规则确定性的视角——关于 1867—2008 年间栗村的地权纠纷史的素描》,《社会学研究》2009 年第 1 期。

许烺光:《宗族·种姓·俱乐部》,薛刚译,北京:华夏出版社,1990。

许烺光:《祖荫下:中国乡村的亲属、人格与社会流动》,台北:南天书局有限公司,2001。

许嘉明:《祭祀圈之于居台汉人社会的独特性》,载张炎宪编《中华文化复兴月刊》,台北:"中央研究院"三民主义研究所,1978。

徐嘉鸿:《祖业抑或私产:论农民的土地产权认知——对赣北 z 村征地纠纷的个案解读》,《广东社会科学》2014 年第 3 期。

徐宗阳:《"资本下乡"的社会基础——基于华北地区一个公司型农场

的经验研究》，《社会学研究》2016 年第 5 期。

扬·杜威·范德普勒格：《新小农阶级：帝国和全球化时代为了自主性和可持续性的斗争》，潘璐等译，北京：社会科学文献出版社，2013。

严海蓉、陈义媛：《中国农业资本化的特征和方向：自下而上和自上而下的资本化动力》，《开放时代》2015 年第 5 期。

阎云翔：《礼物的流动：一个中国村庄中的互惠原则与社会》，李放春译，上海：上海人民出版社，2017。

阎云翔：《私人生活的变革：一个中国村庄里的爱情、家庭与亲密关系1949－1999》，龚小夏译，上海：上海人民出版社，2017。

杨华：《"中农"阶层：当前农村社会的中间阶层——"中国隐性农业革命"的社会学命题》，《开放时代》2012 年第 3 期。

杨美惠：《礼物、关系学与国家：中国人际关系与主体性建构》，南京：江苏人民出版社，2009。

杨庆堃：《中国社会中的宗教：宗教的现代社会功能与其历史因素之研究》，范丽珠等译，上海：上海人民出版社，2007。

叶敬忠：《留守人口与发展遭遇》，《中国农业大学学报》（社会科学版）2011 年第 1 期。

应星：《农户、集体与国家：国家与农民关系的六十年变迁》，中国社会科学出版社，2014。

于建嵘：《土地问题已成为农民维权抗争的焦点——关于当前我国农村社会形势的一项专题调研》，《调研世界》2005 年第 3 期。

余练：《产权的地方性形态及其表达逻辑——基于对 W 村土地纠纷的考察》，《中国农业大学学报》（社会科学版）2013 年第 1 期。

余英时：《中国近世宗教伦理与商人精神》，清华文史讲座，台北：联经出版事业股份有限公司，2004。

袁松：《富人治村：城镇化进程中的乡村权力结构转型》，北京：中国社会科学出版社，2015。

约翰·博德利：《人类学与当今人类问题》，周云水等译，北京：北京大学出版社，2010。

约翰·博德利：《发展的受害者》，何小荣等译，北京：北京大学出版社，2011。

臧德顺：《"谋地型乡村精英"的生成——巨变中的农地产权制度研究》，北京：社会科学文献出版社，2011。

臧德顺：《臧村"关系地权"的实践逻辑——一个地权研究分析框架的构建，《社会学研究》2012年第1期。

赵鼎新：《西方社会运动与革命理论发展之述评——站在中国的角度思考》，《社会学研究》2005年第1期。

赵冈：《传统农村社会的地权分散过程》，《南京农业大学学报》（社会科学版）2002年第2期。

赵亮、龙登高：《地权交易、资源配置与社会流动——以19世纪台湾范家土地交易与家族兴衰为中心》，《中国经济史研究》2012年第3期。

赵晓峰：《公私定律：村庄视域中的国家政权建设》，北京：社会科学文献出版社，2013。

赵旭东：《法律与文化：法律人类学研究与中国经验》，北京：北京大学出版社，2011。

詹姆斯·斯科特：《农民的道义经济学：东南亚的反叛与生存》，陈立显等译，南京：译林出版社，2013。

詹姆斯·斯科特：《国家的视角：那些试图改善人类状况的项目是如何失败的》，王晓毅译，北京：社会科学文献出版社，2004。

张宏明：《土地象征：禄村再研究》，北京：社会科学文献出版社，2005。

张静：《土地使用规则的不确定：一个解释框架》，《中国社会科学》2003年第1期。

张俊峰：《超越村庄："泉域社会"在中国研究中的意义》，《学术研究》2013年第7期。

张佩国：《走向产权的在地化解释——近代中国乡村地权研究再评述》，《西南民族大学学报》（社会科学版）2012年第3期。

张思：《近代华北村落共同体的变迁》，北京：商务印书馆，2005。

章邵增：《阿拉善的骆驼和人的故事：总体社会事实的民族志》，载郑也夫等编《北大清华人大社会学硕士论文选编（2007）》，济南：山东人民出版社，2007。

张曙光：《博弈：地权的细分、实施和保护》，北京：社会科学文献出版社，2011。

张亚辉：《灌溉制度与礼治精神——晋水灌溉制度的历史人类学考察》，《社会学研究》2010 年第 4 期。

张闻天等：《米脂县杨家沟调查》，北京：人民出版社，1980。

张小军：《再造宗族：福建阳村宗族"复兴"的研究》，香港：香港中文大学人类学哲学博士学位，1998。

张小军：《象征地权与文化经济——福建阳村的历史地权个案研究》，《中国社会科学》2004 年第 3 期。

张小军：《文治复兴与礼制变革》，《清华大学学报》（哲学社会科学版）2012 年第 2 期。

张小军：《"韦伯命题"与宗族研究的范式危机》，《山西大学学报》（哲学社会科学版）2014 年第 3 期。

张小军：《让经济有"灵魂"：文化经济学思想之旅》，北京：清华大学出版社，2014。

张小军：《"韦伯命题"与中国研究的范式危机》，《山西大学学报》2014 年第 6 期。

张亚辉：《灌溉制度与礼治精神——晋水灌溉制度的历史人类学考察》，《社会学研究》2010 年第 4 期。

张玉林：《大清场：中国的圈地运动及其与英国的比较》，《中国农业大学学报》（社会科学版）2015 年第 1 期。

张仲礼：《中国绅士：关于其在十九世纪中国社会中作用的研究》，李荣昌译，上海：上海社会科学院出版社，1991。

张之毅：《玉村农业和商业》，载费孝通、张之毅《云南三村》，北京：社会科学文献出版社，2006。

周大鸣：《当代华南的宗族与社会》，哈尔滨：黑龙江人民出版社，2003。

周大鸣：《凤凰村的变迁：〈华南的乡村生活〉追踪研究》，北京：社会科学文献出版社，2006。

周大鸣：《告别乡土社会：广东农村发展 30 年》，广州：广东人民出版社，2008。

周飞舟：《生财有道：土地开发和转让过程中的政府与农民》，《社会学研究》2007 年第 1 期。

周飞舟：《大兴土木：土地财政与地方政府行为》，《经济社会体制比较》2010 年第 3 期。

周飞舟：《财政资金的专项化及其问题——兼论"项目治国"》，《社会》2012 年第 1 期。

周飞舟、王绍琛：《农民上楼与资本下乡：城镇化的社会学研究》，《中国社会科学》2015 年第 1 期。

周其仁：《还权赋能——成都土地制度改革探索的调查研究》，《国际经济评论》2010 年第 2 期。

周其仁：《缩小城乡差距要让农民分享土地收益》，《农村工作通讯》，2010 年第 21 期。

周荣德：《中国社会的阶层与流动：一个社区中士绅身份的研究》，上海：学林出版社，2000。

周雪光、练宏：《中国政府的治理模式：一个控制权理论》，《社会学研究》2012 年第 5 期。

折晓叶、陈婴婴：《项目制的分级运作机制和治理逻辑——对"项目进村"案例的社会学分析》，《中国社会科学》2011 年第 4 期。

朱浒、赵丽：《燕大社会调查与中国早期社会学本土化实践》，《北京社会科学》2006 年第 4 期。

朱晓阳：《"语言混乱"与法律人类学的整体论进路》，《中国社会科学》2007 年第 2 期。

朱晓阳：《小村故事：地志与家园（2003～2009）》，北京：北京大学出版社，2011。

庄孔韶：《银翅：中国的地方社会与文化变迁》，北京：生活·读书·新知三联书店，2000。

庄孔韶：《中国乡村人类学的研究进程》，《广西民族学院学报》（哲学社会科学版）2004 年第 1 期。

庄英章：《台湾农村家族对现代化的适应——一个田野调查实例分析》，《"中研院"民族研究所集刊》，1972。

庄英章：《林圯埔：一个台湾市镇的社会经济发展史》，上海：上海人民出版社，2000。

滋贺秀三：《中国家族法原理》，张建国等译，北京：法律出版社，2003。

Appadurai, Arjun, *The Social Life of Things*: *Commodities in Cultural Perspective*, Cambridge University Press, 1988.

Burton, Pasternak, Kinship & Community in Two Chinese Villages, Stanford University Press, 1972.

Ebrey, Patricia, "The Early Stages in the Development of Descent Group Organization," *Kinship Organization in Late Imperial China 1000 – 1940*, edit by Patricia Ebrey and James Watson, University of California Press, 1986.

Faure, David, China and Capitalism: Business Enterprise in Modern China [C]//The Annual Workshop in Social History and Cultural Anthropology (1993): Occasional Paper No. 1. Division of Humanities, Hong Kong University of Science and Technology, 1994.

Feuchtwang, Stephan, *An Anthropological Analysis of Chinese Geomancy*. Vientiane: Vithagna, 1974.

Godfrey, Lienhardt, *Divinity and Experience*: *The Religion of the Dingka*, Oxford: Clarendon, 1961.

Goldschmidt. Walter Rochs, *As You Sow*: *Three Studies in the Social Consequeces of Agribusiness*, Montclair, NJ: Allanheld, Osmum&Cop, 1978.

Guldin, Gregory, *Urbanizing China*, *Contributions in Asia Studies*, Number 2, Green wood Press, 1992.

Gregory, Christopher, "Gifts to Men and Gifts to God: Gifrs Exchange and Accumulation in Contemporary Papua New Guinea," Man. 15. 4. 626 ~ 652, 1980.

Heller, Michael. 1998, "The Tragedy of the Anticommons: Property in the Transition from Marx to Markets," *Harvard Law Review*, 111 (3).

Karsenti, Bruno, "The Maussian Shift," in W. James and N. J. Allen (eds.) *Marcel Mauss*: *A Centenary Tribute*, New York: Berghahn Books, 1998.

Lang. O. , *Chinese Family and Society*, New Haven, 1946.

Lansing, JS. Kremer. JN, "Emergent Properties of Balinese Water Temple

Networks: Coadaptation on a Rugged Fitness Landscape," *American Anthropologist*, 1993, pp. 97 – 114.

Lingda Lim Y. C. , "Chinese Economic Activity in Southeast Asia: An Introductory Review," In The Chinese in southeast Asia, *Ethnicity and Economic Activity*, vol. 1, edited by Linda Y. C. Lim and L. A. Peter Gosling. Singapore: Maruzen Asia, 1983.

Liu. X. , *In One's Own Shadow: An Ethnographic Account of the Condition of Post-reform Rural China*," University of California Press, 2000.

Malinowski Bronislaw, *Coral Gardens and their Magic: A Study of the Methods of Tilling the Soil and of Agricultural Rites in the Trobriand Islands*, Bronislaw Press, 2008.

Martin, Ahern, Emily, *The Cult of the Dead in a Chinese Village*, Stanford, California: Stanford University Press, 1973.

Naquin, Susan, "Funerals in North China: Uniformity and Variation," in James L. Watson and Evelyn Sakakida Rawski, eds. , *Death Ritual in Late Imperial and Modern China*, Chapter Three, Berkeley: University of Calif. Press, 1988.

Oi, Jean C. , 1995, "Fiscal Reform and the Economic Foundations of Local State Corporatism in China," *World Politics*, vol. 45, no. 1, 1992; "The Role of the Local State in China's Transitional Economy," *The China Quarterly*, vol. 114.

Oi, Jean C. , *Rural China Takes Off*, London: University of California Press, 1999.

Ortner, sherry, 1984, Theory in Anthropology Since the Sixties, *Comparative Studies in Society and History*, 26 (1): 126 – 166.

Pan Xuefang. , 2014, The Paradox of Rural Collective Ownership and Community Membership Rights: The Case of a "Village inside the City", in Taizhou *Rural China*, 11 (2).

Strathern Marilyn, *The Gender of the Gift*, University of California Press, 1990.

Watson, James, "The Structure of Chinese Funerary Rites Elementary Forms, Ritual Sequence, and the Primacy of Performance," in James L. Watson and Evelyn Sakakida Rawski, eds., *Death Ritual in Late Imperial and Modern China*, Chapter One, Berkeley: University of Calif. Press, 1988.

Wolfram, Eberhard, 1962, *Social Mobility in Traditional China*, Netherlands: E. J. Brillp, pp. 206 – 208.

Wolf, Arthur, "Gods, Ghosts, and Ancestors," in Arthur P. Wolf, ed., *Religion and Ritual in Chinese Society*, Stanford University Press, 1974.

Weiner, Annette, *Inalienable Possessions: The Paradox of Keeping While Giving*, University of California Press, 1992.

后　记

　　这本书来自对皖北一个村庄的观察。费孝通在《江村经济》中讲道，"同大多数中国农村一样，这个村庄正在经历着一个巨大的变迁过程"。当前的中国处在一个巨大的变迁过程中，而"通过熟悉一个小村落的生活，我们犹如在显微镜下看到了整个中国的缩影"。2012年那个酷热难耐的暑假，我与诸多学友来到了黄淮海平原上的一个小村庄——黄村，那时黄村正处在热火朝天谋发展的氛围中，围绕土地开展的诸项政策创新实践刚刚开始，实践效果正在慢慢展现。在黄村的二十多天里我们访谈了乡村干部、普通村民以及加入乡村建设的"外来人"，了解他们对所发生的新事物的认识。土地问题关涉中国社会之根本，这些政策创新的实践最终将走向何方，将产生何种效果，我们调查小组在充满着余热和蚊虫的夜晚有过很多次激烈的讨论，对黄村的创新有过欣喜也有过担忧。

　　在之后的博士求学期间，我从黄村的朋友们那里断断续续得到了很多新的信息，也知道了村庄中已推开的各项改革举措，经常关注他们开展的一系列乡村建设。等到要做博士论文的时候，我又重新回到黄村，追踪村庄变迁的最细致脉络。在我进行田野工作的先后几年中，黄村宏观层面的土地变革充满激进色彩。一些地方，各种外来力量主导了乡村建设和土地政策创新的实施，而当地人则被裹挟到这种发展主义话语中，社会生活发生了巨大的变化。我博士毕业之后，由于关注农村的其他问题，这项围绕土地的研究暂时被搁置。在中国土地研究的"熟地"上，每天都有新的现象。过去三年，我在书稿中尽力补充黄村所出现的新现象，关注其土地创新实践的最新成果，试图使研究更加厚重。近年来在多地的调查中，田野中的信息印证或者反证了我的一些结论，特别是国家土地政策越来越趋向稳健，城市化内涵发生变化，以及新的乡村振兴计划的发布，村庄与土地的关系呈现形态已经越来越多样，出现了诸多新问题和新现象，这本书所呈现的个案研究还能否经得起推敲，我也难以把握。在师友们的鼓励下，我鼓起勇气将这项研究成果出版。好在，这本书是作为我学术研究的起点，作为我对乡村变迁的一段记录呈献给读者，若能引起观点争鸣也属难能可贵。好在，我的生命过程是与农村分不开的，可以预见，我以后的生活还将与农村不离不弃，我的研究将保持持续性。

从博士论文的写作、修改、答辩，到最终成书出版，数年来支持鼓励我完成这项研究的最主要的人，是我的两位导师，清华大学社会学系景军教授和武汉大学社会学系贺雪峰教授。能进入清华大学社会学系这个我曾当作奋斗目标的共同体中学习和生活，我感到非常幸运。景老师对我的厚爱与关怀，对学术观点的宽容，让我有自主探索的空间，而其对学术规范的严格要求，则使我"野蛮"成长的研究路子转向正轨。虽然在博士期间，我的研究并未像师门同人那样聚焦于公共健康，而是选择了土地研究这一已经产生了诸多经典研究的"熟地"，但景老师对我的选择表示了极大的包容。景老师的博士论文研究来自20世纪90年代甘肃大川村的田野调查，近年来虽然其研究重心在医学人类学、公共健康领域，但是景老师对中国农村发生的新现象、新问题保持着敏锐的观察，每次我汇报在田野中的心得体会，景老师总能以深厚的学科素养，对田野资料做出更深刻的解读，并鼓励我探索中国转型和中国社会所需要正视的真问题，景老师常常强调学术研究之于中国社会的使命感，强调学者对其研究对象的情感，这令我终身受益。

我的硕士生导师贺雪峰教授是我学术道路上的引路人。贺老师强调经典书籍阅读和经验训练，培养出了一大批从事社会科学研究，特别是从事"三农问题"研究的年轻学者。从读书、调查到开展研究，贺老师为我们创造的成长环境是弥足珍贵的，本书最早的田野资料就来自贺老师的安排和团队的集体调查。硕士毕业后北上读博，我的学术成长以及个人生活一直都得到贺老师的关心，贺老师以超乎寻常的学术热忱和极为纯粹的人格魅力，践行着他对国家民族的深切关怀和使命担当，我在贺老师身上学到的远远超出学术本身。

　　本研究的完成，要感谢清华大学张小军教授的言传身教，在张老师的课堂上得到的教诲给了本研究极大的启发。还要感谢庄孔韶教授、赵旭东教授、朱晓阳教授、刘夏蓓教授、张海洋教授、包智明教授、王天夫教授对我博士论文的提点，诸位老师在我写作论文的过程中不断给予我有益的建议。感谢刘明在论文写作过程中对我的鼓励，感谢学友王剑利、唐晓春、和文臻、孙璞玉、方静文、雷李洪、高良敏、齐腾飞和陈昭，与他们的交流让我在课堂外也获益良多。

　　在喻家山麓的读书岁月是我求学生涯中度过的最为宝贵的时光，在那里有一群好读书的同道中人，我们相互扶持，如今又一同从事学术研究。我们相互间频繁的交流直接形成了本书中的大部分思考，他们是曾凡木、孙新华、夏柱智、谭林丽、刘升、冯小、曾红萍、徐嘉鸿、王丽惠、吴秋菊、谢小芹、陈义媛、焦长权和石顺林。特别感谢先后对我田野工作有过直接帮助的同人，他们是田先红、孙新华、刘升、刘锐、高万芹、郑晓园。

　　黄村这个平凡而又特殊的村庄不仅仅是我田野素材的来源，村庄的朋友常常让我将这里当作第二故乡，我已经很享受用乡愁的方式来怀念黄村的老少爷们。至今我仍在关心这个村庄的发展，书中的严化新，是我进入田野的引介人，也是田野中的关键被访者，虽然我对他所进行的试验有所批判，但这丝毫无损我对他的桑梓情怀和作为地方领袖的雄心壮志的钦佩，我毫不怀疑他对自己"老少爷们"的真情，也理解他作为党支部书记要谋求乡村发展的出发点。还有黄村的诸多朋友，他们接受了我很多次并无回报的访问，将很多真情实感讲述给我听，有的甚至对我有所期待。很抱歉我实在不能为他们提供什么实质性的帮助，更遗憾的是在书中甚至不能提及他们的真名，我只能在心底为他们祝福，对黄村以及黄村那些朋友的感激之情难以用语言来形容，我衷心希望自己的研究能为中国"三农"发展贡献一点力量，希望能为他们过"好日子"提供力所能及的帮助。

　　博士毕业后我选择到中国农科城杨凌工作，这里聚集了很多愿为"三农"事业贡献力量的人们，感谢我现在就职的西北农林科技大学人文社会发展学院的诸位同事，是他们让我有了归属感。感谢付少平教授、王亚平处长、王德连书记、朱宏斌院长在我求职过程中的无私帮助。社会学与社会工作系各位同事为了学科发展做出的工作卓有成效，也让我对职业前景充满期待。西北农林科技大学的农业与农村社会综合交叉、跨学科研究已有 70 多年历史，我所在的研究基地坚持对中国"三农问题"进行综合研究，感谢基地"农业治理课题组"中的诸位同人共同的调研与集体讨论，在研究上有一群人与我有思想碰撞并在学术研究上共同进步是幸福的。感谢基地"西北农林科技大学农业与农村社会发展研究丛书"对本书出版的支持。

特别要感谢社会科学文献出版社任晓霞编辑的出色工作，她的审慎与细致让我获益良多。

回想起来，坚定地从事与三农相关的研究，与我生于农村、长于农村有莫大的关系，我的仍在土地上耕耘的父母和岳父母，他们是中国乡村社会变迁的承载者，他们让我保持着对中国最广大的社会群体的情感，这让我无法把他们——书中的主人公以及土地之上的中国农民仅仅当作研究对象。

感谢我研究道路上的伴侣冯小博士，她与我有同样的经历和同样的目标，最能理解我在后记中所说的每一个字。

此书献给我的家人们，他们是我选择从事研究工作的最朴素原因，也是我前行的最大动力。

陈　靖

2018 年 3 月 30 日于陕西杨凌

图书在版编目（CIP）数据

土地的社会生命：农地制度变迁的文化动力 / 陈靖
著. -- 北京：社会科学文献出版社，2018.5
（西北农林科技大学农业与农村社会发展研究丛书）
ISBN 978 - 7 - 5201 - 2252 - 8

Ⅰ.①土…　Ⅱ.①陈…　Ⅲ.①农业用地 - 农地制度 -
变迁 - 文化研究 - 中国　Ⅳ.①F321.1

中国版本图书馆 CIP 数据核字（2018）第 029223 号

西北农林科技大学农业与农村社会发展研究丛书

土地的社会生命

——农地制度变迁的文化动力

著　　者 / 陈　靖

出 版 人 / 谢寿光
项目统筹 / 任晓霞
责任编辑 / 任晓霞　冯莹莹

出　　版 / 社会科学文献出版社·社会学出版中心（010）59367159
　　　　　　地址：北京市北三环中路甲 29 号院华龙大厦　邮编：100029
　　　　　　网址：www.ssap.com.cn
发　　行 / 市场营销中心（010）59367081　59367018
印　　装 / 三河市尚艺印装有限公司

规　　格 / 开　本：787mm × 1092mm　1/16
　　　　　　印　张：15.5　字　数：244 千字
版　　次 / 2018 年 5 月第 1 版　2018 年 5 月第 1 次印刷
书　　号 / ISBN 978 - 7 - 5201 - 2252 - 8
定　　价 / 69.00 元

本书如有印装质量问题，请与读者服务中心（010 - 59367028）联系